マネジメント
あるある
3

じわじわ死ぬ会社 蘇る会社 下

企業変革物語 変革活動編

NTTラーニングシステムズ株式会社
マネジメントコンサルティングチーム＝著

この作品はフィクションであり、
実在する人物・地名・団体とは一切関係ありません。

目次

変革活動編

前編までのあらすじ

東洋テクノロジーは、中堅の機械・半導体商社である。厳しい競争にさらされながらも、前社長の寺井による堅実な経営により安定した業績を維持してきた。未だ危機的状況というわけではないが、ここ数年はじわじわと売上の減少を余儀なくされている。

そんなとき世良修三は、商社機能の中枢である営業本部への異動を命じられた。そして、主に新規顧客を開拓する首都圏開発営業部に新任部長として着任した。首都圏開発営業部は営業の最前線である。営業に関しては素人を自認する世良は、その現場で東洋テクノロジーの弱みや現場が抱える問題を目の当たりにした。

得意客から突然発注を打ち切られるなど目標達成が厳しさを増す中、世良は業績向上に向けた改善活動をメンバーに呼びかけた。しかし、意に反して世良と共にその取り組みを進めようと立ち上がってくれたのはごく少数だった。

周囲との軋轢や幹部からの圧力にさらされながらも、世良は一人またひとりとメンバーを活動に巻き込んでいった。そして仲間となったメンバーと共に仮説検証を繰り返し、悪戦苦闘しながらも、新規顧客開拓を進める際の営業活動における勝ちパターンを標準化することができたのだった。

活動開始から約半年後、ついに取り組みが成果に結びつき、営業現場において誰の目にも明らかな変化が生まれた。これを機に、世良は企画本部長である藤堂の命令で首都圏開発営業部を去ることになったのであった。


（『壊れかけた営業現場を立て直せ！　――　素人営業部長による営業変革物語』）


「全社を相手に首都圏開発営業部で生み出したような変化を起こせ」

これが新社長に内定している藤堂の指示だった。古巣である企画本部経営企画部に部長として復帰した世良は、東洋テクノロジーの企業ぐるみの変革を牽引することになった。

世良はまず、新たにフォロワーとなった磐田ら経営企画部のメンバーと共に、東洋テクノロジーが目指す新しいビジョンの策定に着手した。そして藤堂との衝突を繰り返しながらも、変革推進タスクフォースを起動。新中期ビジョンを軸とした新中期計画をまとめ上げた。

いよいよ企業ぐるみの変革に着手する彼らの前に、役員らの保守的な姿勢が壁となって立ちはだかった。タスクフォースとして一体感を増す藤堂、世良らによる粘り強い説得も通じず、議論は平行線を辿った。それでも、ようやく寺井の後押しを得て、新中期計画は半ば反発する経営陣を抑え込む形で合意に至ったのであった。

これによって、藤堂の社長就任後、速やかに変革活動を立ち上げていくための環境整備が進展するかに見えた。

しかし、新社長となった藤堂は役員らへの配慮から、世良が提言する思い切った新中期ビジョン浸透策を認めなかった。その初動の譲歩が仇となり、新中期計画は現場組織に浸透することなく一気にその存在感を喪失してしまった。

歯噛みする世良らに残された打ち手は、新中期計画の柱である「戦略的なパートナーの発掘」と「ものづくり東洋の復活」に向けた取り組みを強力に推進することである。「戦略的なパートナーの発掘」は、藤堂の社長就任とともに新設されたビジネスアライアンス部の部長となった磐田が受け持つことになった。一方、「ものづくり東洋の復活」は世良が自ら牽引していく。

磐田は、早速他社を押しのける形で有望な海外ベンチャーとの調達契約を取りつけた。意気揚々と営業本部で新商材説明会を実施する磐田。しかし、そこで現場からの猛反発にあってしまう。しかも、営業本部の中核を担う首都圏法人営業部長の山野との確執から、ついには頼みの藤堂からも梯子を外されてしまった。この事件で磐田は、仕事へのやる気を一気に喪失していった。

他方、世良は真摯な説得を続け、ようやくエンジニアリング本部の本部長である菊池専務の説得に成功。念願の「ものづくり推進室」の立ち上げを実現した。だが、室長となった同期の手嶋の抵抗にあい、取り組みは遅々として前進しなかった。

手嶋との不毛な議論を繰り返す中、世良は急病を発し病院に搬送される。そのうえ1カ月にも渡る療養生活を命じられ、戦列から離れることを余儀なくされてしまった。

いまや東洋テクノロジーの企業変革は瓦解寸前の状況に陥った。

「ものづくり推進室の立ち上げはどうなっている！」

世良の入院が知らされた日、ついに藤堂の怒りが爆発した。手嶋を呼び出し罵声を浴びせる藤堂。この理不尽とも思える状況に、ようやく手嶋が立ち上がった。「世良の支援のもと、ものづくり推進室はすでに組織として機能してきた」と強弁するために、自身が温め続けてきた新製品の企画案を藤堂にぶつけたのだった。

手嶋が提案したのはユニークな小型の省電力装置である。これは、ものづくりに土地勘のない藤堂をしても、その可能性をリアルに感じさせるものであった。

手嶋により、「ものづくり東洋の復活」を軸にした企業変革は確実な一歩を踏み出した。

しかし、時すでに遅く、藤堂社長就任後初の年度末がすぐそこまで近づいていた。結局、東洋テクノロジーは前年度に比べ、またも減収を余儀なくされるに至るのだった。

複雑な思いを抱く藤堂の足は、会長となった寺井の元に向かう。

その頃、世良はようやく病床から復帰。改めて、東洋テクノロジー変革に向けた取り組みが再開した。そんなとき世良に藤堂からの呼び出しがあり――。

（『じわじわ死ぬ会社　蘇る会社〈上〉企業変革物語　環境整備編』）

主な登場人物

世良修三　本書の主人公。企画本部経営企画部部長。時に激しく衝突しながらも社長の藤堂を助け、東洋テクノロジーにおける企業ぐるみの変革に道筋をつけていく。

藤堂孝志　本書のもう一人の主人公。東洋テクノロジー社長。誰よりも自社の発展を願いながらも思い通りに変革を進めることができずに挫折を経験し、迷い苦しむ。

寺井道夫　東洋テクノロジー会長。藤堂を信じ、粘り強く支援する。世良のよき支援者の一人。

磐田清隆　ビジネスアライアンス部部長。藤堂から梯子を外され変革活動に背を向ける。

鳥越和明　経営企画部所属。世良の部下の一人。

手嶋耕平　ものづくり推進室室長。世良と同期入社。世良と共に変革活動を牽引する。

酒井太一　ものづくり推進室のリーダー。手嶋の部下で補佐役。

山野健介　営業本部首都圏法人営業部部長。

大木颯太　首都圏法人営業部第１営業担当課長。

細川奈緒　首都圏法人営業部第５営業担当課長。

相馬さなえ　首都圏法人営業部第５営業担当。細川の部下。

桐島弘章　首都圏開発営業部新規顧客開発担当課長。世良の元部下。

安藤江梨花　首都圏開発営業部新規顧客開発担当。桐島の部下。

世良あきほ　世良の妻。悩める世良の身近なアドバイザー。

伊賀倫太郎　業務変革コンサルタント。世良のよきアドバイザーで変革スモールスターターを標榜する風変りな人物。

第 **14** 話

変革に相応しい
現場リーダーの発掘

14

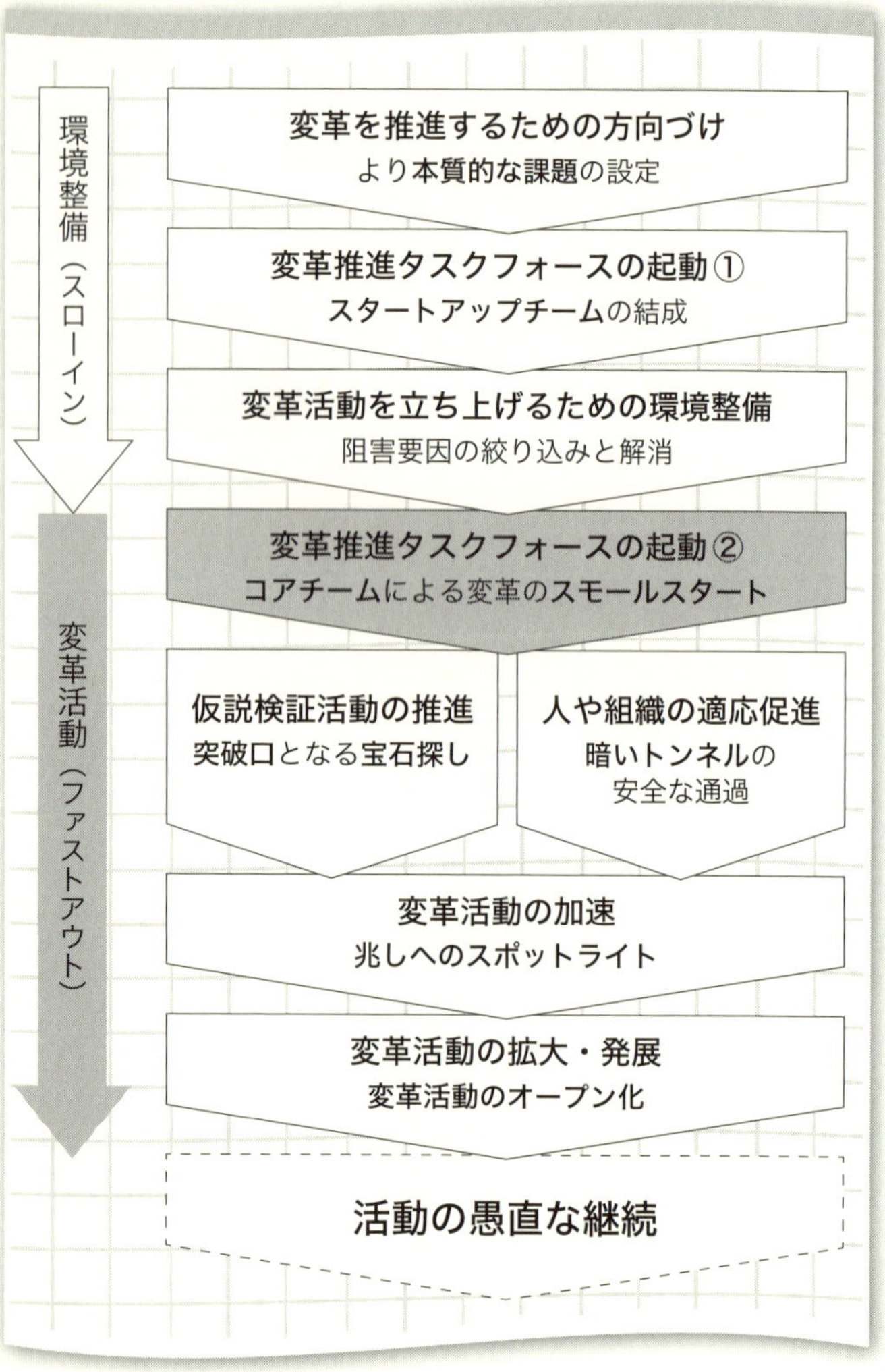
環境整備（スローイン）
変革活動（ファストアウト）
変革を推進するための方向づけ
より本質的な課題の設定
変革推進タスクフォースの起動①
スタートアップチームの結成
変革活動を立ち上げるための環境整備
阻害要因の絞り込みと解消
変革推進タスクフォースの起動②
コアチームによる変革のスモールスタート
仮説検証活動の推進
突破口となる宝石探し
人や組織の適応促進
暗いトンネルの
安全な通過
変革活動の加速
兆しへのスポットライト
変革活動の拡大・発展
変革活動のオープン化
活動の愚直な継続

藤堂の追憶

藤堂は突然小雨がぱらつき始めたのにも気づかず、最寄駅から会社に向かって歩いていた。

今朝はいつもより早い出勤だ。情報システム本部の業務改革部長が、朝一番で懸案となっている情報セキュリティー対策案を説明に来るからだ。この件も、新中期計画では情報システム本部が取り組むべき項目として明確化してある。しかしこれまで一向に検討が進んでいなかった。

「中期ビジョンを軽んじるのもいい加減にしろ！　重大な情報の漏洩などインシデントが発生してからでは遅いんだぞっ！」

藤堂は業務改革部長を呼びつけて面罵したうえで、翌朝一番で検討結果を説明しに来い、と怒鳴ったのだった。藤堂の最近の日常といえば、各本部にこのような圧力をかけ続けることに費やされていた。

「藤堂社長の東洋を思う前向きな野心が社員らに響けば、あの先代を超えられるはずだと私は信じているのです」

寺井からその一言を聞いてから、藤堂は自問自答の日々を送っている。満を持して経営トップに就任した初年度。各本部に明確な経営方針や計画を提示し、それぞれに具体的な取り組み事項を指示した。

にもかかわらず、藤堂の思いが響くどころか、いずれの本部においても当事者として新中期計画を推進するような主体的な取り組みは見られなかった。世良が言う通り、新中期ビジョンの浸透や具体化を各本部に任せたのは見通しが甘かったと言わざるを得ない。各本部役員たちへの配慮が裏目に出てしまった。笛吹けど踊らずとはまさにこのことだ。

いよいよ年度末に近づき、またしても前年度に比べ減収となる見通しとなった。世良の療養もあって、ついに藤堂の焦燥は頂点に達した。

藤堂はこれまでの会社人生で、大きな挫折を経験したことがなかった。それだけに、今回の負け戦によってひどく自負心を傷つけられた思いがした。

あの日、藤堂の足が会長室に向かったのは、そんな背景があったからだ。

久しぶりの寺井との会話で、就任直後と変わらない寺井の期待を感じることができた。それは藤堂に立ち止まって考えるいくばくかの余裕を与えてくれた。

図らずもそのとき、寺井から先代社長の逸話を聞かされた。

先代社長との接点が少なかったのは事実だが、自ら進んでそうしようと思えば直に薫陶を受けることもできたはずだ。それは藤堂にとって、これまで誰にも打ち明けたことのない最大の心残りだった。

そんな引け目から寺井にはあえて伝えなかったが、実は、藤堂は先代社長の臨終の場に居合わせた一人だった。

当時、藤堂は若手社員として一人立ちできた頃で、東洋が米国に設置した現地法人の法務部門に籍を置いていた。その頃は、入社時に抱いていた「東洋を業界最大手にしたい」という掴みどころのない大望よりも、専門性と語学力を武器に、米国で自らのキャリアを伸ばしていくことに夢中だった。

(場合によっては、東洋という狭い舞台を飛び出し、この国で新天地を探すほうがいいかもしれん)

現地で知り合った友人からの誘いもあり、藤堂の胸中にはそんな夢も膨らみつつあった。先代社長がたまに現地入りしても、仕事柄ほとんど接点がなかったのは事実だ。それでも、進んで社長と会話をしたいと行動を起こせば、その後に悔いを残すこともなかったはずだ。しかし、ささやかだが手応えのある夢を追いかけ始めた藤堂にとって、わざわざ機会をつくって社長の人となりに触れる必要性はまるで感じられなかった。

あの日。行きつけのチャイニーズレストランで遅めのランチを終え、ダウンタウンにあるオフィスに戻ると、いつもは静かなフロアが騒然としていた。「3日前から現地入りしていた社長が、どうやら交通事故に巻き込まれたらしいんだ」と同僚が教えてくれた。

事の発端は、社長が急遽訪問を決めた新規のパートナー候補である企業から、「約束の時間になっても社長が到着しない」との連絡があったことだった。

ネットはもちろん、携帯電話ですらまだ普及しているとは言えない時代だ。テレビやラジオの断片的な情報から、社長の移動経路であるハイウェイで大規模な事故があったことが判明した。このとき、間の悪いことに、メディアの関心は他に向いていた。その夜、同市のスタジアムで地元チームの優勝がかかったフットボールの試合が開催されるのだ。その関係で取材班が払底していたのか、事故に関する報道は限られたものだった。

同僚は急いで最寄りの市警察署に問い合わせた。怪我人の多くは同市の救急病院に搬送されたらしい。スタジアムの警備で人員が手薄になったためか、未だ十分に情報の集約ができていない様子で、事故の模様やその規模すらも大雑把な情報しかなかった。

しつこく質問する同僚に、電話口の担当者は毒づきながら一方的に電話を切った。きっと事故のおかげで楽しみにしていた試合観戦がふいにでもなったのだろうと、同僚は目に涙を溜めて怒りをあらわにした。

市の救急病院に電話をしても、負傷して担ぎ込まれた人々の名前まで把握しているわけではなかった。それでも、もしかしたら搬送された怪我人の中に東洋人らしい人物がいたかもしれないというあやふやな回答を得るに至り、上司は判断を迫られた。確証はないものの、事故の詳細を把握するには現地に向かうほかなさそうだった。

米国オフィスで最も若い藤堂は、上司からの命令で午後の予定をすべてキャンセルし、上司と共に救急病院に向かうことになった。幸いにも、VIP用の社用車とドライバーは使えた。どうやら社長は自らレンタカーを運転して現地に向かったようだった。

(これで本当に事故に巻き込まれたとしたら、軽率の誹りは免がれん)

米国滞在中の社長の楽しみの一つが、スポーツカーでドライブを楽しむことだ。そう同僚に聞いていた藤堂は、その身勝手な行動に微かな怒りを覚えた。

交通規制が続くハイウェイに入り、事故現場に近くと、そんな怒りは吹き飛んでしまった。数台の車が巻き込まれる大規模な事故だったようだ。

藤堂は突然隣で「アッ！」と大声を出した上司に驚いた。上司が指差す方向を見ると、路肩に放置された黄色いコンバーティブルの無残にひしゃげた車体が目に入った。火が出たのか、車体の後方が一部大きく焼け焦げている。

上司の反応を見れば、それが社長の運転していたレンタカーなのだと即座に理解できた。

その車は、傍に寄せられた赤い大型のハードトップに右側面から衝突されたようだ。

「社長は逆サイドの運転席で事故に巻き込まれた。多分、軽傷で済んだはずだ」

上司は、藤堂にではなく、自分に言い聞かせるように何度もそう呟いていた。

ようやく規制で渋滞するハイウェイを抜け、市の救急病院に着いたのは事故現場を後にしてから2時間後のことだった。

ナースステーションで社長と思しき負傷者にあたりをつけて救急病棟に向かった。藤堂は、そのときの上司の極度に青ざめた顔を今も忘れられない。

指定された病室に入ると、頭部から上半身を包帯で覆われ、人工呼吸器などさまざまな医療器具や点滴の管をつながれた社長その人がベッドに横たえられていた。ドクターの説明では、衝突の際の頭部への強度な打撲に加え、背中から頭部にかけての火傷の状態が深刻だという。事故直後に漏れ出たオイルが過熱したマフラーに付着して引火したらしい。

上司はまるで陳腐なドラマのワンシーンさながら「社長！」と大声で呼びかけたが、横たわる人物からの返答はなかった。

上司はあちこちへ連絡をするために病室を出た。その間、藤堂は社長につきっきりで容態を見守った。

社長の枕元の棚には所持品らしき品々が置かれていた。至るところに乾いた血痕や焦げた跡が付着していて、事故の激しさがうかがえた。ふと気づくと、その中に厚手の事務用ノートが挟まっているのが藤堂の目をひいた。奇妙にもそのノートの損傷が他の品々と比べて軽微に感じられたからだ。

藤堂は、そのノートを手に取り、見るとはなしに眺めた。

随分昔のことだが、藤堂は今もこのときのことをよく覚えている。

うっすらと手垢のついたノートには、いたるところに書いたり消したりした跡があった。隙間もなくびっしりと、小さい字や図でビジネスのアイデアが書き出されていた。表紙にはナンバリングが施され、大きく「No.63」と書かれていた。

（こんなノートを63冊も書き連ねるなんて、一体どれだけの時間とエネルギー……、いや、情熱が必要なんだ？）

そのとき、若い藤堂ははじめて、目の前に横たわる社長に深い畏怖の念を抱いた。せかせかとバイタルチェックに訪れたナースに確認すると、その驚きはさらに深まった。ナースによると、救急隊員が事故現場で瀕死だった社長をストレッチャーに乗せる際、胸に抱えていたそのノートに気づき回収したそうだ。事務的にそう答えると、ナースは点滴を入れ替え、注意事項を言い置いて病室を去った。

（まさか、社長はこのノートを炎から守ったのか!?）

結局、その日の深夜、駆けつけた現地スタッフ全員に看取られて、社長は一度も昏睡から目覚めることなく息を引き取った。周囲で号泣する上司や同僚らを目の当たりにして、藤堂は否応なく、この社長が社員にとってかけがえのない特別な存在だったのだと思い知らされた。

他の社員たちは、社長を一人で外出させたことを悔やみ続けていた。しかし藤堂だけは、これまで機会はいくらでもあったのに、自ら積極的に社長と話そうとしなかったことを悔やんでいた。ただ、全身にあれほどの重傷を負った社長が苦痛に喘ぐこともなく静かに旅立っていったことが、藤堂にとって唯一の救いだった。

直接身近にあって薫陶を受けなかったとはいえ、圧倒的な情熱の痕跡や、あれほど社員たちに慕われていたその人格を、社長の死の間際に垣間見せられた。このことがむしろ、藤堂のその後の人生に色濃く影響を及ぼしていることは間違いない。

先代社長の逝去からしばらくして、藤堂は本社の企画本部に呼び戻されることになった。その頃にはもう米国でキャリアを伸ばしていきたいという夢は過去のものとなっていた。

今にして思えば、いずれ自分が経営トップになって東洋を業界最大手に成長させたいという強い志も、あの社長が我が身を盾に守ろうとした、手垢のついたノートを見てしまったことと無関係ではないのだろう。

「俺にあんなものが書けるのか？　俺はそれを命がけで守るだろうか？」

「いま俺がくたばったら、あんなに号泣してくれる社員はいるんだろうか？」

寺井との会話の後、藤堂はそんな自問自答を繰り返している自分が情けなかった。

強権

会長とのやり取りがあった翌朝。経営企画部から、各本部に対する新年度の事業プラン策定依頼に関する周知文書について、意見具申があった。どこも年度末ギリギリまで収支の改善に駆け回っていた関係で、次年度のプラン策定が遅れている状況だったのだ。

（新年度は、俺が全責任を負う事実上の第1ラウンドだ。もはやお歴々に配慮などしている場合ではない。なんとしても遅れを挽回しなければならん）

「一週間だけ猶予をやる。計画策定に入る前に、まず各本部から新年度の取り組み方針を報告させせろ！」

藤堂はのこのこ周知文書の相談に来た鳥越を一喝し、そう強く指示を出して追い返した。

鳥越はすぐさま各本部の企画部門へ事態を伝えた。

指示した期限を少し過ぎた頃、各本部の企画担当部長たちが悪びれもせずそれぞれの本部における次年度の方針を説明に来た。

その内容は、藤堂の打ち出した新中期ビジョンや新中期計画にリンクしているように見せかけてはいる。しかし、大方は各本部独自の思惑で方針を検討している様が透けて見える代物であった。中にはまったく藤堂のビジョンを考慮していないものもあった。おそらくは、お歴々の強い意向が働いているのだと推察された。

ここに至り藤堂の怒りはついに爆発した。各本部の方針をことごとく目の前で破り捨て、ゴミ箱に叩き込んだ。挙句、改めてゼロから方針の検討を命じたのだ。

その後、企画担当部長らはそれぞれの本部で議論しては修正案を持ってきた。だが藤堂は強談判に及んで圧力をかけ続けた。彼らが上司である本部長との板挟みになっていることを百も承知で、自分の思う通りの方針に修正させるまで納得しようとはしなかった。

(制御不能なモンスターなどこの東洋には存在しない。指示通り動けるようになるまでトップダウンで圧力をかけるまでだ)

藤堂は微かに残る後味の悪さを、そんな言葉でごまかした。

すれ違う思い

社長が世良部長の復帰を待たず各本部に圧力をかけて新年度の事業方針を強制的に修正させた。

世良は久しぶりに出社したその日の朝、藤堂への挨拶を終えたあとに鳥越からそういう旨の報告を受けていた。

だが藤堂は、挨拶に出向いた世良に、そのことを一切伝えようとはしなかった。ただ一言、「やりかけたことをさっさと済ませろ」とぶっきらぼうに言っただけだ。

藤堂の怒りがわからぬでもない世良だったが、鳥越からの報告を受け、世良は改めて重要な時期に戦列を離れてしまったことを悔やむほかなかった。

「藤堂社長がお呼びですので、すぐに社長室にお越しいただけますか？」

経営企画部で世良の所在を聞いたらしい枝野が、エンジニアリング本部のフロアにある会議室まで世良を迎えにきた。急なことだったが、ほかでもない藤堂からの急な呼び出しと聞いて、手嶋も「仕方ない」と話を切り上げた。

「社長のトップダウンに振り回されるなよ」

会議室を出るとき、手嶋の遠慮のない一言が世良の背後から聞こえた。

枝野が硬い表情で社長室のドアを開けながら、「よろしくお願いします」と世良を見送った。藤堂は椅子に深く座り、肘掛の先を指でトントンと叩いていた。

世良の入室に気づくや、藤堂は唐突に口を開いた。

「営業本部に例の軽量液晶モニターを重点的に販売するプロジェクトを起動したい」

(早速手嶋の言う通りになったな……)

世良は苦笑いを禁じ得なかった。

「聞けば、首都圏法人営業部の山野部長に状況説明をさせたとか」

世良は、あえて藤堂の投げかけを受け流した。藤堂は例によって不快さを隠さない。


思い起こせば昨年の今頃、世良は社長就任前の藤堂や経営企画部のメンバーらと共に、新生東洋の目指すべきビジョン固めを進めていた。それもこれも、藤堂が社長に就任後、速やかに東洋テクノロジーの伝統的なビジネスモデルの再構築に着手し、いち早く成果を生み出すための地ならしが目的だった。

しかし、藤堂の「自分が社長になれば状況が好転するはずだ」という楽観が肝心のビジョン浸透策を中途半端なものに終わらせた。これが思わぬ足踏みを招くこととなり、今や新中期ビジョンの実現は文字通り風前の灯火といった状況に陥っている。

藤堂は今、その状態を強権でもって挽回しようとしているところだ。

とはいえ、志を挫かれ変革に背を向けた磐田や自らの意思で立ち上がった手嶋らが〝仕入れる〟機能の最適化や、〝つくる〟機能の立ち上げを進めた結果、東洋を支える商社機能、つまり〝売る〟機能の中枢である営業本部を変えていく準備は整いつつある。

藤堂のみならず世良自身も、曲がりなりにも環境が整いつつある今こそ次のアクションを起こすべき時期だと感じていた。完全に条件が整うまで待っていたら、間違いなく手遅れになってしまう。

営業本部を本格的に変革活動に巻き込んでいく前に、世良はこの機会に藤堂の腹の座り具合を確かめておかねばならないと判断した。


「ああ、山野から説明は受けた。だがあれは、自分はしっかり指示出しをしているんだという言い訳に過ぎん」

藤堂は不愉快そのものといった態度で世良の質問に応えた。

「それに、各本部に指示されて新年度の事業方針を書き換えさせたと聞きます」

「お前が勝手に倒れて役割を果せなくなったから仕方なく直接指示をしたまでだ」

「……」

「そんなことはどうでもいい。とにかく、このまま営業現場のサボタージュを放置していては、じりじりと東洋の事業がしぼんでいくだけだ。世良、君が販売戦略プロジェクトを立ち上げ、その責任者になれ」

（やはりそうくるか……。藤堂さん、なぜ「俺が最前線に立つからお前は死ぬ気でついてこい」と、痺れるような一言をくれないんだ！）

世良の賭け

悩んだ末なのか、藤堂は苦々しい表情だ。

「外様の私が営業本部に乗り込んで何ができるとおっしゃるんです？」

「君には販売戦略プロジェクトの実施期間中、営業本部の副本部長を兼務してもらう。営業本部の山崎本部長には合意させた」

「私が権限を振りかざし上から指示すれば、営業現場を変えられるとでも？」

暗に藤堂のとった行動を批判するかのような言葉だ。

「そんなことをしろとは言っていない。権限など持っていても山崎くんや山野にはまったく現場を動かせていないんだ」

藤堂の目は苦渋に満ちていた。

「……なるほど。やっと社長にも、私が現場で見てきた風景が見えてきたということですね」

瞬間。藤堂の怒気を含んだ鋭い視線が世良を捉えた。

「いい加減にしろ！　いいか、中期ビジョンを実現するのは、経営企画部長であるお前の仕事だ！　勝手に倒れてその言い草はなんだ！」

「私の？　冗談じゃない」

世良は藤堂にもそれとわかるようにせせら笑って見せた。

経営企画部長に着任した当初、経営本を買い漁り、自身の経験と照らし合わせ、変革推進のための取り組みをリサーチした。そのときいくつかヒントは得られたものの、腹の底からピンとくるものは少なかった。その理由が今、世良にも少し見えてきた。

セオリーはもちろん大切だ。だが企業変革という営みは、手順を踏みさえすれば粛々と進むような綺麗事ではないのだ。

つまるところ変革の成否は、それが険しい道のりであってもリーダーの示す目指すべき価値のある目標に向かって、社員一人ひとりがリーダーと共に歩み続けようとするか、背を向けるかで決まる。強談判で圧力をかけても、根っこは何も変わらない。このままでは、藤堂はついに社員から見放されるかもしれなかった。

「社長室で圧力をかけ続けても、この先も東洋は安泰だと信じて疑わない社員らの意識は変わらず、誰も彼もがこれまでと同じことをこれまでと変わらないペースで続けていくという行動や習慣に変化は生まれない。そんな東洋の根っこを変えられなければ、各本部に何をやらせても、形ばかりの取り組みで終わるのがオチだ。

この状況を変えるためには、社長であるあなたが、中期ビジョンの実現に執念を見せ、ぶれることなく最前線に立ち続ける必要があるんだ！」

（今の東洋にとって、本気の姿勢を見せられない経営トップになど誰も見向きもしない。藤堂さん……、そこに気づいてくれ）

怒りを通り越したためか、藤堂は完全に無表情になっている。世良はそれでも矛を収めない。

「この際だ、はっきり言わせてもらうが、中期ビジョンの実現は経営トップであるあなたのミッションだ。磐田さんをはじめ、頑張って取り組んでくれている人々を責めるのはやめたほうがいい」

世良はいよいよ思い切った賭けに出ることにした。自ら進んで最前線に出ないのなら、強引に引っ張り出すまでだ。

「仮に少額の契約であったとしても、あなたは首都圏開発営業部の活動にスポットライトを当て、彼らの成果を賞賛すべきだった。だが、あなたがしたことは彼らだけでなく磐田さんの梯子まで外すことだけだ。評価もされないのにリスクをテイクして働きたいと思うようなおめでたい者などこの東洋にはいない。

各本部への圧力もそうだ。このままでは、あなたを信じてついていこうとする者などこの東洋から一人もいなくなるだろう」

世良と藤堂は微動だにせず睨み合う。

「しかし、私は自分の果たすべき使命を最後までやり遂げるつもりだ。ご判断願いたい。販売戦略プロジェクトを起動し、私にその責任を負えと言うのなら、社長、あなた自身も最前線に立つことが条件だ」

捨て台詞のようにそう言い残し、世良は踵を返して社長室を出た。

室内から世良の怒鳴り声が漏れたのか、立ち去ろうとする世良に、枝野は不安げな視線をよこした。

「大丈夫ですよ」

(俺にできることは最後の最後まで藤堂さんを信じ続けることだけだ)

枝野に笑顔で一声かけて、世良は向かうべき場所へ歩を進めた。

反撃ののろし

世良は社長室を出たその足で首都圏法人営業部に向かった。同部は営業本部の主力部隊であり、社内最大の部員を抱えている。販売戦略プロジェクトの責任者を引き受けるとなれば、世良にはこのフロアで事前にやっておかねばならないことがあった。

仕切りの少ない広いフロアでは、日中にもかかわらず多くの営業担当者が仕事をしていた。ざっと見ても数十人はいるだろう。にもかかわらず、山野の威厳からか、フロアは奇妙な静寂に支配されている。世良はまっすぐ山野の席に向かった。

（まるで膝下で働く人々を睥睨する独裁者のようだな……）

山野は世良よりもいくらか若いが、かつて少しの間世良の上司になったことがある。前営業本部長である長門が世良に課した人事的なペナルティーのためだ。

山野は玉座よろしく窓を背にした大机に陣取っていた。世良がフロアに入ってきたのに気づいているようだが無視を決め込み、世良が目の前に立っても反応しない。

「少し時間をいただけますか？」

声をかけられ、山野はやっと世良に視線を向けた。胡散臭げで、さも面倒臭そうだ。少しのタイムラグがあったが、山野は「どうぞ」と大机脇の打ち合わせテーブルを指した。世良が座ると、正面の椅子に腰掛けながら山野が口火を切った。大勢の営業担当者らが2人の会話に聞き耳を立てている。

「私は忙しい。手短かにお願いしたい」

「予定表を確認したら、外出などまったく入っていませんよ。それ以外の予定もね」

世良がはったりをかますと、一瞬、山野は怯んだようだ。

「セキュリティーもある。いちいち全部、自分のスケジュールを公開したりしませんよ」

世良はふと、山野の後ろに見える窓の外に気を取られた。今日は朝から少し荒れ模様だったが、雲間から陽光が射し始め、うっすらと虹が見える。

「聞いているんですか。そんなに時間は取れないと言っているでしょう」

「ああ、失礼。では、本題に入りましょう。山野さん、勝算はあるのですか？」

「なんのことですか？　世良さん。藪から棒に」

あえて「山野部長」とは呼ばず、「山野さん」と切り出した世良に、山野も同じように返した。

これはさながら、開戦の合図のようだった。

「説明しなくてもおわかりでしょう？」

「……別室に入りませんか？」

どうやら山野は世良が言わんとする意味を理解したようだ。だが、世良は山野のペースに乗ってやるつもりなどさらさらない。

「いえ、ここでいいでしょう。聞かれてまずい話ではありません。むしろ……」

世良はわざと声を張って言った。

「わかりました。しかし、こんな場所でことさら大きな声で話すことでもないでしょう」

（ハハハ、公開処刑はお前の専売特許だろう）

世良は心中で嘲笑った。

「ヒソヒソと話すことでもない。ここにいる大勢の営業担当者にも聞いてもらいたいんですよ」

「……」

「これまでビジネスアライアンス部が進めてきた調達製品の販売施策ですが、営業本部内に販売戦略プロジェクトを立ち上げて重点的に売っていくことになりました」

山崎本部長の合意を得たと言っていたが、それは未だ藤堂の私案に過ぎない。藤堂が世良の提示した条件を飲むか否か、すべてはその一点にかかっている。山崎や山野ではどうにもならない以上、藤堂に別の選択肢があるわけではないことも世良にはわかっていた。

「それが私と何か関係があるのですか」

「ええ。山野さんにはそのプロジェクトの副リーダーになってもらいます」

「そんな話など聞いていない。リーダーは誰がやるって言うんです？」

「私ですよ」

それまで無関心を装っていた山野の顔に怒気が浮かんだ。

「なんで、あんたがしゃしゃり出るんだ、いい加減にしろ！　うちは企画本部が調達した製品を積極的に売ろうとしている。それがわからんのか！」

「積極的？　わが耳を疑うな。じゃあ、どうして社長があんなに激怒している。それに、『利鞘の少ないものを売る気はない』とか、『いろいろ売れと言われて現場は混乱している』とか、ヒソヒソ話があちこちから聞こえてくるぞ」

山野の表情は落ち着きなく変化する。

「誰がそんなことを……」

「売ろうとしているなら計画を見せろ。計画なきところに実践なしだ。どれだけの営業担当者が実際にアクションを起こしたんだ？」

「そんなことはすでに社長に報告済みだ。あんたの知ったことじゃあない。営業本部に土足で上がりこんでそんな啖呵を切る権利などどこに……」

「あるんだよ。今後、プロジェクトのリーダーになりしだい、営業現場のこれまでの怠慢を洗いざらい明らかにしてやる。社長命令を取りつけてでもな！」

世良は大声を張り上げた。部員らの反感に満ちた視線が世良に注がれる。世良はゆっくりと彼らを振り返り、そして言う。

「いいか！　上からの指示には、聞き流していいものと悪いものがある。社長が提示した新中期計画は、将来に渡ってこの会社が存続するための道筋を必死に考えてのものだ。それを現場で黙殺していいわけはない」

部員らを前に、世良は立ち上がった。

「会社を発展させる方策として対案があるなら、今ここで言え！」

意図ある煽り

かつて素人営業部長と揶揄され、営業本部を追われた人物などに舐められては、会社を支える首都圏法人営業部の沽券にかかわる。何人かが音を立てて立ち上がった。山野も立ち上がり、他の部員らを手で制して言う。

「世良さん、あんたは大口営業をわかっちゃいない。大口営業は特殊なんだ」

「そうかもしれない。だが私が聞きたいのは、大口営業が特殊だの、社長が悪い、調達した製品が悪い、企画本部が悪いなどという他責発言じゃあない。対案だ。対案を聞かせろ」

一歩も引かない世良の怒声に、山野は閉口した。営業部員らは今や、残らず立ち上がっている。みんな一様に世良を睨みつけ、口々に本音をぶつけ始めた。

「お客様は望んでいないんだ、あんなもの」

フロアの端から飛んできた罵声に、世良も大声で返す。

「お客様が望んでいないとわかったということは、提案はしたんだな？　そのときの提案書を見せてみろ」

返答はない。

「売れるわけがない」

「同じ質問をする。具体的に顧客に提案したという証拠を示せ」

「提案しなくても、結果は見えています」今度は女性の声だ。

「つまり提案すらしていないんだな」世良は声のした方に向き直った。

「第5担当の課長、細川です」

山野の席からほど近く、窓際にたたずむ気の強そうな女性が手を挙げた。細川と名乗るその課長は物怖じした様子もなく、まっすぐに世良を見る澄んだ瞳が印象的だった。

「細川さん。なぜ提案をしない？　なぜ、提案していないのに売れないと決めつける？」

細川は何か言い返そうとした。しかし世良は、細川の言葉を待つでもなく続ける。

「君はまだ名乗るだけいい。反発する者のほとんどは名乗りすらしない。明確な根拠も対案もなく経営トップが示す方向性を完全に無視し、個々人の価値観や判断に従った行動を疑いもなく続ける。しかし、東洋の現状を自分事だと捉えれば、そんな勝手気ままな仕事のやり方がもう通用しなくなっているのがわかるはずだ。このままでは、取り返しがつかなくなるんだぞ」

また誰かが怒鳴る。

「バカバカしい。根拠もなく危機感を煽るのはやめろ！」

「毎年毎年減収しているのを知らないのか？」

世良は数十人の罵倒を一人で受けながら、一人ひとりに視線を注いでいた。

「そんなのは会社が悪いからだ！　会社の責任をこっちに押し付けるな！」

「いい加減に他責発言はやめろ。私が聞いているのは対案だ。何度も言わせるな！」

「それを考えるのが経営企画部だろ！」

「考えたよ、社長と一緒に。それがあの新中期ビジョンを軸とした新中期経営計画だ。あの計画のどこが問題なんだ。具体的に示せ！」

大声を出した世良が辺りを見やると、近くにいた年かさの営業担当者と目が合った。相手は敵意ある眼差しで言い返した。

「発注コストの削減について、調達先のパートナーからクレームがあった。やめるべきだ」

「やめてどうする。減収しているんだぞ、どうやって利益を出す？」

年かさの担当者はそっぽを向いた。その隣の中堅社員が後に続く。

「新規の顧客開拓は効率が悪い。既存顧客向けの営業に集中すべきだ」

「その既存顧客からの収入減に歯止めがきかない。つまり、生産性が年々低下しているんだ。新規顧客開拓が難しいからと言ってやめてどうする？」

「現場の実状と合っていないんだあんな中期計画は」

中堅社員は食い下がった。

「現場の実状を慮り、現場に寄り添うだけで他社に競り勝てると言うのなら喜んでそうしよう。だが、客観的に見ても、今の君たちに東洋の命運をかける気にはなれない」

世良の煽るような一言で、一気にその場の緊張が高まった。

「批判なんて誰にだってできる。対案を示せと言っているだろう」

その一言にカチンときたのか、それまで沈黙していた細川がやにわに口を開いた。

「世良部長。なら、あなたはこの状況をなんとかできると言うんですか？　減収を止められると？　対案を求めるなら、あなたには明確な打ち手があるんですか」

相応しいリーダー

「ある。社長があなた方に直接語っただろう。新中期計画がそれだ。何度も言わせるな」

「バカバカしい。あんなもの、実践したって増収に転じられるとは思えません」

「やってみたのか？　それともまた〝やらなくてもわかる〟か？」

細川は燃えるような目で世良を睨みつけている。

「社長が提示した計画を実践に移せば、即座に成果につながるというものではないかもしれない。だが、まだ会社がなんとか持ちこたえている間にこの状況を打開するための打ち手を講じていかなければ、行き着く先はジリ貧だ。まずは社長を信じ本気でやってみるべきではないのか！」

細川はその言葉に噛みついた。

「成果が出るかどうかわからないものを現場に押し付けるんですか？」

「そもそも戦略とは仮説だ。仮説は実践によって検証されなければ、それが即座に成果につながるかどうかなんて事前に証明できない。だが、確実ではないからといって、今仮説を放置してしまったら一歩も前には進めない。それに、検証が進めばより仮説の精度を高めることもできるはずだ」

世良は細川の目を見ながら続ける。

「君は〝あんなもの〟と言うが、藤堂社長やわれわれ経営企画部は、より確実に活動を成果につなげていくための方針を2カ月間本気で考えたんだ」

世良の言い分に、何人かが口を開きかけた。しかし、それらを遮るように細川がまた声をあげる。

「仮説検証なんて現場にメリットのないことを言っても、現場の社員は動きません」

「では、君たちは個人のメリットで仕事を選んでいるのか？　個人的なメリットがないと動かないなんて、本気で言っているのか？　忘れているようだから教えてやるが、ここは会社だ。甘えるな。個々人が自己利益を優先してやりたいことだけをやっていて、会社が生き残れる保証がどこにある？」

「上が思い込みで調達した商材がたった一つ売れなかったからと言って、それが会社の存続と関係あるんですか？　大げさなことを言わないでください」

「これからも同じことが続くからだ。明日も明後日も君たちは大口営業は特殊だ、個社ごとにニーズが違うんだと、事業を発展させる可能性を持った商材を無視し、気ままな個人商店を続ける。君たちが稼ぎ出す収入が全体の7割近くを占めているんだ。君たちの続ける壮大な個人戦がまた来年、確実にわが社を減収させる。この繰り返しが会社の存続と無関係だとなぜ言える？」

「ちょっと待ってください。勝手な思い込みで調達した市場性があるかないかわからないようなものを売るより、個々のお客様のニーズを掘り下げて、そのニーズに合致した提案をしたほうが増収につながるはずです」

強気な姿勢を崩さない細川に、世良も一歩も引かない。

「そんな口上はこれまで何度も聞いてきた。だったら、この首都圏法人営業部では顧客のニーズを深く掘り下げるための、一体どんな活動をしていると言うんだ？　そんな組織的な取り組みがあるのなら聞かせてくれ」

「……そんなこと、一人ひとりの営業担当が当たり前にやっています。部でやる必要なんてありませんよ」

細川は、やや歯切れの悪い返答を返した。世良はその意外な反応に興味を抱いた。

「首都圏開発営業部では、メンバーと一緒に工夫を重ね、白紙のA3用紙を利用してお客様から課題をヒアリングする手法を作り上げた。今も桐島課長や部員がその手法に磨きをかけてくれている。

一度ヒアリングセッションを実施すると、お客様から数十件のコメントをお聞かせいただける。それでも、一旦お聞きした課題を整理し再びお持ちすると、お客様がそれをご覧になってまた新たな気づきが生まれ、いよいよお客様の潜在的な課題が見えてくるものだ。漫然とお客様と会話するだけでは、お客様が抱える真の課題など見えてこない」

世良の鋭い視線が周囲の部員らに注がれる。

「ここにいる一人ひとりに聞こう。君たち部員が当たり前のように顧客ニーズを深く掘り下げる活動ができていると言うのなら、ぜひそのやり方を教えてくれ。君たちが長年担当する顧客の課題を書き出し、整理したものを見せてくれてもいい。わが社を支える首都圏法人営業部の現場に、お客様のニーズをしっかり掘り下げるような営業活動上の習慣が根づいているのなら安心だ」

世良の右手に立つ、それまで口を閉ざしていたいかにも管理職然とした人物が口を開いた。

「長年お付き合いのある大口のお客様の課題ならもう把握している。Ａ３用紙なんて、そんな小手先の手法など必要ないだろう」

いかにも世良を素人だと見下した物言いだ。世良が窓際を見やると、それまでの勢いはどこへやら意外にも細川は俯いている。

「いいでしょう、それで顧客課題がしっかり把握できると言うのなら。見せてくれませんか。担当する大口顧客が抱える課題を整理し、解決策を提示した提案書があるんでしょう？あなた方は、思い込みで調達した製品を売るよりも、顧客ニーズを掘り下げてそれに応える提案をするほうが増収につながると言ったんだ。私はその実践例を見せてくれと言っているだけだ」

「バカバカしい、なんであんたにいちいちそんなことまで指図されなきゃならないんだ。いい加減にしてくれ」

その管理職らしき男は腕組みしながら傲然と言い放つ。細川は依然として目をそらせたままだ。

目の前にいる営業部員のほとんどが、東洋テクノロジーの営業現場に定着している御用聞き型の営業スタイルにまったく疑いを持っていない。しかも、彼らが窓口となっている顧客から引き合いをもらい、提案書の作成も含めた営業として重要な仕事を、上から目線で「投げる」と称してパートナーにやらせていることを世良は知っている。仮に課題を掘り下げた提案書が出てきたとしても、その提案書の書き手は資材調達先の営業担当者か技術者だろう。

それに……。世良がこのフロアまでやってきた目的はもう果たせた。

世良は潮時だと感じた。

「目を覚ましてくれ。これまでのような勝手気ままな個人戦を続けていては現状維持すら難しい」

世良は一人ひとりの顔を見回しながら静かに話を続ける。

「東洋をこれからも支え続けていくのは現場だ。だとすれば、現場が市場に合わせて変化を求められるのは当然だ。その目指すべき方向性が示された新中期計画を無視し続けるのは、もうやめてほしい」

そして世良は山野を振り返り、言う。

「販売戦略プロジェクトは、もう強権を厭わない社長の号令で立ち上がる。それは避けられない。山野さん、あなたは私と前に進むしかなくなるんだ」

山野は何も言わない。

「このまま何もしなければ……。社内事情をよく知っているあなたなら、どうなるか想像できるはずだ」

山野は苦い顔をしている。黙ってはいるが、世良は充分に伝わったと感じた。

「判断は任せます。この状況を変えたいと思ったら、ぜひ、手を貸してもらいたい」

世良は細川の様子を一瞥した。そのとき、依然として目をそらす細川とは対象的に、その背後の窓外で見事な虹が鮮やかに輪郭を浮かび上がらせていることに気づき、世良は一瞬目を細めた。

そして苛立ちのおさまらない大勢の営業部員たちが睨みつける中、まるで何事もなかったかのように首都圏法人営業部を後にした。

藤堂の判断

その日の夕方。藤堂から再び呼び出しがあった。首都圏法人営業部での大立ち回りの話が耳に届いたらしい。世良が社長室に入ると、藤堂は険しい表情で窓の外を眺めていた。

「首都圏法人営業部に乗り込んで山野たちとやりあったそうだな」

世良は、座れとも言われぬままにソファに腰掛けた。

「私は中期計画を大切にすべきだと伝えただけです。軽んじている者が多いように感じたものですから」

世良の答えを聞き、藤堂はため息のように一つ深呼吸をした。

「販売戦略プロジェクトは、やはり君がリーダーになって進めるのだ」

世良は即答を避け、目でその先を促す。

「君に責任を転嫁するつもりはない。プロジェクトの責任者は私だ。それでいいな？

……むろん、必要に応じて私も現場に足を運ぶ」

不機嫌そうではあったが、藤堂は世良の希望を受け入れた。世良の言う通りにするのは癪だが、これ以外に打つ手がないからだ。

「ありがとうございます。久しぶりに社長と意見が合いましたね」

「だからと言って、うまくいかないから助けてくれと私に泣きつくな」

「いいでしょう。それが東洋流ですから」

「また嫌味か……。お前ってやつは」

わざとらしくニッコリ笑った世良を、藤堂はじろりと見やった。

「販売戦略プロジェクトには、外部の専門家の支援もお願いしたいと考えています。よろしいですね？」

「ああ、構わない。できることはなんでもやってみてくれ。とにかく状況を変えるのだ」

藤堂の同意を得てすぐ、世良の思考は現状の打開策を組み立て始めた。ようやく微かだが手応えを感じたせいか、復帰後の暗澹たる気分も少しだけ晴れた気がした。

社長室を出ると、枝野の姿はなかった。席を外しているようだ。

(取り急ぎメールで報告しよう。「社長はようやく前に動きだしたよ」と。枝野さんなら、それでわかるだろう)

藤堂を心配していた枝野には、少しだけいい報告ができそうだった。

ギアが噛み合い始めるとき

世良がフロアを去った後。山野はその場にいた管理者全員を大会議室に集めた。山野は早急にこの雰囲気を変えなければならなかった。この中途半端な状態を放置しておいては、自身の統制力、影響力が弱まり、今後やりにくくなる可能性があるからだ。

管理者の中には山野の招集に不満そうな顔をしている者もあった。山野がすぐに世良を追い返さなかったことが、少なからず彼らを失望させたのだろう。長門が営業本部長の時代であれば、世良のような部外者にこのフロアで言いたい放題の振る舞いを許すなどということはありえなかったからだ。

彼らの大部分は、内向きで前時代的な意識を未だに根強く持っている。ソリューション本部に圧力をかけて意に沿わない施策を拒絶したり、企画本部と喧嘩をして部の目標値をことさら低く抑えるなど、自組織の勝手を押し通せるのが良いリーダーだと考えているのだ。

山野は、いつまでも他の組織に対して営業本部のゴリ押しが通用すると信じて疑わない管理者連中の顔を見渡し、その能天気さに今さらながら怒りを覚えた。

（こいつらには何もわかっていない。もう時代は変わったんだ。現本部長の山崎さんは企画本部時代の社長の元部下だ。いくらバカな世良が無礼を働いてもストップをかけるはずがない。むしろこちらが危なくなる）

かつて山野は、こういった力関係の変化を、実力者だった前専務の長門をバックにした政治力で捻じ曲げてきた。しかし、寺井の退任に伴って権力構造がまるっきり変わった今、山野はほとんど万策尽きていた。

（身の処し方を一歩間違えれば、上からも下からも見放される可能性だってある）

山野が会議室に入ってもヒソヒソと小声で話し続ける者もいて、それが山野のカンに触った。同時に、山野は管理者らの前に座ったとき、いつもはまったく感じない奇妙なプレッシャーを感じていた。

「たった今、企画本部の世良部長がわれわれに対して放言したことは、私から山崎本部長に申し入れる。社長にエスカレーションしていただき、当人に厳重注意をしてもらう」

（だからどうなるものでもないが……）

そういった自身の気持ちは決して悟られてはならない。

「また、販売戦略プロジェクトの件に関しては、私もまったく耳にしていない。本件もあわせて本部長に確認し、情報があればみんなに共有したい。何か質問はないか？」

最後の問いを少し強めに投げかけられたことで、山野はてのひらからこぼれ落ちたように感じていた自らの威厳がわずかながら回復したように感じた。

「何か質問はないか」というのは、上司から部下へ何かを伝達する際、まとめの一言として形式的に付け足される言葉だ。普通、部長クラスがこう言った場合、部下は沈黙で応えるのが東洋の習わしだった。

もちろん、山野が管理者を会議室に集めたのは、長々と彼らの意見を聞くためではない。現場の管理者らと自身の立場をはっきりさせ、部長である自分こそが絶対的なコントローラーであると伝えたかったからにほかならない。

いつも通り何もないなと、形式的に室内を見回した山野は即座に2人の手が挙がったのを見てげんなりした。しかし話を聞かないわけにはいかない。先に挙手した細川に発言を促した。

細川は、不覚にも世良に押されてしまった山野に代わって世良とやりあったあの女性課長だ。

「部長は販売戦略プロジェクトに協力するおつもりですか?」

「プロジェクトの内容によるだろう。いくら社長の指示とはいえ、本来与えられている業務に支障をきたしては本末転倒だ」

「……」

細川は山野の答えに不満げな表情を見せたが、これといって反論はしなかった。細川が何も言わないため、山野は2人目を指した。

「では、大木くん。聞きたいことはなんだ?」

「はい。私はむしろ、首都圏法人営業部が率先して販売戦略プロジェクトを推進してはどうかと感じました。世良部長は、首都圏開発営業部で仕事をした経験があるとはいえ、大口営業に関しては素人と変わりませんから」

(なるほど、そういう方法があるか。いや、それでうまくいけばいいが、変化を拒み続けるこの集団が、社長の期待に応えられるとは到底思えん)

大木の意見はもっともかもしれないが、山野にはリスクのほうが大きいように感じられた。

「わかった。そのアイデアも山崎本部長にエスカレーションしよう」

(そうしたところで、山崎さんが主導権を握れなどと言うわけはないが……)

「他にはないか？」

他の管理者からの挙手はなかった。

「以上だ」と、山野が席を立ったたそのとき。細川が、思いつめた表情で大声をあげた。

「私は、販売戦略プロジェクトに参画します」

辺りが騒然とした。山野は一瞬何が起こったのかわからず、唖然としてその場に立ち尽くした。細川の双眸は怒気を含み山野を睨んでいた。

山野は、細川の翻意を促すために、その後に予定していた大型案件の検討会議を見送らざるを得なくなった。

自社プロダクトの形

世良は社長室を出てものづくり推進室へ向かった。どうしても販売戦略プロジェクトのことを手嶋に伝えておきたかったからだ。

手嶋はデスクで作業していた。空いた椅子を拾って、室長席の前に座る。手嶋はすでに、首都圏法人営業部での騒動を耳にしているようだ。

「なんだ、手嶋。お前、いつの間に社内の事情通になったんだ？」

手嶋はまた睡眠を削って試行錯誤していたらしく、見た目には随分くたびれていた。しかし頭はしっかり冴えているようだ。

「これから復活したものづくり東洋のプロダクト第1号を営業本部に売ってもらわないといかんのだ。あちらの情報はタイムリーに入手しておきたいと思うさ」

「そうだな」

「フロアには何十人も営業マンがいたそうじゃないか。そんなところで啖呵を切るなんて、実際に死にかけた奴にしかできんだろうな」

手嶋は冗談めかして言った。

「で、わざわざプロジェクトにかこつけて騒動を起こしに行った甲斐はあったのか？」

「まったくわからん。だが、ああやって波を起こせば、動き出す者もいるはずだ。それに一人だけ、あの凝り固まった集団の中にあって自分がやっていることに疑問を感じている管理者を見つけた」

「呆れたな。世良、お前喧嘩を売りに行ったんじゃないのか？」

「山野に一泡吹かせて磐田さんの仇を討ってやろうという目論見もなかったわけじゃない」

世良は正直に白状した。

「だが、そんなことはどうでもいい。ただ、これから販売戦略プロジェクトに巻き込むべき現場のリーダーを発掘できればと考えたんだ」

「そうか。それで、いつから動くんだ？」

「来週の経営会議で社長からプランの説明がある。山崎本部長からも事前に合意を得ているらしい。それに年度末の凄まじい強権ぶりを見れば、おそらく各本部からも表立った反対は出るまい。儀式的なものになるが、手順を踏んでおかないとな」

「ということは、プロジェクトが動き始めるのは早くて2週間後か」

「そのくらいだと思う。嵐の中に逆戻りだが、今度こそ必ず社長を担ぎ出そうと目論んでいるんだ。首都圏法人営業部の管理職や社員を本気で動かせるのは藤堂さんしかいない」

「その頃なら、ものづくり第1号の製品をプロジェクトに盛り込めるかもしれん」

手嶋のその一言は、復帰早々走り回っている世良にとって、最も嬉しいニュースだった。

「手嶋、そしてみんな。なんとか、頼む」

世良は振り返り、メンバーらに頭を下げた。疲弊してはいるが、意気軒昂なメンバーらが、世良に向かって無言で笑いかけた。

「任せてください。世良部長」

酒井が声に出して請け負った。

✣
✣
✣

○月○日　雨のち虹

入社して以来、はじめての大事件。

企画本部の世良さん、救急車で病院に運び込まれたっていうあの部長さんが営業本部に乗り込んできた。

部長に啖呵を切って、部員たちにも食ってかかっていた。

いい気味。ウチの威張った部長にとっては逆公開処刑だ。

首都圏法人営業部で最後まで反論できたのは、威張っているだけの部長ではなく、ウチの細川課長だけ。本気で会社のことを考えている証拠だ。

この前、安藤先輩から聞いた首都圏開発営業部が進める営業プロセスの変革活動の話を課長に報告した。

いつもは少しとっつきにくい先輩が、あんなに本気で変革活動に取り組んでいるなんてはじめて知った。Ａ３用紙でお客様の課題をヒアリングする手法とか、オリジナルな提案書を作成する取り組みとか、その内容もすばらしいと思った。課長も安藤先輩たちの取り組みを興味深く聞いてくれたし、質問もたくさんもらった。

あれ以来課長は、何かを考えているみたい。

世良部長の騒動の後、管理職はみんな会議室に集められてしまったから、今日も課長とは話せていない。

明日は絶対、課長と話したい。きっと私にもできることがあるはずだから。

01

ケース Case

本格的な変革活動に入る際、より効果的にプロジェクトを立ち上げるにはどうしたらいいか。

アドバイス Advice

仮説検証の進めやすさを重視する

変革活動の対象となる組織において、スモールスタートを念頭に「受容性」と「効果」の観点から変革推進タスクフォース（コアチーム）に相応しい人材を絞り込む必要がある点は前巻で述べた。加えてもう一点、コアチームを立ち上げる際に留意すべきポイントがある。それは、コアチームがこの後、しっかりと継続していかなければならない「仮説検証活動の進めやすさ」である。

当初設定した戦略的な仮説が、すぐに成果につながるというのなら問題はない。だが、大抵の場合はそんなに簡単にはいかないものだ。活動が容易には実を結ばない中でも、コアチームは足並みを揃えながら愚直に仮説検証を進めていかねばならない。事実、鳴り物入りで立ち上げたコアチームの活動が、道半ばで形骸化してしまうケースが多いのだ。そのような失敗を回避するためにも、事前に仮説検証活動の進めやすさを考慮しておく必要がある。

当社では、ここでもスモールスタートを心がけることをお勧めしている。たとえば、対象となる組織からリーダーを横串で選抜し、コアチームを組織化するといったアプローチをよくお聞きする。リーダー層のみを選抜するのは、彼らがコアチームの議論で検討した仮説を各々の現場に持ち帰り、周囲を巻き込みつつ実践したほうが間接的により多くのメンバーを変革活動に巻き込めるからだ。だが、次章において細川が体験するように、コアチームのメンバーと

図表1　仮説検証活動が進めやすいプロジェクトメンバー構成の例

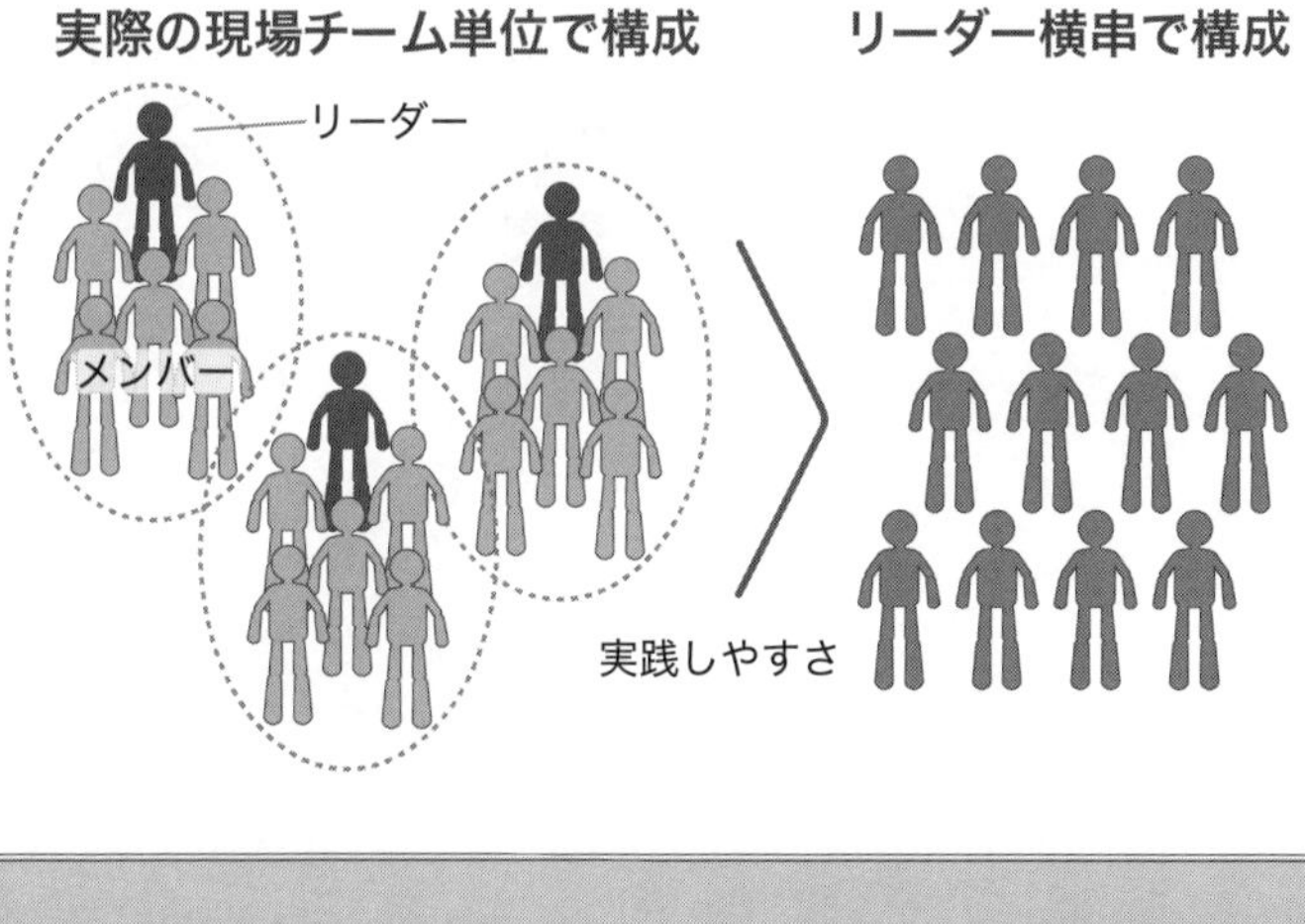

して活動するリーダーと、そうでない現場の社員との間には、一定の温度差が生まれてしまう。伊賀のような経験豊富なコンサルタントのサポートがなければ、間接的にコアチームに関わる現場社員のモチベーションを維持しながら活動を持続することは難しい。

そこで、**リーダーだけでなくリーダー各々が責任を持つ現場チームを対象に、コアチームの組織化を検討していただくことが多い。この場合、活動に巻き込める範囲は限定されるものの、現場チーム同士がお互い前向きな競争をしながら一体感を持って仮説検証活動を進めていくことで随分と活動がしやすくなり、継続も比較的容易になる。**

世良は、首都圏法人営業部に直接乗り込み、議論を仕掛けることで偶然にも細川という逸材を探し出すことができた。今後、世良が、彼女を中心にどういったコアチームの立ち上げ方をしていくのか。ぜひご注目いただきたい。

02

ケース Case

変革活動を進めるプロジェクトでキックオフを実施したい。どういった内容を考えればよいか。

アドバイス Advice

欠かすことのできないコアチームの当事者化

本書では、事前の環境整備を手がける変革推進タスクフォースを「スタートアップチーム」、実際に仮説検証を重ね、新しい価値や仕組みなどを実現する変革推進タスクフォースを「コアチーム」と呼んで区別している。

ビジョンの浸透から組織間の軋轢の緩和まで、さまざまな環境整備に取り組むスキルを持つスタートアップチームのメンバーと、実際にラインで仮説検証を重ねる能力を持つコアチームのメンバーとは異なる場合が多い。よって、コアチームはスタートアップチームの成果を引き継ぎ、新たに組織化されることが多くなる。

そこで、実際に変革活動を推進するコアチームのキックオフでは、スタートアップチームが進めてきた取り組みや、その意義を理解するところから始めるべきだ。より円滑に変革活動を推進していくためには、両チーム間のスムーズなバトンの受け渡しが必要不可欠だからである。場合によっては、コアチームの選抜が完了しだい、一定期間、スタートアップチームの活動に選抜されたメンバーを巻き込むなどの取り組みも有効だ。

また、スタートアップチームの起動時と同様、「当事者化」がコアチームの最初の取り組みとして極めて重要になる。

変革活動を推進するプロジェクトのキックオフにおいてしばしば目にするのは、事務局がかなりのボリュームの精緻な説明資料をまとめ上げ、メンバーに滔々と説明する風景だ。ディスカッションと称する質疑応答によってメンバーが感じた当座の疑問を解消しても、それだけでメンバーらが変革活動に対し当事者として相応しい意識が持てるかというと、必ずしもそうではない。

取り組みの当事者になりきれないメンバーらは、やらされ感から小さな問題に遭遇するたびに立ち止まり、自ら先に進もうとはしない。そればかりか、他責発言が多発し、事務局が問題を解消するまで活動を再開するつもりはないなどといった発言も出てくる。結局、資料の説明と質疑応答で効率良くプロジェクトを立ち上げようとする試みが仇になり、その後の生産性を極めて低下させてしまう可能性もあるのだ。

こうした事態を避けるためには、プロジェクトのキックオフにおいて、一旦これまでの経緯やプロジェクトの方針を脇に置き、**解決したい問題や達成したい課題に関してゼロからオープンな議論を実施することだ。取り組みの意義や具体的な方法、ゴールなどをコアチームに選抜されたメンバーらが自分たちで考え、具体化できるような機会を設ける必要がある。**あらかじめ明確にしてあった変革活動の方針などは、メンバーらの議論が一定の結論に達した段階で擦り合わせればいいし、プロジェクトの進行に合わせて徐々に軌道修正していく方法もある。

もし、議論をメンバーに任せてしまうと方針が明後日の方向にいってしまうという危惧があるなら、皆さん自身がその場に参画し、本気でメンバーと向き合えばいいのだ。

第 **15** 話

販売戦略プロジェクトのキックオフ

15

ビジネスモデルを変えていく

細川は、やや斜に構えていた。

今まさに、販売戦略プロジェクトの初会合が開かれている。細川も時間を割いて参加したのだが、先ほどから企画本部が調達した例の製品の販売とはあまり関わりのない話が続いていた。しかし、今の段階で「関係のない話題をやめてもっと具体的な話を」なんて、さすがの細川も言えない。なぜなら、説明を続ける世良の傍らに藤堂が座っているからだ。

普通、こういった会議で社長ら幹部の席を設置する場合、会議室の最も奥まった場所にオブザーバー席を設ける。オブザーバー席は議論を俯瞰して見るポジションで、そこに座る人は促されずとも自由に発言できる。今回藤堂はオブザーバー席でなく、ロの字型に並べられた長机の、スクリーンのすぐ前、世良の隣に着席していた。

これはおかしい。細川は、入室直後に異変に気づいた。細川は開始ギリギリに会議室に駆け込んだが、すでに藤堂がその場にいたからだ。社長自らが早々と会議室に入り、積極的に議論に参加しようなんて、はじめて見たし、迷惑にすら思えた。

しかも、藤堂の横には、東洋の社員ではなさそうな見かけない人物が並んでいる。見たところ30代前半といった風情で、童顔をカバーするためか薄く顎ひげを残し、短髪で、太いフレームの眼鏡をかけている。きちっとしたダークスーツに太いネクタイをしており、明らかに異質な雰囲気だ。

驚いたのはそれだけではない。首都圏法人営業部と首都圏開発営業部の合同で立ち上がったこのプロジェクトは、前例のないほど規模の大きなものになるだろうと、細川は勝手に想像していた。しかし、この会議室にいるのは、それぞれの営業部から課長が1名ずつとその部下らだけだった。

首都圏法人営業部からこのプロジェクトのキックオフに参加したのは細川自身、そして細川の部下の相馬さなえだけで、他の部員らは興味を示さなかった。一方、首都圏開発営業部は桐島課長を筆頭に桐島チームのメンバーが全員参加しているらしい。

相馬は、細川が入室する前から席に着いていた。花粉がひどい季節のためか、先ほどから細川の隣でくしゃみばかりしている。

世良によるビジネスモデルがどうとかいった概念的な説明に興味が持てず話半分に聞きながら、細川には気になっていることがあった。

（山野部長は参加しないのだろうか？　世良部長は山野部長が副リーダーだと説明していたけれど、できれば参加してもらいたくない）

世良が首都圏法人営業部で騒動を起こした日。プロジェクトに参加したいと申し出たことが、山野と細川の関係を悪化させていた。とはいえ、今のところは一方的に山野が気分を害し、細川を一切無視しているだけなのだが。

そこに先日発令された営業本部の人事が追い打ちをかけた。驚くべきことに、企画本部の経営企画部長である世良が営業本部の副本部長を兼務するとの辞令がでたのだ。それ以来、山野はピリピリムードを隠さない。だから細川は、副リーダーの件がどうなったのか、山野の口から確認できていなかった。

「本プロジェクトは、特定の製品をお客様にこれだけ販売する、という販売目標達成のためのプロジェクトではありません」

メンバーの反応に頓着せず、世良は話し続ける。

「東洋が創業以来依存してきたビジネスモデルを市場の変化に合わせて最適化することを目的とします」

「ビジネスモデルを変える」と漠然と言われても、細川にはピンとこないし、そんな営業活動と関わりのない取り組みに意味があるとも思えない。相馬もキョトンとした表情をしている。

一方、桐島ら首都圏開発営業部のメンバーは、世良の話す概念論が理解できるらしい。しかも、世良の話を例の製品販売と結びつけて捉えることができるようだ。どのメンバーも、話を聞きながら頷いたり、メモを取るなど積極的なリアクションを見せている。

（さなえにも彼らのような反応があると嬉しいけれど、彼女もピンときていないみたい。他のメンバーも連れてくれればよかった。うちのメンバーだって、桐島くんチームのメンバーに勝るとも劣らないと思うのだけれど……）

どこかで通じ合っているような世良と首都圏開発営業部のメンバーらの絆、それに前向きにキックオフに参画する姿勢に、細川は悔しさを感じた。細川がこうしたモヤモヤを抱えている間に、世良の話は約40分で一区切りを迎えようとしていた。

「……以上です。これから取り組む販売戦略プロジェクトのミッションがいかに重要か、皆さんにご理解いただけたかと思います。何か質問はありますか？」

藤堂もスクリーンからメンバーのほうに視線を移し、興味深げに質問を待っている。細川が質問をためらっていると、世良の言葉に何名かが挙手した。世良は真っ先に手を挙げた女性を指名した。

（首都圏開発営業部の安藤さんだ……）

細川は彼女を知っていた。ぶっきらぼうでとっつきにくいが、真面目で優秀な社員だ。

「首都圏開発営業部、安藤です」と言う、それだけで、細川はどこかつっけんどんな印象を受けた。

「世良部長、今回は私たちの取り組みが円滑に進むよう支援してくれるんですよね？」

（それって、質問というより詰問じゃない？）

安藤の物言いに、細川は少し不穏な空気を感じた。しかも、世良に質問を投げかけながらも、安藤の目線は明らかに藤堂社長に向かっている。

（相変わらず、怖いもの知らずだ……）

細川は、ある意味それがうらやましかった。ところが、細川の予想に反して、世良は満足そうに笑っている。

「安藤さん、ようやく皆さんとの約束を果たせるときがきたよ。今回は社長がプロジェクトの責任を持つとおっしゃった。きっと、困ったときには支援してくれるはずだ」

世良の言葉を受け、藤堂が続く。

「安藤さん。皆さんの苦労は世良部長から聞いている。できる限り、皆さんが活動しやすいように支援するつもりだ」

「ありがとうございます。どうぞよろしくお願いします」

安藤はそれ以上の言葉を継がず、矛を収めた。しかし、その表情にはありありと「私は半信半疑です」と書いてある。

「その他はないですか？」

世良が質問を促す。桐島の部下らが次々に手を挙げた。

（きっと、元の上司だから質問しやすいんだわ）

4人目の質問が終わった後。空気も和らいだようだし、少しくらい否定的なニュアンスの質問も許容されるだろうと、細川は手を挙げようとした。

そのときだ。隣に座っていた相馬がおずおずと挙手した。相馬は入社3年目で、この頃、ようやく一人で仕事ができるようになってきたところだ。時折「仕事を辞めたい」と相談してくるような、どことなく頼りない部下だった。それが細川には、いつかの自分を見ているように感じられた。いつかの自分と同じように悩み、苦しんでいる相馬には、他人事とは思えない気持ちを抱いていた。だから、これまで一課長の責任を越えて、彼女の成長を支援してきたつもりだ。

その相馬が、今、世良や藤堂の前で発言しようとしている。

「あの、せ、世良部長。一つ質問があるのですが――」

「どうぞ。お名前は？」

「はい。あの、首都圏法人営業部第5営業担当の、相馬さなえです」

「はじめまして、相馬さん。これからよろしくお願いします」

「あ、えっと、こちらこそよろしくお願いします」

「それで、ご質問は？」

「はい。あの、わが社がビジネスモデルを変えていく必要があるという部分が、今ひとつわからないのです。本当に、そんな必要があるのでしょうか？」

言葉こそ拙いものの、それは細川が投げかけようとしていた質問そのものだった。

世良が質問に答えようとしたそのとき。それを遮るようにバタンとドアが開く音がして、山野が姿を見せた。山野に限らず、会議に遅れてくるのは東洋テクノロジーの幹部にとって当たり前のことだ。罪悪感などはまったくない。中には、冒頭から会議の席に座るのは幹部の作法にはずれると信じている者すらいるのだから頭が痛い。

複数の階層が集まる場合などは、下っ端の管理者から順に遅れて来て、最後のほうで大物が入ってくるというような噴飯もののケースもある。誰かが加わるたびに進行役は話を戻し、経緯の説明をする。幹部はそれを尊大な態度で聞き、適当なタイミングで先を促す。こんなのが、ある種の慣例にすらなっている。

山野は、藤堂が議論席に座っているのに気づき、ぎょっとしていた。オブザーバー席も見当たらないため、そのまま入り口近くの空席に座った。むろん、世良はそんな山野に経緯を説明したりはしない。

「では、相馬さんの質問に答えたいと思います」

世良は何事もなかったように、話をつないだ。

ビジネスモデルが見直されねばならない理由

「最初に確認しておきたいんだが、相馬さんはどうして、そういう疑問を抱いたのだろう？」

「はい。私は、少し前、首都圏開発営業部で世良部長や安藤先輩が取り組まれた営業プロセスの改善という話をうかがい、そういうことを進めることが重要だと感じていました。でも、ビジネスモデルは、それよりももっと大きい話ですよね？」

普段はあまり主張しない相馬が、こんな場面で積極的に発言するのに、細川は驚いた。一方で、山野が姿を見せたことにより、自ら発言する意欲はすっかり消えてしまった。

会社を良くしたいという思いは誰にも負けない。細川はそう自負している。しかし、山野の感情的な圧力には参っていた。負けるのは癪だが、部下や自身の身を危険に晒してまでこだわる必要性を感じてはいない。細川の思考はすでに、どうすれば相馬の発言をいいタイミングでやめさせられるか、ということに移っていた。

「相馬さんが安藤さんらの取り組みの必要性、重要性を認識してくれているのなら、随分と話が早い。だが、その点も含めて説明しましょう」

「お願いします」

細川の心配をよそに、世良は相馬に向き合って話を始める。

「東洋はさまざまな集積回路や電子デバイスなどの流通で収益を上げてきた」

同意を求めるようにして、世良は相馬の反応を待った。相馬は小さく頷いた。世良はそれを受けて先を続ける。

「先ほどお話しした通り、少しずつだが、その収益は減少している。会社として赤字に転落する、なんていう危機的な状況に陥るのはまだ先だろう。だが、今からそのための備えをしなければならない。それがビジネスモデルの見直しだ」

相馬の他にも、首都圏開発営業部の面々が真剣な面持ちで耳を傾けている。

「相馬さんは、わが社の現行のビジネスモデルがどのようなものか、説明できるかい？」

「はい。国内外の有望なパートナーから優れた電子部品などの製品を調達し、その製品を求める企業に最適な形で提供します。加えて、お客様がその製品を活用するときに必要となるテクニカルなサポートを、わが社がメーカーに代わって提供する場合もあります」

「その通りだ」

「ありがとうございます」

相馬は大任をこなしたように、ホッとした表情を浮かべた。

「だが、そのビジネスモデルを運用して成果を上げていくためには、わが社に優れた製品を発掘し、可能な限り良い条件で調達する機能が必要となるよね」

「……」

「また、戦略的に選定し、調達した製品をお客様に買っていただく機能もわが社のビジネスモデルには欠かせない要素だ。ここで再度、相馬さんに質問したい」

「はい、なっ、なんでしょうか？」

「相馬さんは、東洋のビジネスモデルが抱える問題をどう捉えている？」

(さなえ、バカな答えはやめてね)

細川は内心ハラハラしたが、助け舟を出すことはできない。発言内容によっては、山野からマイナスのリアクションがあるかもしれない。細川は祈るほかなかった。

「なんとなくですが、現在、わが社が必ずしも優先的に商品を調達できるわけではないこと、そして、選定、調達した商品を思うようにお客様に販売できていないことではないでしょうか」

か弱き援軍

世良の反応を待たず、相馬がそのまま続けた。

「商材の調達については、恥ずかしながら私にはわかりません。でも、調達した商品を効率的にお客様に販売できていないというのは、その通りだと思います」

(あちゃー……、さなえ、ちょっと空気が読めてないんだわ……)

細川は山野の表情を盗み見たが、何も読み取れない。

「今回、軽量液晶モニターを海外から調達したのは、ビジネスアライアンス部の磐田部長だ。細かい話は割愛するが、彼が随分苦労したことは伝えておこう。本来、調達機能はソリューション本部にあるわけだが、既存パートナーとの関係にこだわるあまり、大胆な新規のパートナー発掘が進まない状況にあった。そこで企画本部で長年マーケットリサーチを手がけてきたチームが独立し、直接戦略的な新商材の調達機能を果たすことになった。それがビジネスアライアンス部だ」

「今回はこれまでソリューション本部でも契約実績がなかった地域も対象に含めパートナーをリサーチした。これも骨が折れたろうが、契約段階も難航した。それでも彼らの交渉力がモノを言い、条件面はかなり有利なものにしてくれている」

「しかし、君も感じているように、その商材は現場において主体的に販売されたというわけではなかった。……ただ、販売されなかったのか、販売できなかったのかは意見の分かれるところだが」

世良の含みのある言葉に、山野がむっとしたようだ。一瞬の反応だったが、細川はそれに気づいた。

「さて、わが社のビジネスモデルのあちこちに綻びができているという状況が相馬さんにもわかってもらえたかな。どうだろう、ビジネスモデルの見直しの必要性を少しでも感じてくれたかな？」

「はい、私も今のままでは良くないと感じました」

（さなえが言っていることは間違ってない。そういった声を封じてきたあなた方幹部らが問題でしょう）

細川は、意見したいところをぐっと堪えた。

「”仕入れる“機能にも”売る“機能にも問題があってそれぞれ改善が必要だという点は、皆さんにも想像しやすい部分だと思う。実はもう一つ、ビジネスモデルの見直しを進めるにあたって、重要な観点があるんだ」

「はい」

「突然だが、相馬さんに思い出してほしい。これまで失注したビジネスで一番、悔しかったのはどんな案件だった？」

「えっ、はい、そうですね。昨年、入社2年目で任せていただいた北條機械製造様の大型案件でしょうか。こちらにいらっしゃる細川課長にも随分支援していただき、提案を重ねて、私にとっては初受注となるか、という段階で失注しました」

「失注の原因はなんだろう？」

「提案当初、日頃はほとんど会っていただけない調達部長の反応も良く、近々発注できそうだとおっしゃっていただきました。しかし、後日クロージングに訪問した際、『東洋さんの付加価値は何ですか？』と突然切り出され、それから他社への発注の意向を伝えられました」

「わが社の後に他社から提案があり、心変わりしたということだね？」

「はい。調達部長からは正確に教えていただけなかったのですが、後で担当の方に聞いてみると、どうやら同等スペックの製品というよりも同じ製品を他社が当社より好条件で提案したらしいのです」

「それは残念だったね。相馬さんのように、一人ひとりがお客様にメリットを感じていただけるように工夫して提案をすることはもちろん重要だ。だが、調達部長がおっしゃったように、競争に打ち勝っていくためには、東洋テクノロジー独自の付加価値を付与していく機能や仕組みが必要となる。仕入れたものに利鞘を乗せて右から左に横流しするだけで生き残れるほど甘い市場ではないからね」

世良は相馬の表情を見ながら続けた。

「これまでは当社の品質管理や物流、納品、それにテクニカルサポートなどが付加価値となって他社との差別化要因になっていた。特に、わが社はメーカーとしてスタートしたということもあって、もともと技術力には定評があったんだ」

相馬が目を丸くする。

「本当ですか？　うちの強みが技術力だったなんて知りませんでした」

「残念だが、相馬さんがそう感じるのも無理はない。品質管理から技術支援まで……いずれを取っても、わが社が現時点で他社に比べ明らかな優位性をもっているという状況にはないと言える。だからこそ、これからも東洋テクノロジーが市場で生き残っていくためには、新たな付加価値を付け加えて他社との差異を生み出していくような仕組みが必要不可欠だ。そういったものも含め、ビジネスモデル全体の見直しが必要と言えるね」

「部長のおっしゃりたいことはなんとなくわかるのですが、だんだん混乱してきました」

相馬が本当に頭を抱えた。その様子を見て、世良は思わず笑ってしまった。藤堂も笑ったので、細川はなんだか気恥ずかしかった。

そのとき。藤堂が口を開いた。

「実は、私にも東洋が生き残るために最適なビジネスモデルってやつがよくわからないんだ。だから、相馬さんにも、私と一緒にそういうビジネスモデルを考えてほしいんだよ」

相馬は面食らった。直接口を聞ける上司といえば細川課長までで、配属以来山野部長とも直接話をしたことなどなかった。社長から直に話しかけられれば、面食らって当然だ。

「は、はい。私も、ぜひ、東洋を素晴らしい会社にしたいと思いますので」

細川は目の前の突然のこのやりとりが、にわかには信じがたいもののように思えた。まだひよっこの女性社員に対して、社長が「私と一緒にビジネスモデルを考えてくれ」なんて。細川は、図らずもその光景に心を動かされている自分に気がついた。細川にとって、社長の存在など無用の長物でしかなかったはずなのに。

(それなりに人生経験を積んできたし、あの長門専務の下で物事の裏側やドロドロしたものもいろいろと見てきた。そんな私が、なぜ……?)

あるいは山野との確執によって、幹部への不信感がこれまでにないほどに高まっていたことも背景のひとつなのかもしれない。目の前の光景が、会社を良くしたいと願う細川に諦めていた何かを思い出させたことは事実だ。いずれにしても、そのときの細川は、ただ、目の中に突然うっすらと湧き上がってきた熱いものを周囲に悟られないようにすることで精一杯だった。

追いつめられる山野

「世良さん、ひどいじゃないか」

経営企画部のメンバーと一緒に、キックオフ後の会議室の後片づけをしていると、一度立ち去ったはずの山野が戻ってきた。

「なんのことです？」

「社長がプロジェクトのキックオフに参加することを事前に案内してくれなかっただろう」

詰問するように投げかけてくる山野は、いかにも納得いかないといった顔をしていた。

「そんなことを言われても、私も社長が同席することは会議直前に聞いたのでね」

「それでも、わかったタイミングで知らせるのが筋ではないのか」

「会場に向かうその瞬間でもか？　他のメンバーは事前の周知などなくても、定刻前に会場に入っていた。あなたの部下の細川さんは定刻ギリギリだったが、まあいい。あなたは論外だが」

沈黙する山野に世良が畳み掛けるように言う。

「それに、プロジェクトメンバーにはできるだけキックオフへの参加を促したはずだ。にもかかわらず、細川さんの担当で出席したのは細川さん本人と部員1名。本当にそれでいいと考えているのか？」

「……」

「今回の取り組みは、悪目立ちしないように気をつけて適当にこなしていれば終わるというこれまでの東洋の取り組みとは違う。山野さん、今、本気を出さなければ、社長の信頼は得られない。もちろん、他に選択肢があるのなら好きにすればいいさ。私は強制しない」

「……」

「ついでだから、もう一つ。細川さんたちに圧力をかけるのはやめてもらいたい」

「なんだと？」

突然、山野が色めき立った。「お前に口出しされるような筋合いはない」とでも言いたげな顔だ。世良は、細川がプロジェクトへの参画を申し出たことで、山野との関係を悪化させていることを聞き知っていた。

「もう何もかもが変わったんだ。長門さんはもういない。前時代的なスタイルはやめて、もっともっとオープンな職場をつくるべきだ。……まあ、プロジェクトは始まったばかりだし、気が変わったら教えてくれ」

メンバーはいつの間にかいなくなっており、機器などもあらかた片づけられていた。世良は残されたスクリーンを抱え、さっさと会議室を出ていった。ガランとした空間に一人残された山野は、世良がいた場所を睨み、唇を噛んだ。

藤堂の気づき

販売戦略プロジェクトのキックオフの後、藤堂は社長室に戻る前に外に出て、新鮮な空気を深く吸い込んだ。半日降り続いた雨は会議中に上がったらしい。空は高く、空気がひんやりしていて、雨に洗われた緑がきれいだ。

(実に爽やかな日だな。昨日からのぐずついた天気が嘘のようだ)

藤堂は頭の中を空っぽにして、今日の出来事について考えてみた。

先週、世良から販売戦略プロジェクトの体制や進め方の相談があった。今日のキックオフミーティングの開催を知らされたのもそのときだ。

例によってその場でまた一悶着があった。

藤堂にとって、山野を副リーダーに据えるという世良の方針などどうでもいい瑣末な話だった。ただ、立ち上げ当初から首都圏法人営業部の全管理者をプロジェクトに参画させたいと考えていた。

その指示を世良は拒絶した。各本部の企画部長らを震え上がらせた藤堂の強権をもってしても、世良の意見を曲げることはできなかった。

「水を飲みたくない馬に水を飲ませようとしても蹴られるだけです。現時点でこの取り組みにコミットできる管理者に対象を絞り込みます。その代わり、当該管理者だけでなくその部下もプロジェクトメンバーとしましょう」

「……」

「また、首都圏法人営業部だけでなく、過去に業務変革を経験した首都圏開発営業部も合流させます。彼らと試行錯誤を重ね、少しずつ実績を上げて、周囲を巻き込んでいくのです」

「それでは時間がかかるだろう。私は到底待てない」

「では、ご自身でプロジェクトを立ち上げ、運営されてはいかがでしょうか。社長のおっしゃることなら、あるいは、みんな先を争って実現しようとするかもしれませんから」

いちいち投げ出すような世良の物言いに、藤堂の頭に血が上った。しかし結局、最後にはまたしても藤堂が折れることになった。

そして今朝、世良が依頼したというコンサルタントが、世良に連れられて挨拶にきた。彼は論理立てて世良のアプローチの有効性を説いた。そして、藤堂がこだわる「首都圏法人営業部の全管理者をプロジェクトに参加させる」という打ち手は変革の推進を急ぐリーダーが陥りやすい陥穽だとも指摘した。

「お急ぎだからこそ、社長と共に変化を生み出したいと考える方をまず巻き込むことです。反発したり、無関心な人たちへの対応は後回しにしませんか？」

（伊賀といったか、あのコンサルタント）

見た目が若く風変わりなところがあり、今ひとつ全面的に信頼するというわけにはいかないが、彼の言うことには一理ある。

さらに、伊賀は藤堂に対し今日の会合に同席してほしいと言い出した。行きがかり上自分が責任者になったとはいえ、それまで、藤堂はキックオフに参加することなどまったく考えていなかった。そんな藤堂に、伊賀は真摯な口調で続けた。

「社長と共に変化を生み出したいと考える人たちかどうか、ご自身で判断されてはいかがでしょう」

聞けば、伊賀は世良が首都圏開発営業部で営業変革を進めた際、世良に手を貸したらしい。どうりで東洋の事情もよく知っていた。

「しかし、私も予定が立て込んでおりましてね……」

世良は何を考えたか、社長室から出て行った。伊賀と藤堂が押し問答をしているとすぐに戻ってきて、「本日の予定は枝野さんが調整してくれるとのことです」と言う。

(この野郎、ほざきやがって）藤堂は内心毒づいた。しかし、外堀を埋められてしまっては逃げられない。上っ面だけは笑って「では、参加しましょう」と答えるほかなかった。

「藤堂社長。早速ご協力を賜り、誠にありがとうございます」

伊賀はぬけぬけと言った。

(まんまとこの2人の術中にはまったようだな。枝野さんを入れれば3人か）


そして、世良、伊賀と共に議場となった会議室へ向かったのだった。

世良は藤堂を自身の隣に座らせた。オブザーバー席はなかった。これも策略だろうと藤堂は思った。しかしこれといった文句も言わずに、会議の開始を待った。

(世良のやつ、俺に現場の社員と同じ目線に立ってみろというわけか）

会議が終わった今、藤堂には、参加してよかったのかもしれないと感じられた。

(私と共に変化を起こしたいと思ってくれる社員らがどうか判断するか……）

誠に青くさい投げかけだが、面従腹背を地でいくような管理者や社員が多い中、相馬の言葉が藤堂の胸に響いたのは事実だ。

(彼女の言葉に嘘はない。だが、なんとか弱い援軍だろう——)

東洋を素晴らしい会社にしたい。そう言ったあの女性社員の目は真っ直ぐだった。

その目を見た時、藤堂は自らが抱える迷いや悩みを解決するための、何か極めて重要なヒントをもらったような気がした。

「あの先代社長とは違っても、どこかに自分なりの役割の果たし方があるのかもしれん」

藤堂はそう呟くと、もう一度澄み切った空を仰ぎ、久しぶりに胸いっぱいに清々しい空気を吸い込んだ。

✣
✣
✣

○月○日　澄み渡る空、快晴

今日はいいことと悪いことがあった。どちらかと言えばいいことのほうが優勢かな。

いいことは、販売戦略プロジェクトのキックオフミーティングに参加して、社長と話せたこと。販売戦略プロジェクトはもっと大規模なものだと思い込んでいたけれど、安藤先輩のチームと私たち第5担当だけだった。

課ごとにプロジェクトに参画するなんて、とても斬新。課長と一緒に参加できるなんて最高だ。

会議では、社長が目の前に座っていて、しかも私に話しかけてきた。びっくりした。新中期ビジョンの説明会以来姿を見ていなかったし、言葉を交わしたことなんてなかったから。

東洋のビジネスモデルについて「自分にもわからないから、一緒に考えてほしい」と社長は言った。あれは嘘ではないと思う。

「一緒に考えて」と言われて、舞い上がってしまった。

なんだか急にやる気が出た。課長や社長と一緒に、東洋のこれからを考えていきたいと思った。

悪いことのほうは書くのもうんざりだけど、一応書いておこう。

山野部長が、また細川課長を呼びつけて公開処刑をやった。

会議に遅れてきて社長の前で恥をかいたからって、そんなこと課長のせいじゃない。それに、プロジェクトのキックオフになぜチーム全員を連れていかないのかと怒鳴っていた。

お門違いもいいところ。

必要以上にエネルギーをかける必要はないと、山野部長が指示していたんだから。そんな指示があったから、課長は最初、自分一人で参加するつもりだったみたいだし。

社長に告げ口しましょうかと持ちかけたら、放っておきなと言われた。なんでもないような表情だったけど、課長だって腹が立ったと思う。

むしゃくしゃする。必ず部長を見返してやりたい。絶対に成果を出してみせる。

よくあるケースとアドバイス

01

ケース Case

企業ぐるみの変革を具体化していくコアチームの役割とは何か？

アドバイス Advice

ビジョン・戦略から具体的なタスクへ

物語では、より戦略的な商材の調達を目指してビジネスアライアンス部が手がけた軽量液晶モニターの拡販を桐島チームと細川チームが進めていくことになっている。しかし、両チームのミッションは、ただその戦略商材の販売額を拡大するというところに留まらない。今後、ビジネスアライアンス部が〝仕入れる〟機能を円滑に果たしていけるようになると、第2第3の新商材を扱うことになる。そういった将来を見越し、戦略的に調達した新商材のビジネスがすばやく立ち上がり、収益の柱として育つような営業活動のあり方をも模索し、標準化していくことが求められている。

ただし、藤堂の新中期ビジョンでは「市場ニーズをいち早く捉えた製品を調達する戦略的な機能を実現する」という大方針が、その必要性とともに語られているに過ぎない。新中期計画においても、営業本部がそういった新商材を拡販するミッションを担い、体制の整備も含め、いつまでにどれだけの収入を実現していくかという大まかなゴールが示されているだけだ。

当然のことながら、いずれの資料にも個々の営業担当者が具体的にどのような行動をとればよいか、また各営業マネジャーがどんなマネジメントを進めればいいのかといった戦術を掘り下げたタスクレベルの記述は見当たらない。**つまり、販売戦略プロジェクトは、ビジョン・戦略と戦術、タスクの間に存在する未定義の領域を明確化していく重要な役割を担うことになる。**

図表2　コアチームが埋めるもの（戦略とタスクの間）

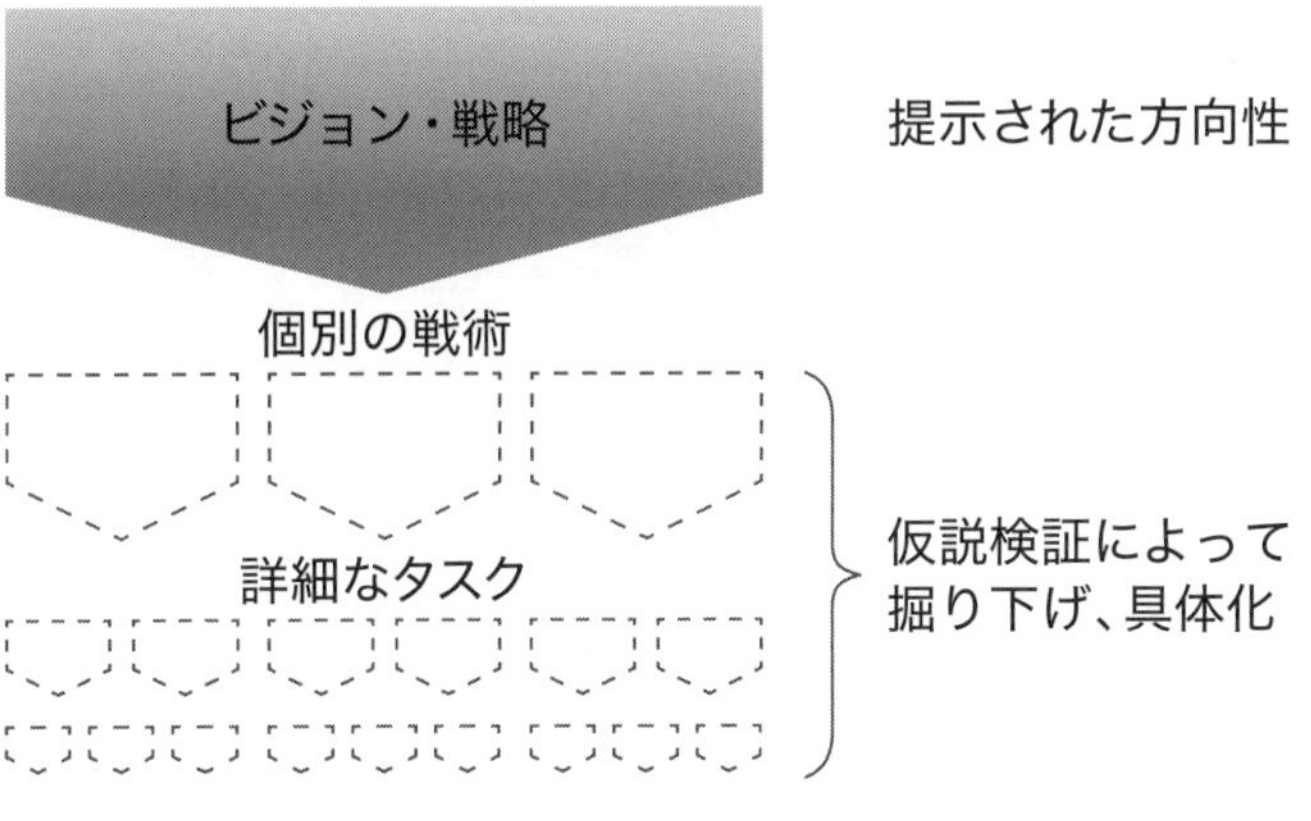

戦略実践能力を喪失した現場がビジョンをこきおろす常套句として、「あんな抽象的なものはビジョンではない」「具体的に書かれていないので、何をしたらいいのかまったくわからない」といった言葉をよく耳にする。方向性を示すビジョンや全体としての計画に個々の現場が実行するべき具体的かつ詳細なタスクが書かれていないのは当然だ。本来は、現場サイドが主体性を持ってその方針を咀嚼し、適切な行動を明確化しつつ実行に移すべきなのだ。それができないばかりか、「トップが手順を詳細に示さないから何も前に進まない」という他責に陥り、足踏みを続ける現場が非常に多い。

コンサルタントとして、分厚い事業計画書を拝見することがよくある。なぜ分厚いのかというと、方針を具体的かつ詳細に書かねば現場が耳を貸してくれないというのだ。ある意味でその計画書の分厚さが見事に現場の戦略実践能力の低下を示していると言えよう。だが、皮肉にも詳細化すればするほど、現場の実態に合わないという反論を受け、結局は実行されないという悪循環を招くことも多く始末に負えない。

戦略実践能力が低下した現場を抱えていては、ビジョンの実現などおぼつかない。その点をトップはまず理解する必要がある。しかも、常日頃から現場組織の教育や風土変革にこそエネルギーを注いでおかねば、にわかに改善しようとしても間に合わない場合が多い点にも留意すべきである。コアチームの活動は、そんな現場に前向きなインパクトを与えていく重要なものになる。

02

ケース Case

仮説検証活動は具体的にどのように進めていけばよいのか？

アドバイス Advice

成果創出を阻む「壁」の設定と突破のための「宝石探し」

ビジョンで示された方針を具体化していくのがコアチームの仕事だが、その進め方は仮説検証活動の継続である。具体的にどう進めればゴールに至るのかといった初期仮説を明確化するところから活動をスタートし、実践によってその道筋を一つひとつ着実に明らかにしていく。その過程においては、幾度も仮説を練り直し、実践により検証を重ねる愚直な取り組みが欠かせない。

物語では首都圏法人営業部の細川チームが、担当する既存の大口顧客に向け、新中期ビジョンの方針に従い調達された軽量液晶モニターの導入を図ることになっている。

今後、細川らは、自分たちがどういう営業活動を進めれば、既存の大口顧客に向けてこの新商材の拡販が図れるかといった初期仮説の議論を持つことになるだろう。

細川チームの場合、販売戦略プロジェクト起動前に、部長の山野によって半強制的に新商材の販売施策を経験している。その活動の振り返りから、より成果を高めるために「今後も続けるべき行動」と「改善すべき行動」を整理。当面の活動を具体的、詳細に決定することができる。その後は、メンバーらが主体的に議論した活動方針に沿って日々の営業活動を進め、定期的な振り返りを実施する。

プロジェクトのメンバーによる真摯な活動があれば、おそらく、営業活動が前に進まない阻害要因が見えてくるはずだ。実は、そういった阻害要因が明らかになることこそがプロジェクトの前進につながる。

当社では、業務変革プロジェクトを支援する際、阻害要因に名前をつけることをお勧めしている。この後物語に登場する「窓口担当の壁」といったものは、メンバーが共通の認識を持ちやすい名前の一例だ。メンバーが共感しやすい名前を選択することで、壁の突破に向けたメンバーのモチベーションや一体感も強化され、より集中的に仮説検証活動を進めることができる。

このように、**成果創出を阻む阻害要因を発見し、突破すべき「壁」を設定することでその解消を図っていく。こういった活動がコアチームの仮説検証活動そのものとなっていくのである。**活動において特に重要となるのが取り組みを振り返るセッションだ。そのセッションで、壁を突破することができる”宝石“にも匹敵するアイデアを出し合う。ゆえに、この仮説検証活動を”宝石探し“だとメンバーを動機づける場合もある。

この愚直な仮説検証活動によって、成果創出に向けたアイデア＝”宝石“が見つかるたびにコアチームの活動は確実に加速していくに違いない。

第 **16** 話

スタートした仮説検証

16

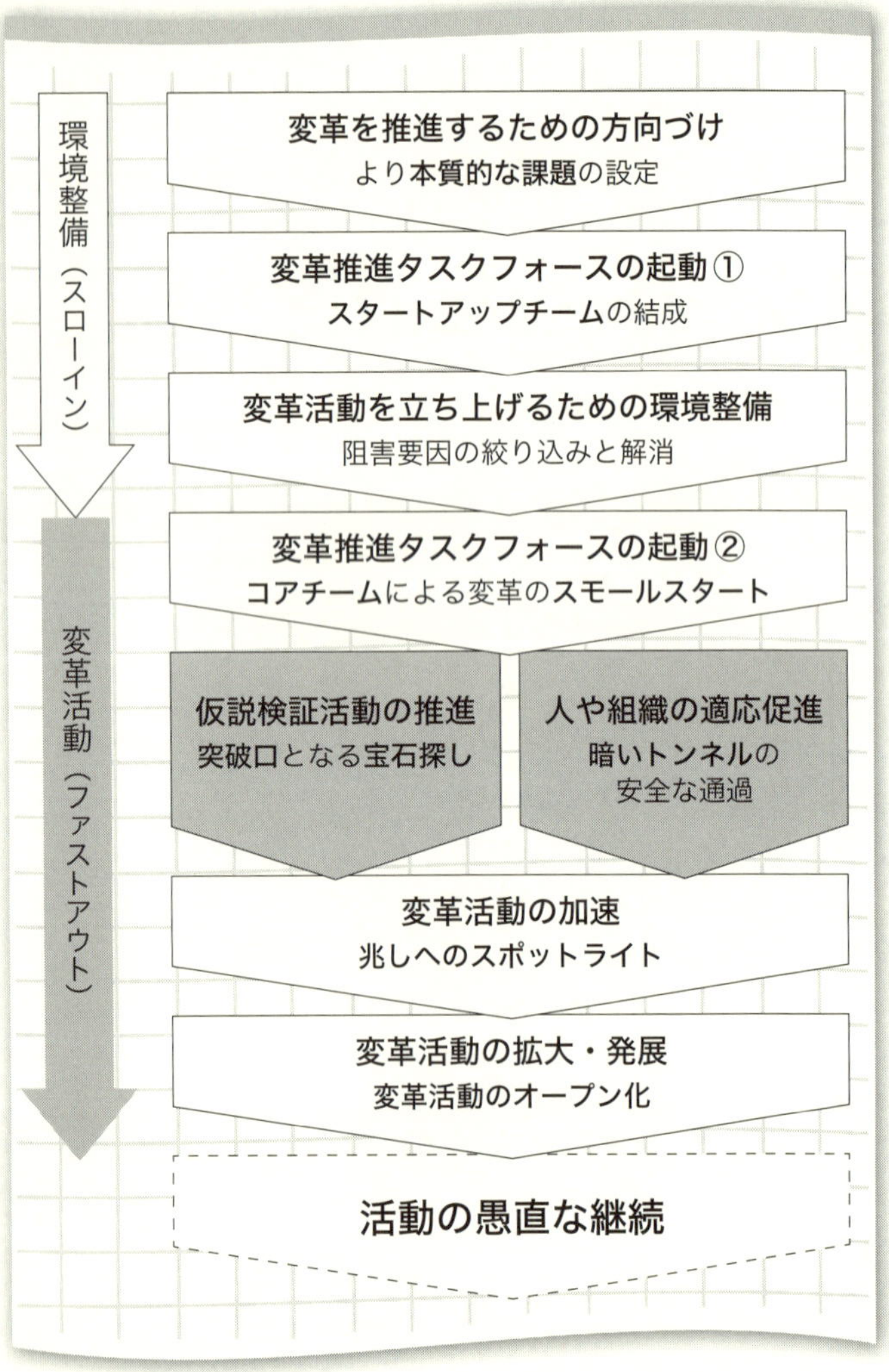
環境整備（スローイン）
変革活動（ファストアウト）
変革を推進するための方向づけ
より本質的な課題の設定
変革推進タスクフォースの起動①
スタートアップチームの結成
変革活動を立ち上げるための環境整備
阻害要因の絞り込みと解消
変革推進タスクフォースの起動②
コアチームによる変革のスモールスタート
仮説検証活動の推進
突破口となる宝石探し
人や組織の適応促進
暗いトンネルの
安全な通過
変革活動の加速
兆しへのスポットライト
変革活動の拡大・発展
変革活動のオープン化
活動の愚直な継続

澱のようにつもる悪感情

世良が首都圏法人営業部で大立ち回りをしたとき、実は大木もその場にいた。だが大木は、世良へのヤジには加わらなかった。

理由は2つある。一つには、どちらかと言えば世良の言い分のほうが正しいと思ったことだ。事実、営業本部の現場が会社方針に無関心なことは、大木が入社した頃にはすでに常態化していた。

（誰に今期の方針を聞いても、満足に答えられない。にもかかわらず、自分たちが会社を支えているんだっていう根拠のない自負心だけは人一倍強いから始末に負えない）

もう一つは、世良が巻き起こした騒動が大木にとってチャンスだと思えたからだ。騒動の後で山野がその場にいた管理者全員を会議室に集めたとき、大木は販売戦略プロジェクトを首都圏法人営業部主導でやるべきではないかと進言した。実際、真面目にそうすべきだと考えたからだ。

案の定、山野はその場で進言を受け流した。明言こそしなかったものの、自らそういった取り組みを進めるつもりはないという消極さがありありと感じられた。

（本来は、山野部長本人が中心になって、首都圏法人営業部が抱える問題の解決を進めるべきだ……。以前、ソリューション本部が太陽光発電モジュールの顧客導入状況を聞き取り調査に来たときも、先方の施策責任者に対し大声で「うちの首都圏法人営業部は何も問題を抱えていない」なんて驚きの発言をしていた。きっと、あまりにも志が低すぎるから目の前に山積している問題が見えないだけだろう）

その点、世良のほうがまだ仕事をしようという姿勢が感じられるからましだとも感じた。とはいえ、大木には、大口営業に関して素人の部外者がリーダーとなってプロジェクトが適切に運営できるとは思えない。

第5営業担当の細川がプロジェクトに参加したいと申し出ていたが、山野はきっとそれを許さないだろう。それどころか、大木は山野が細川に圧力をかけていることも耳にしていた。

（どうせ、首都圏法人営業部全体を見渡しても、俺以外にプロジェクトを牽引できる人材などいない。頼まれればやってみてもいいかもな——）

大木はそう考えていた。

ところがどうだ。ふたを開けてみたら、大木の予想は大きく外れた。首都圏法人営業部でプロジェクトに参画するのは細川だけらしい。細川をはじめ、第5営業担当のメンバー全員が企画本部から指名を受けたという噂だ。

山野は、世良の方針を知り、部全体が本来業務外のことに煩わされないことを歓迎したそうだ。それを聞いて大木は自分でも驚くほど落胆した。

他の課長連中は、「社長肝いりの販売戦略プロジェクトの割には腰砕けもいいところだ」と嘲っている。

（あんたたちがいくら力んでも提案書すら書けないんじゃや、世良だって願い下げだろ）

大木は内心、呆れかえっていた。一方で、大木の心中には販売戦略プロジェクトに対するわだかまりが澱のようにつもっていった。

第5担当の営業ミーティング

首都圏法人営業部の小会議室。第5営業担当の定例営業ミーティングが実施されている。コンサルタントの伊賀が同席しており、細川は少々やりづらさを感じていた。

伊賀は昨日、相馬に同行して客先にも出向いていった。今、伊賀はにこやかに細川の話を聞いている。

「……ということで、新商材の販売を振り返り、何が問題だったのか、その原因は何かを考えるところから着手したいと思います」

相馬だけがうんうんと頷く。そんな相馬とは対照的に、他のメンバーからはこれといった前向きな反応がないことに、細川はほぞを噛んだ。

(この温度差には困った……。山野部長のことなど気にせず、やはり全員をキックオフに参加させるべきだった)

思い残すことの多かったキックオフミーティングだったが、収穫がなかったわけではない。

収穫とは、言うまでもなく相馬のことだ。細川が一人で会議に参加すると課内で周知したところ、相馬が同行を願い出てきた。相馬が能動的に、こんなにも熱心に何かに取り組もうとする姿勢を見せたのははじめてのことだった。

ミーティングでの質問や社長とのやりとりも、細川に嬉しい驚きをもたらした。世話が焼けるばかりだと感じていた相馬が、着実に成長していることが何より頼もしかった。

(今日、世良部長は桐島くんの課のミーティングに参加しているらしい)

細川は内心では、絶対に桐島には負けたくないと思っている。(とにかくメンバーを巻き込むところからだわ)細川は気を取り直した。

「……じゃあ、一人ずつ順番に振り返りを発表していこうか」

「細川課長」

スッと手を挙げながら、唐突に伊賀が口を開いた。

「今日の定例会、午前中いっぱい時間を取ってらっしゃるんですか？」

「ええ、まあ。でも早く終わるようなら早めに……」

「せっかくですので、私もお手伝いしたいと考えていました。よろしいですか？」

「構いませんよ」

（びっくり。突然何を言い出すの、この人は……）

「ありがとうございます。実は今日、皆さんが意見を出しやすいようにと思い、こんなものを用意してきたんです。お配りしますね」

伊賀はそう言いながら、鞄から黄色い付箋紙の束とサインペンを取り出した。突然進行を乗っ取った伊賀に、細川は、自分の顔が引きつっていないか心配だった。

慣れた手つきで付箋紙とサインペンを配りながら、伊賀は言う。

「ご自身が新商材の販売を通じて感じた営業活動上の問題点を、この付箋紙に書き出してください。1枚の付箋紙につき1件だけ書きましょう。どうでしょうか、10分もあれば10枚以上書き出せますか？」

「任せてください！」

間髪入れず、相馬が元気よく返事をした。その異常なやる気に、その他のメンバーは若干引き気味だ。

「じゃあ、私も書きます。みんなも書いてみて」

細川も相馬に続いた。もうすっかり伊賀のペースだ。

「では、私が時間をお知らせしますので、10分間、集中してお書きください」

10分後。伊賀は壁に貼り出した3枚の模造紙の上に、メンバーが各々問題点を書き出した付箋紙を整理しながら貼りつけていった。

みんなあまり積極的ではなさそうだし、付箋紙の枚数も多くはないだろうと細川は考えていた。しかし、予想を裏切って付箋紙は模造紙を埋め尽くすほどにたくさん貼りつけられた。メンバーらはそれぞれ、活動を進める中でさまざまな問題に気づいていたのだ。

伊賀は、付箋紙に書かれた内容を各人から聞き取りながら、全体をまとめていった。

「さて、だいたいまとまりましたね。新商材の営業活動を進める中で、皆さんは概ね9つの問題を抱えていたようです。私の見たところ、どうやらこれらの問題は、営業活動のテクニカルな側面と、皆さんのマインド面、それから周囲からの支援という、3つのカテゴリーに分類できそうです」

伊賀の言葉に、メンバーらは頷いた。細川は少々驚いていた。現場の営業担当者に問題点など書かせたら、どうせ会社が悪いとか、方針が悪いとか、そういう他責の問題提起しか出てこないのだろうとばかり思っていたからだ。だが、こうして書かせてみると、他責コメントはほとんどなかった。

「皆さんは、もうちゃんと当事者意識を持っているようです」

あたかもその思考を読み取ったかのように、伊賀が細川を振り返って笑った。

「さあ、抽出された問題群から優先して解決すべきものを絞り込み、その原因を掘り下げてみましょう。そうすれば、改めて新商材を効果的に販売するヒントが見えるかもしれません」

一人ひとりが抱えていた問題点を見える化し、仲間と共有する。これだけで「よし考えてみるか」「もしかしたらいい解決方法があるかもしれない」と期待が持てるものだ。細川の耳には、伊賀の言葉で、パチンとメンバーのスイッチが入った音が聞こえた。

2つのチーム

伊賀が細川のチームの定例会をジャックしている頃。世良は桐島のチームのミーティングに参画していた。

会議が終わると、世良は桐島を伴いものづくり推進室に向かった。桐島にも、ものづくり推進室がようやく完成にこぎつけた小型の省電力装置「マイクロ・パワー・マネジメント・ユニット」を見せておきたかったのだ。

世良が推進室の扉を叩いたとき、ちょうど手嶋らが最後の試作品のテスト結果を吟味しているところだった。

「どうだ、いけそうか？」

慣れた足どりで室内に入ってきた世良の問いかけに、手嶋は振り向いた。

「ああ。どうやら酒井の指摘が図星だったようだ。例の回路を変更した結果、性能が伸びた」

どこか誇らしげな顔で手嶋が酒井を指す。「やったなあ、酒井くん」と笑いかける世良に、酒井は謙遜した。

「室長がくれたヒントがあったればこそです」

「ともあれ、ようやく、社長との約束である8カ月のボーダーがクリアできそうだ」

世良は桐島をものづくり推進室のメンバーに引き合わせた。一通りの紹介を終えると、酒井が自社プロダクト第1号の現物を出してきてくれた。

「これが、あの新葉電器さんの案件でヒントを得たという……。思ったより小さいし、軽いですね」

「ありがとうございます」

興味深げに観察する桐島に、酒井は既存製品との違いを説明し始めた。一方、手嶋は世良を打ち合わせテーブルに誘い、難しい顔をした。

「今度はこっちが質問する番だ。どうだ、販売戦略プロジェクトはものになりそうなのか？」

「立ち上がりは悪くない。むしろ予想以上だ。だが、このまま簡単に進むとは思えない」

世良は、テーブルを挟んで手嶋と話しながら、伊賀と久しぶりの再会をしたあのコーヒーショップでの打ち合わせを思い出していた。


その日、世良と伊賀は随分と遅くまでかかって首都圏法人営業部を変えるためのシナリオをあれこれと議論した。そこが変革の本丸となるであろうと考えたからだ。

もちろん、ビジネスアライアンス部の磐田が第一段階の取り組みで状況を変えられるなら、世良が出しゃばることもない。伊賀との議論は、あくまで不測の事態が生じた際の代替策という位置づけでの検討に過ぎなかった。

しかし、それが今、役に立っていた。世良はそのシナリオに従って、藤堂のトップダウンをうまくコントロール。販売戦略プロジェクトをスモールスタートさせることができた。これには世良自身手応えを感じている。

検討したシナリオはそれだけではなく、伊賀との議論は販売戦略プロジェクトのメンバー構成にも及んでいた。

首都圏法人営業部のメンバーは、「自分たちが既存の大口顧客から獲得してくる収益が会社を支えている」という強烈な自負がある。そんなプライドが邪魔をするのか、総じて自ら振り返りをして行動を変えることが苦手だ。そこで、桐島チームと同時スタートで変革活動を進めることで、前向きな競争を梃子として利用しようと考えたのである。変革の暗いトンネルをくぐり抜け、踏ん張った経験がある桐島らを巻き込んだことで、今回の取り組みの成功率は確実に高まるはずだった。

伊賀と検討した点はまだある。この試みをうまく成果につなげるには、首都圏法人営業部側のプロジェクト参画者の人選がカギとなる。特に営業課長、つまり、どのリーダーを選抜するかというのが重要だ。藤堂から突発的にプロジェクトの立ち上げを指示された後、そのまま首都圏法人営業部に向かったのは、そんなリーダーの目星をつけておきたいという思惑があったからだ。

咄嗟のことで必ず成功するという自信はなかったが、あんな乱暴な形で議論をふっかけたのもそれぞれの管理者が抱える本音を知りたかったからだった。細川がただ世良への反発心から反駁を続けていたら、世良は彼女に興味を持たなかったはずだ。

「首都圏法人営業部に課題をヒアリングする営業活動上の習慣が根づいているか？」

世良によるその問題提起の後、あれほど活発に世良に食い下がっていた細川が一気にトーンダウンした。自組織が抱える問題に鈍感な山野や他の管理者にはわからないだろうが、世良には細川自身が首都圏法人営業部の営業活動に大きく疑問を感じているのだとピンときた。そして、意味のない打算や面子などに動かされていないからこそ細川は沈黙したのだ。その態度も世良には誠実に感じられた。桐島と共に営業本部を変えていくのは彼女をおいて他にはいないだろう。

騒動後、世良は桐島に首都圏法人営業部のリアクションをそれとなく探ってもらった。細川が自ら名乗りを上げたことも知ったため、最終的な判断に至ったのだ。

本当は、いくらスモールスタートとはいえ、大所帯の首都圏法人営業部からは、もう1チーム参画させたかったところだ。だが、正直に言って世良には他に相応しいリーダーを見つけることはできなかった。

まだ関わり始めて日は浅いが、細川チームを任せた伊賀の印象を聞くと、チームは順調に立ち上がっているようだ。

今日、世良が桐島を伴ってものづくり推進室を訪れたのには、もちろん理由がある。手嶋に相談しておかなければならないことがあったのだ。

「実は、桐島と細川のチーム、それぞれに個別のテーマを持って仮説検証活動を進めてもらおうと考えている」

「そうなのか？　両チームともに同じテーマでトライアルを進めることで、適宜双方の知見を集め、各々の営業方法を明確化していくんじゃなかったのか？」

「ああ。最初はそう考えていたんだがな。細川チームの立ち上がりが早そうだから、より大口顧客にニーズが見込める新商材の軽量液晶モニターは彼女に任せようと考え直したのさ。彼女にはその活動を通じて顧客リテンションなど既存顧客向けに特化した最適な営業プロセスを検討してもらう」

「桐島くんには自社製品の拡販をテーマにお前のチームとタッグを組んでもらう。首都圏開発営業部では、新規の見込み客からニーズを把握し提案につなげる部分の仕組みはもうある程度できている。だから今回は、聞き取った顧客の声を自社製品開発に反映する仕組みづくりにも注力してくれ」

「それはいいが……」

「もう一つある。首都圏法人営業部の細川さんには、磐田さんとタッグを組んでもらおうと思う」

「おいおい、磐田って、あの藤堂さんから梯子を外されて匙を投げたって部長だろ？」

「そうだ。だが、このままでは駄目なんだ。彼には、もう一度壁に立ち向かってもらわねばならない」

やれやれ病み上がりだと言うのに正義の味方は忙しいな。手嶋はそうぼやきながら、やりかけていた作業に意識を戻した。

磐田の虚無感

磐田は、山野による社長への営業活動報告以来、無気力になっている自分に気づいていた。もちろん、周囲のメンバーにそれを悟られるようなことはしない。部長として、最低限の働きはこなしていた。だが、世良と共にビジョンを描き実現に向けて行動していた頃の自分と、今の自分がまったく別人だと、磐田自身が強く感じている。

（バカバカしい。営業本部の連中はどうせ大口顧客からの収入にあぐらをかいて、これから先もずっとこれまでと同じことを変わらぬペースで続けていく。それで減収が続いたからといって、俺の知ったことじゃない。

首都圏開発営業部が獲得した少額だが複数の契約に意味がないのなら、簡単に大型のビジネスを生み出せる商材をお前らが自分で探せばいい。リスクを取って会社の将来を良くしようとしても、うまくいかなければあっさりと梯子を外される。だったら、会社なんて要領よくリスクを避けて適当な成果を出していればいいんだ。そもそも、バカな幹部や現場のために、自分を犠牲にする必要なんてない。こんな三流の会社のために――）

全身に力が入らなくなるような虚無感を、磐田ははじめて思い知った。なんとかしなければと思うが、しかし自分ではどうしようもない。

そんな中だった。療養を終えて世良が職場復帰した。

（世良さんに合わせる顔がない）慚愧に堪えず、磐田はもがいていた。

スタートした仮説検証活動

首都圏法人営業部のフロアにある小会議室の一つに、販売戦略プロジェクトの対策室が設けられた。対策室には、プロジェクトメンバーに限らず、営業本部のメンバーなら誰でも入れるよう、常に扉を開けて室内が見えるようになっている。

世良は対策室にノートパソコンを持ち込み、そこで仕事をするようになった。もちろん、本来のデスクは企画本部にあるが、対策室のほうが便利なことも多い。しばしば桐島や安藤らが出入りしている。もちろん、相馬ら細川チームのメンバーも同様だ。伊賀も週に3日は終日この会議室につめて、メンバーとセッションを重ねている。

山野や首都圏法人営業部のその他の部員らはお手並み拝見と、販売戦略プロジェクトに対して無関心を装っている。

彼らからわずかながらもリアクションがあるとすれば、「プロジェクトメンバーの出入りでセキュリティー装置のアラート音がうるさい」だとか、「コピー機が占有されて困る」といった類の苦情くらいだった。

プロジェクト実施期間中に限定した人事とはいえ、世良は一応営業本部の副本部長だ。上司として山野には何度か翻意を促してみたものの、相変わらずプロジェクトへの主体的な参画は見られない。おそらく、自身が首都圏法人営業部での販売施策を仕切ったにもかかわらず、成果を上げることができなかったからだろう。

(ここで販売戦略プロジェクトに手を貸して成果を上げでもされたら、失敗した自分にとって不都合だというわけか。まったく、どいつもこいつも——)

さすがの世良も、山野の巻き込みには時間がかかりそうだと判断せざるを得なかった。伊賀との予想通り、他の部員らにも関心を持ってもらうには相当の時間がかかるだろう。

それでも世良は毎日山野のデスクに通い、プロジェクトの活動状況を共有する。いつしかこれが日課となった。

プロジェクトのメンバーが頻繁に対策室を出入りする風景も日常となった。これによって静かだった首都圏法人営業部のフロアが以前よりも騒がしくなったのは事実だ。

販売戦略プロジェクトがスタートして、およそ1カ月。細川チームは伊賀の支援を受けながら、活動を本格化させていた。目下、新商材の販売活動が抱える問題の解決を図っているところだ。同様に桐島チームとものづくり推進室も、新規見込み客に対して自社プロダクトの販売を進める傍ら、顧客の声をタイムリーに吸い上げ製品開発に反映していく仕組みの構築に取り組み始めた。

双方共に未だ目立った成果にはつながっていないが、プロジェクトの活動基盤はある程度仕上がったと言える。

(だが、まだ磐田さんが戻ってこない)

今、世良の最大の懸案事項はそこだった。

磐田には、プロジェクトがスタートした直後から何度かアプローチしている。腹を割って話し合おうと、終業後に声をかけたこともあった。しかし、いずれもことごとく拒絶されてしまう。

いかんともしがたく、世良は頭を悩ませていた。

✣　✣　✣

○月○日　くもり

入社以来、こんなに忙しいのははじめて。

この前、課で新商材を既存の大口顧客に販売する際の営業活動の進め方を大幅に見直した。

コンサルタントの伊賀さんの手助けもあって、かなりやりやすくなった気がする。

最近は、課長や他のメンバーとの話し合いがぐんと増えた。

伊賀さんから投げかけられる問いかけは、いつも新しい発見をくれる。

「お客様の課題をもっと深くお聞きするにはどうすればいいですか？」「もっとお客様に刺さる提案書ってどんなものでしょう？」とか、言われてみれば今までほとんど考えたことがなかった。

みんなで議論して、こうすればもっとうまく課題が聞けるのではないか、より深く刺さる提案ができるのではないかという新たな仮説を導きだす。そして導きだされたそれらの仮説を実践してみる。結果を持ち寄り、もっと試してみるか、さらに仮説を見直すかを議論する。そしてまた実践だ。

しんどいけど、奇妙な一体感を味わう毎日だ。ただ気持ちは元気だけど、家に帰ってくるとすぐに眠くなってしまう。


今日、第1営業担当の課長さんが聞こえよがしに皮肉っているのが聞こえてきた。

「あんなプロジェクト、本当に意味あるんだっけ？」って。多分、細川課長や私たちに聞こえるように言ったんだと思う。

大木課長は、同期の若手がこぞって支持しているカリスマみたいな人だ。

そういう人が否定的だと他の人にも伝染するのかも。みんながヒソヒソと販売戦略プロジェクトを批判しているのが聞こえてくる。

確かに、まだ目立った成果にはつながっていない。

でも、何事も最初からうまくいくわけない。まだプロジェクトは始まったばかりだ。

最近、社長への活動報告を任された。ちょっと誇らしい。これがモチベーションの源になっている気がする。

01

ケース Case

ビジネスモデルづくりのような大げさな取り組みが本当に必要なのか？

アドバイス Advice

「壮大な個人戦」からの脱却

企業において「現場力」の強化が叫ばれて久しい。変化の激しい市場に合わせ、顧客最前線である現場が自ら適応を果たしていく取り組みが極めて重要であるからだ。

「現場力」を高めるには、単に個人として優秀な管理者や社員を増やすということだけではなく、人や組織の緊密な相互協力が欠かせない。だが、実際には適切な「団体戦」を実現できず、世良が言う「壮大な個人戦」に陥っている企業が実に多い。

ここでいう「団体戦」とは、単に指揮命令系統や役割分担のミシン目が明確で組織的な分業体制やルールが整備されている状態を指すわけではない。

むしろ、社員一人ひとりが自らの守備範囲や組織の枠組みを超えて主体的に協力しあい、足りない部分を補完し合ったり、実践によって獲得したノウハウを交換するなどのより積極的な活動が求められている。時にはお互いの懐に手を突っ込み合いながら問題解決を図るなど、一人ひとりが各個に取り組むよりも高い価値や成果を生み出す組織能力が十分に発揮されている状態を指している。綺麗事のように捉えられるかもしれないが、苦労しながら団体戦の実現を図ってきた企業の現場では、そういった活動はごく普通に見られる日常の風景に過ぎない。

一般的にビジネスモデルといえば、自社が生み出す価値をどのように顧客に届け、その対価をどう回収するか、その流れを明確化したものである場合が多い。皆さんも、ビジネスを構成するさまざまな要素を価値や対価などを示す矢印で結んだ図をご覧になったことがあるだろう。

一方、**本書でいう「ビジネスモデル」とは、より効果的に「団体戦」を実現するためのビジネスの型である。わざわざ型としてビジネスモデルを定義する目的は、型そのものを常に最適化し続けるための改善対象と捉えているところにある。**東洋テクノロジーがそうだったように、伝統的な経緯から成立し、暗黙の了解の中にしか存在しない漠然としたビジネスモデルのままでは、改善のしようがないからだ。

型の改善が進むと、新たに必要性が見えてくる要素が増加する。その中には、対必ずしも直接的に顧客に価値を届け、対価を回収する機能や仕組みには該当しないものもあるはずだ。たとえば、事業のソフト面にも着目し、適切な組織風土を醸成する仕組みなど、ビジネスモデルの運用に必要な要素を型に組み込んでいくことも重要だ。

企業ぐるみの変革活動として自社のビジネスモデルを見直すことは、より効果的にビジネスを進めるための型を明確化するだけでなく、その運用を円滑に進めていくための組織能力を獲得する重要な営みであると言える。自社のビジネスを非効率極まりない「壮大な個人戦」に支

図表3　ビジネスモデルのイメージ

ビシネスモデルとは、壮大な個人戦から脱却し、団体戦によって効率的、効果的に顧客価値を創出するためのビジネスの型である。

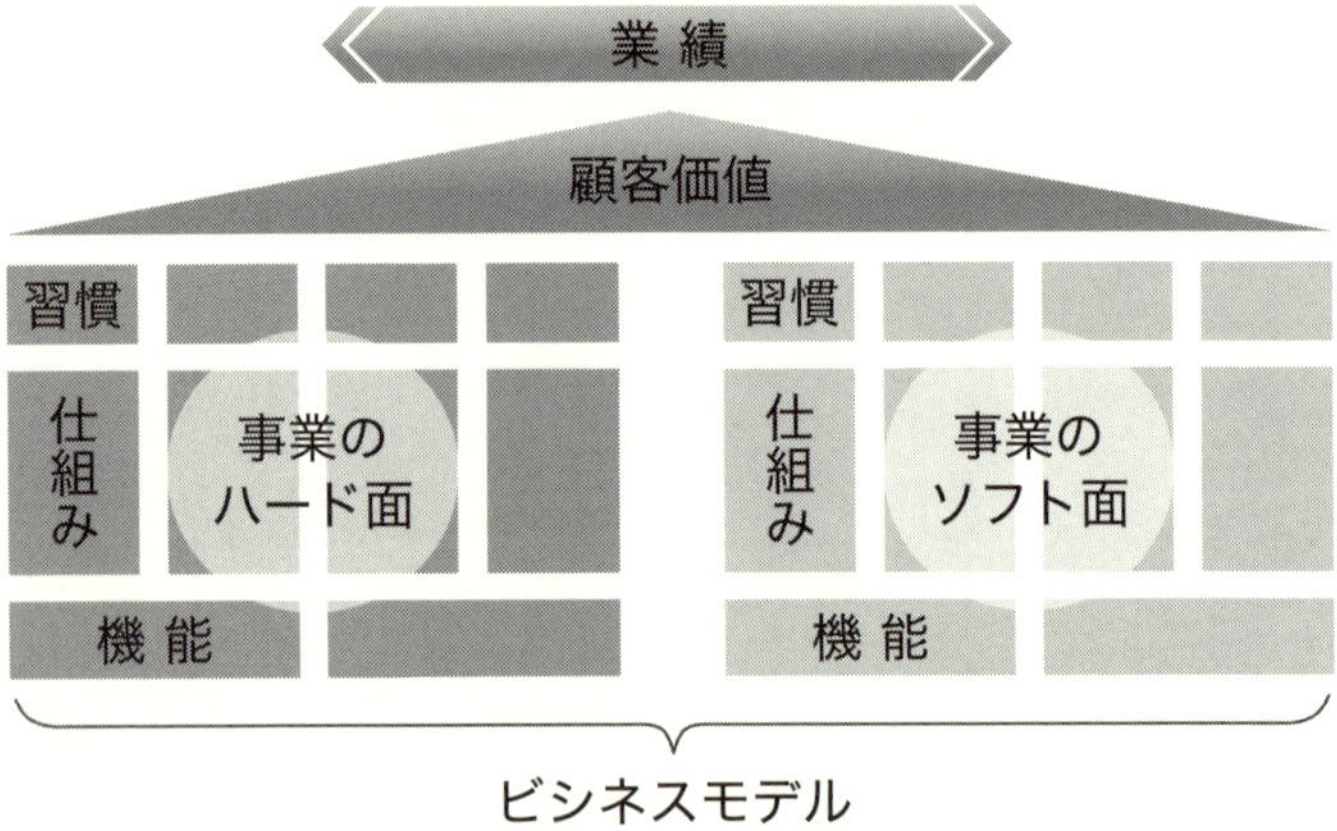

えられるままにしていては、業績を高めるどのような打ち手も、おそらくは現場にはなんら響かずに終わるだろう。

なお、ビジネスモデルを再構築するためには、その型を支える主要な機能を明確化し、各機能を構成する業務上のプロセスを仕組みとして確立していく必要がある。コアチームは仮説検証活動を通じ、これらの仕組みを整備していくことになる。

02

ケース Case

仮説検証活動を進める際に注意すべき点はどこか？

アドバイス Advice

実践から教訓を抽出し活かしていく

コアチームが仮説検証を進める際に注意すべきポイントがいくつか存在する。
たとえば、「都市伝説に気をつけろ」という教訓がある。まるで実体のない噂話によって活動が阻害されることは発足間もないコアチームにおいてしばしば発生する事象である。これはプロジェクトのリーダーが注意すべきポイントの一つだ。

この教訓は、以下のような事例から導かれた。

某社のコアチームでは、仮説検証を進めつつ新規顧客を開拓する仕組みを検討していた。活動を通じ、新たに接点を持ったお客様からお悩み事（問題点）や、やりたいこと（課題）をもっとしっかりとお聞する必要があるという一つの壁が見えてきた。

プロジェクトのメンバーらによる議論では、模造紙を使えばより効果的に課題のヒアリングを実施できるのではないかという仮説を得た。これは物語で桐島らが活用している手法と同様だ。壁に貼った模造紙を使えば、お客様のコメントを整理しながら共有することや、模造紙を眺めながら問題や課題の優先順位を議論したりすることができる。

実際に模造紙を使ったヒアリングを実施してみると、顧客から「頭の中が整理できたよ」「模造紙の写真を撮ってもいいか？」などの前向きなコメントが寄せられた。検証活動の結果、模造紙を活用すれば仮説通り効果的なヒアリングセッションができるという結論が得られ、その手法は標準的な営業活動プロセスに組み込まれることになった。

ところがだ。1カ月後に当社コンサルタントがプロジェクト合同の振り返りセッションを実施したところ、この模造紙を活用したヒアリング手法は実践されなくなっていた。コンサルタントがメンバーに理由を聞くと、みんな判で押したように「模造紙を壁に貼るとお客様に怒られた」と言う。

検証活動は、1回、2回程度の実践ではなく、プロジェクトのメンバーは全員が複数回この手法を実際に顧客折衝で用いており、その際には一度もクレームをいただいていない。しかも、標準的なプロセスに定義した手順では、事前に模造紙を壁に貼ることをお伝えし、了承していただくことがルールとして明記されている。にもかかわらず、お客様からのクレームでその手法は使われなくなったというのだ。

事は重大だ。コンサルタントがプロジェクトメンバーそれぞれに対し個別に聞き取り調査を実施すると、少しずつ実態が見えてきた。聞き取り調査では、メンバーの表現が「お客様に怒られた」から「怒られたと聞いた」と大きく変化した。結局、実際に模造紙を使った顧客ヒアリングによってお客様からクレームを受けたメンバーはただの一人もいないことが判明したのだ。まさに、都市伝説のような現象である。

仮説検証活動を続けていると、当然、営業の進め方も変わってくる。模造紙を活用したヒアリングは、メンバーにとって背伸びが必要な取り組みだった。だからこそ、誰からともなく「模造紙を壁に貼ったらお客様からクレームが」という話が出て、あっという間に蔓延し、実施しない理由になってしまったらしい。

本来は、変革活動を牽引するリーダーが易きに流れがちなメンバーを常に動機づけ、多少エネルギーが必要でも適切な行動に戻るよう促していく必要がある。**仮説検証活動を進めていると、この種の教訓には事欠かない。自社の将来にとって有益なノウハウとなるため、必ず事例として残していくことをお勧めしたい。**

第 **17** 話

東洋テクノロジーの生き残る道

あきほの葛藤

10日間の入院と、3週間の自宅療養。これまで病気一つしなかった夫が、長期間会社を休まざるを得ないような病気をした。結婚以来、こんなことははじめてだ。そのせいか、あきほはひどく動揺し、大きな不安に襲われていた。

しかも、自宅療養明けからしばらくは早めに仕事を切り上げていた夫の帰宅が、最近また遅くなってきている。かつてコンサルタントとして企業の変革活動を幾度も支援してきたあきほは、世良が会社にとって重要な役割を担っていることも、今が踏ん張り時であることも理解している。だからこそ、今はあれこれと口出ししたくはなかった。

唯一の安心材料は、元同僚の伊賀が夫の近くで仕事をしていることだ。伊賀はあきほの後輩で、入社時に育成係になったあきほに恩義を感じているらしい。以前、世良が首都圏開発営業部で営業業務の変革を試みた際も、あきほの依頼を快く引き受けて陰ながら世良を支援してくれた。

世良には仕事を家庭に持ち込まないというポリシーがあって、あきほに対して積極的に仕事の話をしない。あきほとしては、夫のその意思を尊重したい。だが、心配には変わりない。

伊賀はそんなあきほの気持ちを理解してくれて、こまめに会社での様子を知らせてくれる。入院中も、何かにつけて病室に見舞いに来てくれた。

（今は伊賀くんに頼らせてもらおう。もうしばらくは、様子を見ましょうか）

より一層求められるチーム力

伊賀は、主に首都圏法人営業部の第5営業担当、細川チームと活動を共にしている。新たに調達された軽量液晶モニターの拡販を通じさまざまな問題を解決しつつ、既存顧客向けの営業活動をより最適なものに変えていく取り組みに注力していた。

現在、伊賀は週3日、東洋テクノロジーで仕事をしている。仮説検証のセッションでファシリテーター役を担ったり、得られた情報の整理や分析を手がけ、実際の顧客訪問にも同行するなど忙しく動き回っていた。

「細川課長、先週実施した仮説検証セッションの議論結果をまとめました」

伊賀は今朝も、出社するとすぐさま第5営業担当の課長席にやってきた。伊賀の出で立ちは相変わらず目立つし、声もはきはきとよく通る。週3日のこととはいえ、東洋では異分子そのものだ。

最初こそ悪目立ちは避けたいと思っていた細川も、今ではすっかり慣れてしまった。

「ありがとうございます。では、”今日の３つ“でメンバーに概要を共有し、午前中に実施する”仮説検証セッション“で詳しく議論しましょう」

首都圏法人営業部には、事務連絡等の周知を除き、朝のミーティングを実施して相互に情報交換するという習慣がない。もともと一人ひとりが異なる既存顧客を担当しており、部員同士が仕事上で接点を持つ機会が少ないからというのがその建前上の理由だった。

そのことに、細川は随分以前から疑問を感じていた。異なる顧客を担当しているからといって、情報交換をしなくていいなんてことにはならないからだ。

だが、これまでは行動を起こせずにいた。長門や山野といった、自ら指示したこと以外に部下がわずかでも時間を費やすことに怒りを覚えるような専制的な上役らの手前、妙な目立ち方は避けるべきだという意思が働いたためだ。

しかし今回のようなプロジェクトの場合は、お互いに足並みを揃えて仮説検証を実施し、得られた情報やノウハウを交換しながら進めるチームプレイが前提となる。今後第５営業担当がチームとして機能するためにも、お互いの取り組みに少しでも興味を持ってくれたほうが都合がいいのだ。

さらにこの朝ミーティングには、情報共有の他に、遅刻を防止するという目的があった。

細川にとっては日常的な風景で気にはならなかったのだが、フロアでは遅刻寸前に慌ただしく入室してくる社員が多く、中にはコソコソと遅れてくる社員もいるらしい。コンサルタントの伊賀の目から見てどこか緩んだ雰囲気が気になるようだ。そこで伊賀が、まずそういった基本動作から改善しようと、朝ミーティングを提案をしたのだった。

朝ミーティングには、「今日の3つ」という名前がつけられた。始業を告げるチャイムが鳴ると、細川が「今日の3つをやろう」とメンバーらに声をかける。ミーティングといっても、主にその日それぞれのメンバーが最も優先的に取り組む3つのタスクを発表し、チームで共有するという簡単なものから始めた。

しかし、それを細川のデスクの前に集まってやるのが、メンバーにとっては高いハードルとなった。重苦しい静けさが支配する朝の首都圏法人営業部のフロアで、立ったままやるのだ。今では少しずつ慣れてきたが、他の部員らからの視線は痛かった。

伊賀がいる日は、彼も「今日の3つ」に参加し、取り組みを共有する。伊賀は社外の人間であるため、当初は彼の参加について、情報セキュリティー上好ましくないと顔をしかめる者もいた。

そんな逆風の中でも折れずに「今日の3つ」を続けていると、メンバーらもようやく腹を括ったのか、最近は互いにアドバイスを交換するといった双方向のやり取りも生まれてきている。

細川としては以前からやりたかった試みだし、業務を円滑に進めるうえで効果的な場だと思っている。しかし案の定、山野や周囲からの前向きな反応は一切なかった。彼らの目には明らかに無駄でバカげた取り組みのように映るらしい。

山野が同席する管理者会議でも、細川は何度かプロジェクトの取り組み状況を報告してみた。それでも質問はおろか、後ろ向きなリアクションすらなく、周囲は完全に無視を決め込んでいる。


取り組みを始めて1カ月が過ぎた。新商材の受注はおろか、未だに商談が目立って進むような進展はない。この状況は、じわじわと細川にプレッシャーを与えていた。

それでも、周囲の反応とは対照的に、第5営業担当メンバーの一体感は日増しに高まっている。この一点だけが、細川に今後の可能性を感じさせた。この後も折れずに取り組みを継続していくためには、より一層のチーム力が必要とされるだろう。

10番目の問題の発見

「今日の3つ」で伊賀によるレポートを簡単に共有した後、細川は伊賀やメンバーと共に販売戦略プロジェクトの対策室に移動した。今日は全メンバーが午前中を仮説検証セッションに充てる予定になっている。

仮説検証セッションは毎週開催されている。ここでは新商材の販売を題材に、より効果的な既存顧客への営業活動プロセスを掘り下げ、プロセスを構成する一つひとつの行動に関して仮説を立てる。仮説をもとに個人が実践してきたことに対して、振り返り、改善案を出す。こうしたPDCAサイクルを運営する場だ。

近頃話し合われてきたのは、「ニーズを抱えるキーマンをどうやって初期提案書による問題提起の場に巻き込むか」ということだ。

このテーマを議論することになったきっかけは、前々回のセッションにある。新商材をお客様に導入いただけなかった問題点を議論している最中に、伊賀が「こうした新商材の提示をスムーズに進めることができるお客様との関係とは、どのようなものなのでしょうか？」と発したのがヒントだった。

伊賀が合流した最初のセッションにおいて、新商材の立ち上げをより効果的に進めるため、既存顧客向け営業活動を振り返った。すると、これまでの進め方には9つの具体的な問題点があり、それは3つのカテゴリーに分類できることがわかった。

議論の際、メンバーは「製品が悪い」「説明書が貧弱だ」「周囲の支援が得られない」といった他責に原因を求めるのではなく、当事者として取り組みを振り返ることができた。これを細川は随分頼もしく思ったものだ。

その中でも、まずは、2つの問題点に絞って改善のための仮説を議論し、実践を重ねてきた。一つは、営業部員が自らの口でしっかりと商材

図表4

第5担当の営業ミーティング

営業活動の技術的な側面における問題点

① 新商材の優位性の訴求が不十分だった
② 顧客が抱えるニーズや課題の把握が不十分だった
③ 課題を踏まえた刺さる提案書が描けていなかった
（紹介だけに終わっていた）
④ 提案後のフォローアップが不十分だった
⑤ 新商材提案の進捗をチームで共有し管理できていなかった
⑩ 提案をスムーズに進めるための環境整備が不十分だった（窓口担当の壁）

営業担当者個々人のマインドが抱える問題点

⑥ 新商材の理解を深める等の自主的な活動が少なかった（受け身だった）
⑦ 新商材を積極的に扱うべきというマインドが希薄だった

周囲からの支援に関する問題点

⑧ ビジネスアライアンス部との連携が不十分だった
⑨ 先行する首都圏開発営業部との情報交換が不十分だった

＿＿＿＝まず解決すべき問題点　□＝新たに発見した問題点

の優位性を語れなかったこと、もう一つは、その説明をきっかけとしてお客様のニーズを聞き出すことができなかったことだ。いずれもスキルが不足していてできなかったというのもあるが、「そうしようとしなかった」という意識の問題もあるのだろうと、メンバーは自省してくれている。

問題点を絞り込んだところで、その原因を解消するための打ち手を仮説として検討した。まず最初に、既存顧客に新商材を検討してもらうきっかけをつくってもらおうと、問題提起のための初期提案書を作成してみた。もちろん、その初期提案書には新商材の優位性もより効果的に訴求してある。しかもメンバーらは、初期提案を顧客にぶつけてみる前に、伊賀にお客様役をさせて大真面目にロールプレイまでやってみる熱の入れようだった。それが10番目の新たな問題発見につながったのだ。

ロールプレイ演習でお客様役を担った伊賀は、ある重要なことに気づいた。よりリアルなロールプレイをするため、メンバーが仮定する説明対象者の特徴を事前に伊賀に伝えたのだが、そのすべてが担当者クラスの人物だったのだ。調達部門の担当者クラスにいくら問題提起をしても、意思決定する幹部クラスにはこの商品の優位性が効果的に伝わらないのではないか。これが伊賀の懸念となった。

顧客に向け初期提案書を使っての検証活動を開始してみると、伊賀の予測通り、その試みはすぐに壁に突き当たってしまった。

第5営業担当が抱える既存顧客には、比較的東洋との付き合いが長い企業が多い。それだけに、その取引一つひとつが大型で、東洋にとって重要ではあるものの、悪く言えば受発注が事務レベルでルーチン化してしまっているのである。

その結果、日常の営業活動では、新商材の導入を意思決定するようなキーマンと直接会える機会が皆無だったのだ。問題は、メンバーらがその状態を当然のことだと感じていた点にある。むしろ、営業担当である自分たちが顧客企業の幹部に直接アプローチするような恐れ多いことをしてはいけないと考えている者すらいた。

伊賀の「新商材の提示をスムーズに進められるお客様との関係とは、どのようなものなのでしょうか?」という問いかけは、こうした仮説検証の中で生じたものだった。以降、細川らはそのテーマについて考え続けている。

今回のように従来その顧客に納入してきたものとは一線を画すスペックの商材を訴求する際には、ニーズ喚起のための問題提起から具体的な提案を進め、導入をご判断いただかなければならない。このプロセスを円滑に進めるためには、キーマンをはじめとした顧客企業との常日頃からの関係構築が重要だとわかった。

そこで、細川チームでは、伊賀の問いかけをヒントに改めて顧客との関係性を一定の基準で評価するための指標を検討した。喧々諤々の議論を経て、顧客との関係性を評価するための観点が複数設定された。そして、それぞれの観点からの評価結果によって、関係性の深さをレベル0から4までの5段階で評価するモデルをつくることができたのである。

細川が感心したのは、資材調達部門における意思決定者との関係性だけでなく、より上流工程を担う製品の企画、設計、開発を手がけるセクションとの関係構築も含めた実践的な定義をものにできたこと。さらに、

図表5

東洋のロックインモデル

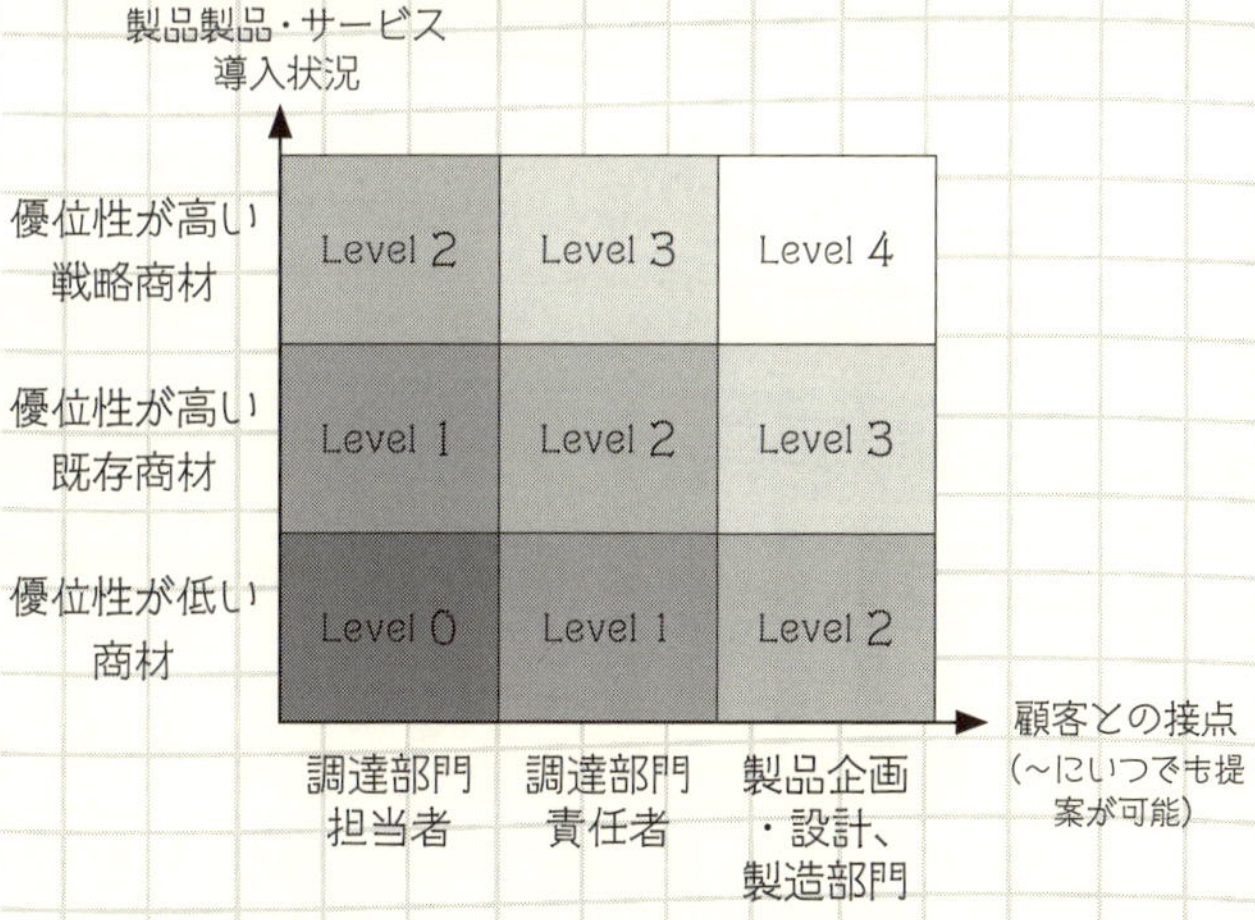

種類は限られているが東洋が独占的に調達できる製品群や他社に対し優位性があるサービスがどの範囲で評価対象の顧客に納入されているかという極めて客観的な評価軸が導入できた点である。この指標がある限り、誤魔化しはきかない。だが同時に、細川は自社が独占的に調達できたり、明確な優位性をもつ商材が明らかに手薄であるという事実に改めて気づかされた思いがしたのも事実だった。

既存顧客として一番関係性が希薄であるレベル0は、窓口の担当からルーチン業務のように受発注の連絡をもらう程度の関係性だ。東洋が優位性を維持する製品を戦略的に導入できているわけでもない。レベル0の状態から新商材を提案し実際に納入に至るのは、新規の見込み客に新商材を提案するのと同程度に難しい試みであろうと考えられる。

早速、細川が第5営業担当が対応している既存顧客97社をこのモデルに当てはめてみたところ、驚くべきことに9割近くがレベル0と評価されることが判明した。ほとんどの取引先において、メンバーは事実上発注窓口となっている調達部門の担当者としか会えていなかったのである。

可視化されたデータに、細川は心底驚いた。しかも、それが常態化していることに恐ろしささえ感じた。

営業現場では、着実に発注が流れてくれれば、特に問題を感じることはないものだ。第5

営業担当のメンバーらにとってもそれは日常のことで、これまでは取り立てて不思議に感じることもなかったのだ。

もう一つ、細川をいたく喜ばせたことがある。それは、評価指標を検討している最中、「これは東洋がお客様をしっかり囲い込めているかどうかを評価するモデルでもありそうだ」という声がメンバーから漏れ聞こえてきたことだ。確かに、各指標の評価結果が高まれば、必然的に顧客が他社ではなく東洋を選ぶ理由が増えることになる。つまり、このモデルを使えば、東洋が立ち行くための顧客基盤の強固さが評価できるというわけだ。

なるほど、レベル0ではいつ他社に乗り換えられてもおかしくない状況にあるし、逆にレベル4を維持できていれば、相対的に東洋を選んでいただける可能性が高まる。あたかも偉大な発見をしたかのように盛り上がる相馬らメンバーを、伊賀は涼しい顔で眺めている。しかし、おそらくは伊賀が巧妙に議論をリードしメンバーにそれを気づかせたのだろう。このことがあって、細川は、コンサルタントとしての伊賀の力量に全幅の信頼を置くようになった。

思い起こせば、これまで既存顧客が他社に流れてしまった場合などは、せいぜい担当者やその上司である課長が叱責されるくらいで終わっていた。つまり、失注や顧客離れの原因を深く掘り下げ、再発を防止するといった組織的な取り組みは、細川の知る限り首都圏法人営業部ではまったくなかったのである。

（ここでは、成果さえ出ていれば文句はなかろうと、誰もが疑問を持たずに個人商店を続けている。だから会社として先を見た打ち手なんかよりも今月の稼ぎが重要――。それを100人規模でやるのだから、壮大な個人戦と言われても仕方がないわ。確かにこんな状態では、戦略的な新商材など売れるわけないのよ）


細川には、今自分たちが進めている取り組みが、東洋の根深い経営課題に直結しているもののように思えてきた。当初は世良の「ビジネスモデルを見直していく」という発言に空々しさを感じていたが、ここにきて細川は、東洋の顧客基盤が危機的に脆弱な状態にあることをようやく理解できた。世良が言うように、事は「新商材を既存顧客に一定量販売すれば終わり」ではないのだ。

まだまだ改善の余地があるものの、自社全体のビジネスモデルにも適用できるようにと、この評価モデルは「東洋の顧客ロックインモデル」と名づけられた。

最初のヒント

今日の仮説検証セッションでは、前回に引き続き「新商材のニーズを喚起するための初期提案書を使った問題提起の場に、どうやって意思決定者であるキーマンを巻き込むか」という具体策を議論することになっている。

現状では、東洋の営業担当者がキーマンに会いたいと考えても、なかなか会うことができない。窓口となる担当者が取り次いでくれないことが多いからだ。細川らは、キーマンに会わせることを嫌う窓口担当者を総称して「窓口担当の壁」と名づけた。

実際に、「窓口担当の壁」に阻まれて、細川チームのメンバーが進めてきた多くのアプローチが停滞してしまっている。この状態をそのまま山野に報告すれば、プロジェクトの活動自体にストップがかかる可能性もある危険な状態だった。

無駄な取り組みに時間を浪費する暇があったら、1件でも別の注文を取ってこい。山野なら言下にそう言うだろう。

細川としてはもうしばらく試行錯誤を重ね、突破口を見出したいと思っている。しかし、これといった決め手を見つけられずにいた。

（土日も考えたけれど、いいアイデアは浮かばなかった……）

細川はため息をついた。細川の悩みを知ってか知らずか、伊賀はセッションを進行している。

「どうでしょう、これまでの議論結果を活動に反映できていますか？　では、先週からの活動成果を共有しましょう」

細川自身は、充分反映できたと感じていた。メンバーも同様らしい。何人かの情報共有の後、相馬に順番が回ってきた。相馬以外のメンバーは提案進行中の案件を複数抱えているが、相馬には先週から目立った前進がない。

「私は、川北通信機器様のキーマンである熊倉部長にようやくお会いすることができたので、問題提起のための初期提案書をご説明しました」

「お客様の反応はどうだった？」

「話だけは聞いてくださったのですが、現時点ではすぐにご検討いただけないそうです」

「そう……」

相馬の報告に、細川は少々がっかりした。その隣で伊賀は、相馬が何か言いたげな様子なのに気がついた。今朝から相馬が妙に大人しいのが気になっていたのだ。

「相馬さん、何かその件でさらに共有したいことがあるようですね」

「はい。……実は熊倉部長がこんなことをおっしゃったのです。『今回の軽量液晶モニターは確かにユニークだし、将来うちも導入を検討するかもしれない。もし、東洋にそのような技術トレンドや市場の最新動向などを幅広くリサーチする力があるのなら、もっとどんどん情報を発信してみたら？』と」

「それって、情報誌のようなものを定期的に発行し、お客様にお届けするというイメージなのかな」

「実は、私も熊倉部長からお聞きしたそのヒントを具現化する方法を休み中に考えていたのですが、いいのが思いつかなくて……」

相馬の発言に、細川はぼんやりとイメージを膨らます。すると、メンバーの一人がこんなことを言い出した。

「確か、企画本部で『テクノロジートレンド』という情報冊子を定期発行していましたよね？」

「ああ！　あった、あった。あれって今、どうなっているんだろう？」

「今はもう、発行していません」

渡りに船かと思ったが、また別のメンバーの声に、細川は落胆した。

（――発行が終了した経緯はどうだったっけ？　現場では「お客様にお渡ししても効果がない」という声が多かった気がする。多分、創刊の狙いは今回の私たちと似たようなもののはず。だけど、その狙いに気づかなかった現場が例によってリジェクトした……。あのときは私自身もそう思っていたんだっけ……）

「そうだった……。復刊させるにしても、一回みそがついちゃうと、うちの会社では難しいかもね」

過去に深く掘り下げもせず、現場を知らない企画本部が勝手に押し付けてきて気に食わない、というだけで反対した試みだ。今頃になって、それがどういった狙いで実現されたものなのか、その真意に気づき、細川の心中は複雑だった。ため息をつく細川に、相馬が言う。

「そのお話は知りませんでしたが、私は、『この情報誌を誰々様にお渡しください』と渡すだけでは、窓口担当の壁を突破することは難しいと思うんです」

その言葉に、やり取りを聞いていた伊賀は相馬の小さな変化を感じた。

「せっかくお客様からいただいたヒントです。今日は、技術トレンドなど当社が収集した情報を梃子に、窓口担当の壁を突破する方法について議論してみませんか？」

「そうしましょう。一人で悩んでも、良いアイデアは出てこないから」

対策室の壁面には、細川チームだけでなく、桐島チームも模造紙や付箋紙を貼りつけて議論結果を共有している。付箋紙の内容や枚数は、いずれも桐島チームが先行しているようだ。細川には常々それが悔しかった。

「よし！　やろう、みんな！」

細川の発破を待つまでもない。メンバーはテキパキとディスカッションの準備を始めた。

世良の述懐

伊賀は、細川チームとのミーティングの後、議事録を持って企画本部の自席に戻っていた世良の元へと向かった。世良は『テクノロジートレンド』が話題になったことに驚いたようだった。

「忘れもしませんよ。『テクノロジートレンド』ね」

「世良さんもご存じでしたか」

「3年前まで企画本部で定期的に発行していた、顧客向けの技術情報冊子なんです」

「世良さんも関わったのですか？」

「もちろん。実は、私が発起人だったのです」

「それは面白い」

驚く伊賀に、世良はにやりと笑ってみせる。

「私にとっては、面白くもなんともありませんでしたよ。営業本部はおろか、企画本部内でも時間と金の無駄だと散々言われましたからね」

「狙いは細川さんたちと同じですか？」

「窓口担当の壁の突破、という明確なものではありませんでした。当時は、商談相手が固定化されていて広がらない、というのが解決すべき問題だったと記憶しています」

「それが現場の反対にあって廃刊に追い込まれたのですね」

「いろいろな逆風には辛抱強く耐えていたのですがね。お客様に持参されることもなく、営業本部の壁面に段ボールごと積み上げられているのを見て、これまでかと観念したのです」

伊賀に当時のことを話すうち、世良はなんだかおかしな気持ちになった。当時はいくら説明を重ねても、世良の狙いを理解しようとする者はなく、企画本部長であった藤堂からも随分と陰口を叩かれていたようだ。

（営業本部からの不評が聞こえてくると、あれは課長の世良の勝手な取り組みだ……と言い出したらしい。あのときは、まさか自分が藤堂さんとタッグを組んで会社を変えようと取り組む日がくるなんて思わなかった。苦々しい記憶も、いつか笑える日がくるものだ。

磐田さんにも、必ずそういうときがくるはずだ。だからこそ、再び立ち上がってもらいたい）

　世良は磐田のことを思わずにはいられなかった。

「世良さんのご経験は細川さんにお伝えしておきましょう」

「はい、何かの役に立てばいいのですが。今日のセッションでは進展がありましたか？」

「ええ、相馬さんがいいヒントをくれました」

「ほう、どのような？」

　伊賀は、先ほどのセッションの流れや相馬のアイデア、そこから広がった細川やメンバーの意見を世良に説明した。

「……という経緯があり、窓口担当の壁を突破するアプローチの一つとして、顧客向けのセミナーを企画することになりました」

「セミナーですか？」

「はい。顧客企業のキーマンを含む幹部層をお招きして、最新のテクノロジーやマーケティング動向を解説しつつ、当社の製品の導入につながる問題提起ができるような機会を持ちたいと」

「なるほど。確かに、正面突破や人脈を駆使してキーマンに会おうとするだけでなく、直接ご本人にお越しいただいて接点をつくるというのはいい方法かもしれません」

やはり、現場が真剣に考えれば、自分では思いつかないようなアイデアが出てくるものだ。感心する世良に、伊賀が付け加える。

「細川さんは本当にキーマンがセミナー会場まで足を運んでくれるのか半信半疑ですが」

「私もその点は気になりますね。でも、チャレンジしてみなければ結果はわかりません。私から社長に話をしますので、伊賀さんはぜひ企画を具体化する支援をお願いします」

「任せてください」

伊賀が笑顔で請け負った。

吹き始める逆風

対策室に戻っていく伊賀の後ろ姿を見送り、世良は枝野に電話をかけた。内線はすぐにつながった。

「世良です。今、社長と話すことはできますか?」

一瞬、沈黙があった。枝野は少し声のトーンを落として言う。

「実は、営業本部の山崎本部長と山野部長が社長室にいらしておりまして……」

「どんな様子ですか?」

「はい、昨夕、山崎本部長から電話があり、販売戦略プロジェクトに関してご相談があるからと……」

「なるほど。そろそろ逆風が吹き始めてもおかしくはない時期かもしれません。山崎さんらが退室した後、私が呼ばれると思います。ちょうどいいですから、このまま自席で待っています」

受話器を置いて、世良は天井を仰いだ。

（——ついに来たか。山野だけではなく、山崎さんにも逐次情報をエスカレーションしてきたが、やはりこうなってしまうのだな。無念さは残るが、どのみち克服しなければならない壁だ）

こういったマイナスのリアクションはあらかじめ想定していたことだ。世良は少し時間ができたので、目の前の庶務を片づけてしまうことにした。

開き始める距離感

「それで、プロジェクトの活動に期待は持てるのか？」

案の定、枝野への内線から約40分後。藤堂からの呼び出しがあった。

山崎本部長と山野が社長室に来たことは、藤堂の口から語られることはなかった。世良は簡単にプロジェクトの取り組み状況を説明し、トピックスとして首都圏法人営業部の相馬から出されたアイデアを共有した。

藤堂は黙って聞いていたが、『テクノロジートレンド』の話題を持ち出すと、その表情に露骨に嫌悪感が浮かんだ。

（よほど失敗するのが恐いのか、かつて営業本部で不評だった『テクノロジートレンド』の話が出た途端に、焦れ始めたようだな。また悪い癖が出始めたぞ……）

「社長、プロジェクトが起動して約2カ月。この段階でビジネスモデルの見直しが早々と成果に結びつくとお考えですか？」

「……とにかく、なんでもいいからさっさと成果を出せ」

営業本部長の山崎に販売戦略プロジェクトの見直しを意見具申された程度で軸がぶれ始めるとは情けない。

（それに、「なんでもいいから」か。まったく、恐れ入るばかりだ）

これまで経営陣が目の前の成果や火がついた問題への対処ばかりを優先してきたことが、負け戦の原因だという反省がまるでない。時間がかかる人の育成や組織力・組織風土の改善、事業上の強みづくりや、それを梃子にしたビジネスモデルの見直しなど、重要だが緊急性の低い経営課題をすべて脇にうっちゃって、「なんでもいいから結果を出せ」と先送りしてきたのだ。歯止めのきかない減収トレンドは、当然といえば当然の帰結だ。

「もちろんです。ただ、販売戦略プロジェクトの取り組みについてあれこれ批判する者たち自身が、わが社が直面する問題に対しこれまで無策だったということをお忘れではないでしょうね？」世良は暗に営業本部の幹部連中を指してそう釘を刺した。

販売戦略プロジェクトのような取り組みを進めれば、当然反発する層も生まれる。そんなことはあらかじめ予期しておくべきことで、否定的なことを言われたからといっていちいちぶれる必要はないのだ、と本当はストレートに言ってやりかった。

「わかっている」藤堂の表情は苦々しげだ。

「この際ですから、はっきりさせておきたいと思います」

世良の物申す姿勢に、藤堂はさもうんざりだという表情をあらわにした。

「社長は、営業本部の相馬さんに対して、一緒にビジネスモデルを考えてほしいとおっしゃいました」

「ああ」

「だが、その後、社長が販売戦略プロジェクトの対策室に足を運んだのはわずか1回だけです」

「……」

「後は私の報告を聞き、質問を投げかけるだけ。それも、概ね『成果はどうか』ということだけです」

「だからなんだと言うのだ。成果の出ないものに時間をかける余裕など、わが社にはないだろう」

「おっしゃる通りです。しかし、何度もお伝えしているように、今われわれが進めている取り組みは、どこかに絶対の正解があって、すぐに答えが出るというものではありません」

「何が言いたいんだ。お前は」

「現場社員の愚直な取り組みを積極的に支援する経営幹部と、現場社員の前向きな取り組みを短期間で成果につながらないからとストップをかける経営幹部……。この局面にあって、わが社の経営陣に求められる姿勢はどちらですか？」

（山崎本部長や山野の目先の成果しか見ていない行動について、あなたはどう考えている？　それに、藤堂さん、あなた自身、結局どうしたいんだ？）

その質問は飲み込んだ。

「そんなもの比較できるものではない。支援も必要だが、現場に厳しく臨む必要だってあるだろう。それに、今回はコンサルタントも入っているんだ」

「仮に、伊賀さんが正解を知っていたとして、首都圏法人営業部がそのやり方を素直に実践すると思いますか？」

「当然だ。良い方法があれば誰だって実践するはずだ」

藤堂は世良に向き合っているが、どこか投げやりな雰囲気が否めない。

「では、新中期ビジョンが実践されないのは、内容が良くないからだと認めるのですね？」

「そうは言っていない」

「いいや、社長は良い方法がありさえすれば誰もが実践するとおっしゃった。ですが、実際にはわが社のビジョンは誰にも顧みられていません。もし、仮にそれが本当なら、厳しい現実ですが、経営者として新中期ビジョンの不備を直視しなければ何も始まらないでしょう」

世良の執拗な追求に、藤堂の鋭い視線が飛ぶ。いつものように藤堂は、不機嫌さを隠さなくなっていた。

「明らかな周知不足だろう。今後、周知徹底すればいいのだ」

「では、社長の新たな仮説として、改めて新中期ビジョンの浸透にエネルギーをかければ……、たとえば説明会を頻繁に実施したり、社内報による周知を再度実施していけば社員が自ら動き出すと？」

「もちろんだ。だが、ビジョンの浸透などもうどうでもいい。社として重要な取り組みを各本部の主体性に任せていては同じことの繰り返しだ。各本部に立てさせた事業プランをさらに詳細化させて、実践状況と成果をもっと厳格に管理していけばいい話だろう」

「では、そうなされればいい」

世良はおもむろに席を立ちながら、藤堂に向かって諭すように話す。

「社長はまだ、本気で理解しようとされていないようです。会社がどちらに進んでいくかという重要な情報も一方的な周知で済ませ、挙句、これをやらないとダメだ、これはお前たちの役割だと権限を持って現場に方針を押し付ける。

やむなく現場がその方針を受け入れたとしても誰も本気で取り組みはしない。せいぜい片手間で最低限のことはやりましたといった程度の働きしか期待できないでしょう。そして、小石のように小さな問題に躓くたびに、転んだまま立ち上がろうともしない。やらされ感から、自分たちは問題解決の当事者ではないと信じているからです。結果として生み出される業績も推して知るべしでしょう」

それだけ言うと、世良はいつものように返事を待たず静かに社長室を後にした。背を向けられた藤堂もまた無言のままだった。

枝野の心配

「世良部長から前向きなメールを頂戴しましたが、やっぱり社長の様子が気になっていまして……」

世良が社長室を出ると、その姿を見かけた枝野が近寄ってきて言った。

「そうですね。まだ、少し迷っておられるようだ――」

世良はそれだけ伝え、心配する必要はないと言い置いてフロアを後にした。

（この東洋の変革が成就するか否か。それは、社長がぶれない軸になれるかどうかにかかっている）

世良は再びそう強く感じた。首都圏開発営業部は30名程度の組織だったが、世良が営業変革をリードし、目立った成果につながるまでに半年間を要した。

（それを2カ月程度でできれば世話はないんだ。藤堂さん）

自席に戻って物思いに耽っていた世良は、ふと、寺井会長と話してみるかと思い立った。枝野の話では、藤堂が迷いを見せ始めたのも寺井の部屋を訪れて以降のことらしい。何か情報があるかもしれない。

だが、東洋の社内常識を考えると、藤堂の頭ごしに会長室を訪れるのははばかられた。

会長とは毎週実施されるボードミーティングで会うくらいで、最近は、これといって直接会話を交わすようなこともなかった。世良はわずかな思案の後、今は強力な支援者となってくれている専務の菊池に相談することにした。

一旦頭の整理ができ、世良は気持ちを切り替えた。伊賀にセミナー開催の件を社長に報告できなかった旨をメールし、諸々の作業に取りかかった。

世良にはもう一人、セミナーの実現に向けて、腹を割って話さなければならない人物がいた。

迷走

「大口顧客向けの営業現場では、年度前半のこの時期にどれだけ集中して動いておくかが年間の数字に大きく影響してくるのです」

山崎と山野は社長室に押しかけて来てそう言った。大口営業の素人である世良に好き勝手にさせるのはいかがなものか、という言及もあった。今もって具体的な成果が出ていないことからも世良による販売戦略プロジェクトの活動に何らかの問題があることは明らかだし、そんな取り組みを放置することで、すでに首都圏法人営業部の各担当にも悪影響が出始めている。これが2人の言い分だった。

「このままでは、営業本部が事業計画目標を達成するのは難しくなるかもしれません」

藤堂は苦労した挙句、前年度の減収は致し方なかったのだとようやく自分を納得させたばかりだった。しかし、今期も再び減収となれば……。それが藤堂の一番の泣き所だ。そんなことになれば、株主も銀行も、さらには調達先だってもう黙ってはいないだろうし、お歴々ら役員連中も抑えがきかなくなる。

(会長からも愛想を尽かされるに違いない。なにより、あの先代社長にも顔向けできん)

藤堂はまた、びっしりとアイデアが書き込まれた63冊目のノートのことを思い出した。

仮にも藤堂自身が営業本部の責任者に据えた山崎の口から、年度が始まったばかりの段階で予防線を張るような逃げのセリフが出るとは。果たして販売戦略プロジェクトの強引な起動が適切だったのかどうか、わずかだが藤堂の頭の中で疑問符がついたことは事実だった。

藤堂は、新年度に入り、より一層トップとして強権を振るい始めていた。実際、寺井の時代と違ってそれで前に進むことも多かったからだ。

しかし、先代社長臨終の折、枕頭で号泣し続けたあの社員らの姿を思い出すたびに、強権を振るうやり方は「何かが違う」と藤堂に違和感を感じさせた。

そんな折、あのキックオフに参加したことで、会社を変えていくための自分なりの役割の果たし方があるのではないかと気づくことができた。以来あれこれと考え続けている。だがその答えは未だ見出せておらず、藤堂は一人悶々としていた。

しかも、自分が目をかけてきた磐田があれほど首都圏法人営業部に通いつめても波風一つ立てることができなかった。営業本部長として送り込んだ山崎ですら、現場をグリップするどころか、こうして対案も持たずに臆面もなく数字を盾に苦情を言い立てに来る。藤堂は、子飼いの彼らに深い失望を感じ、かつまたそれが自身への不甲斐ない思いにつながっていく。

(認めたくはないが、復帰後の世良の動きはどうだ)

出戻りの世良が首都圏法人営業部に乗り込み一石を投じるや、わずかだが事態が前に進み始めた。これでは、山崎の陳情など、あまりに情けなくて世良にそのことを告げる気にもならなかった。

「世良の姿が、先代社長の姿とダブって見える」

会長の何気ないその言葉が、今、藤堂の心にまるで毒のように染み込んできていた。販売戦略プロジェクトに足が向かない背景には、そんな藤堂の屈折した感情が影響していたのかもしれない。

頑なな磐田の姿勢

「磐田さん。首都圏法人営業部にも少しずつ変わろうという動きがあるんだ。もう一度、手を貸してくれないか？」

近頃、磐田は事前に声をかけおいても、「忙しい」の一点張りでまともに取り合ってくれない。そこで世良は、ビジネスアライアンス部の定例会議の終了時刻を見計らって会議室に乗り込むことにした。

何事も几帳面な磐田は、会議の開始終了時刻もきちんとしている。世良が会議室に着くと、ちょうどメンバーらが部屋を出るところだった。自席に戻ろうとする磐田を呼び止め、今しがたビジネスアライアンス部の会議が終わったばかりの会議室に入る。磐田は怪訝そうな顔をした。

「なんですか、世良部長」

話がしたいと言う世良に、最初は強い抵抗を口にした磐田だった。だが、出口を塞がれて観念したようだ。

「新商材の販売の件なら、何度もご説明した通りです。お互い各々のミッションに集中すべきだ」

「そうも言っていられなくてね。結局、誰も貧乏くじを引きたくないようで、磐田さんも知っての通り、例の販売戦略プロジェクトのリーダーを藤堂さんから無理やり押し付けられて困っているのさ」

貧乏くじという言葉に反応したのか、磐田が沈黙した。もともと、調達した新商材の拡販を通じ、営業現場の売り方を変えていくという働きかけは、磐田自身がコミットしたものだったからだ。

「……首都圏法人営業部も少しずつ変わろうとしている。第5営業担当の細川課長が、窓口となっている担当者の上位役職者に直接リーチするために、顧客幹部層向けのセミナーを開きたいと言っている」

世良は磐田の反応を見ながら続けた。

「とはいえ、細川のチームだけでセミナーを開くのは難しい。ぜひ、磐田さんたちビジネスアライアンス部に支援をお願いしたいんだよ」

「それは当部のミッションではありません。繰り返しますが、ビジネスアライアンス部の体制では、リサーチと交渉、契約までが精一杯だ。とても、そのようなリクエストには対応できかねます」

磐田は目線を合わさない。

「明確に優先順位をつけなければ、結局求められているミッションが果たせないことになる」

「私もそう思う。だが、このセミナー開催の企画に関しては、磐田さん以外社内に適任はいない。それも今の東洋の現実なんだ」

磐田の反論は正しい。しかし世良は、あくまでこの件を磐田に依頼したいというスタンスを崩さない。

「ミッションのお話しなら、私から藤堂さんに……」

「いいかげんにしてくれ。今の体制では到底対応できないと言ってるんだ」

磐田の目は据わっている。少しの沈黙があって、磐田は小さい声で言った。

「……世良さんは、どんなメリットがあって、ご自身の役割権限を超えて、営業本部が取り組むべきことに関わるのですか？　はっきり言って、私には時間を無駄にしているとしか思えない」

「これがやるべきことだと考えているからだ。時間を無駄にしているとか、無駄なことをしているとは思っていないよ」

「……」

「営業本部は、磐田さんの本気に応えられなかった。それでも、状況は少しずつ変化しているんだ」

「はぁ……」

「磐田さんこそ、このままでいいのか？」

「バカバカしいんだ……」

「なんだって？」

「正直、バカバカしいんですよ！」

磐田が語気を荒らげた。世良は、普段冷静な磐田のこんな姿をはじめて見た。

「一体、何がバカバカしいんだい？」

「営業本部の責任者、管理者、社員、それに社長らのスタンスを見ていると、私には真面目に仕事に取り組む意欲が失せてしまいました」

世良は磐田の視線を受けつつ、その先を促した。磐田は苦しげな表情で、ポツリポツリと言葉を継いだ。

「今のままだと、うちの事業は少しずつ衰退していく。社長だけでなく、そんなことは現場の社員だってわかっている。だが、いつも自分以外の誰かが悪いからこうなった、だからそいつがなんとかすればいいと思っている。そして、誰も自分の意識や行動を変えようとはしない」

「これまでも事業を成長軌道に乗せるために、さまざまな施策が実施された。でも大抵はうまくいかない。うまくいかなかったら犯人を探し、そいつが悪いと言ってその場を済ませようとする。深く原因を探り、改善策を練りもしない。改善策を講じたところで、誰もまともに取り組まない。そんなこと続けていたって何も状況は良くならないのに、みんな自分の信じることしかしようとしない」

世良はただ頷きながら磐田の話を聞いた。

「社長までもが、首都圏開発営業部での軽量液晶モニターの販売実績には意味がないと言い放った。小規模だが複数の受注なんだ。大口受注にしか価値がないのだったら、そうするための方法を自分たちで考えればいい。

営業本部も、社長も、自らの責任を果たすべきだ。それが果たせないのに、真面目に取り組んだ者の梯子を外す会社なんて三流以下だ。こんな腐った会社のためにリスクを取る必要なんてない。

それに、今回の取り組みだって、経営企画部の他の部長からは、早くから注意を促されていたんだ。危ないぞ、梯子を外されるぞと。もっと要領良くやれ、とも言われた。だけど、私は世良さんを信じて一歩踏み込もうとしたんだ。自分一人で耐えるには荷が重いことだって……、本当は相談したいことがあったんだ！　それなのに、肝心なときにあなたはいなかった――。

後になってもう一度手を貸せと言われても、もう私の知ったことじゃあない。腐れ会社は腐れ会社に相応しく、さっさと潰れてしまえばいい」

堰を切ったようにまくし立てた後、磐田は糸が切れたように沈黙した。

磐田の言葉を聞きながら、世良の脳裏には、病室で見た夢が蘇っていた。「バカバカしい」という感覚も、そのとき嫌というほど味わっていたような気がする。

世良が倒れたことによって、磐田をこんなにも苦しめてしまった。それが世良にはとても悔やまれた。東洋という会社では、現状を憂え、会社を変えようとする者が貧乏くじを引くのが常だ。周囲の者はそれを悪目立ちだと言う。

世良は、先ほど藤堂に投げかけた質問を思い出した。

「現場の取り組みを積極的に支援する経営幹部と、すぐに成果に結びつかないからといってストップをかける経営幹部。この局面でどちらが求められるのか？」

――正直、どちらがいいというものではないと思う。間違った取り組みを続ける現場があれば当然幹部はストップをかけるべきだろう。闇雲に支援すればいいというものでもない。勢い余ったとはいえ、我ながら実に冴えない問いかけだったとは思うが、今の東洋には、これから進む場所に絶対の正解などない。われわれが正解を示せないのなら、現場の主体的なチャレンジがどうしても必要となる。私の答えは、やはり前者だ。

（今の藤堂さんには理解できないだろうが、そういった企業風土やマネジメントスタイルは、きっと、東洋が目指すビジネスモデルの重要な要素となるだろう）

会議室には沈黙が流れていた。世良はしばし思案してから磐田に投げかけた。

「磐田さん。私からの最後のお願いだ。聞いてくれるか？」

「……」

無言で顔を上げ、磐田は一瞬放心したような表情を浮かべた。それでも、心を蝕んできた毒を吐き出せたのか、少しばかりいつもの冷静さを取り戻したようだった。

「今夜、ある人と宴席を設けている。ぜひ一緒に参加してもらいたい」

磐田の反論を制し、世良は言葉を重ねる。

「安心してほしい。藤堂さんや営業本部の関係者など参加しないよ。気の置けない仲間の気楽な集まりだ」

「……仕方ありません。ご一緒します」

思案した後、磐田はポツリと返した。

いつもの店で

「君が考えるビジネスモデルとはどんなものだ？」

寺井が砕けた雰囲気で世良に問いかける。

東洋のオフィスから程近い居酒屋の個室で、５人が顔を合わせていた。落ち着いた雰囲気だが、磐田は居づらさを感じている。ここは東洋の社員にとってはいわゆる「いつもの店」で、磐田もよく訪れていた。しかし、今夜は会長の寺井が参加しているのだ。

世良は、夕刻、専務の菊池に協力してもらい、この場に寺井会長を誘ってもらったのだった。菊池には、集まりの趣旨を寺井に伝えるのは控えてもらっていた。

世良は、社長時代の寺井のことをよく知っている。企画本部勤務が長く、寺井の言動や行動はよく耳にしたものだ。寺井は、部下が揉めたときには、当事者を社長室に招き、目の前で議論させた。そうして和解に導いたものだった。事前に主旨を知れば、おそらく、寺井は藤堂や営業本部の山野なども招いてはどうかと言っただろう。しかし、それでは都合が悪かった。

菊池は場所と時間を寺井に告げただけで、自身はこの場には参加していない。おそらくは世良を慮ってのことだろうが、世良を全面的に信頼していなければ、こういう思い切ったやり方はしないだろう。

結局、寺井にはだまし討ちのような恰好になった。いつもの店に来てみれば、個室には菊池はおらず、世良、磐田、そして社長秘書の枝野に加え、見覚えのない男が座っていたのだ。もちろん、磐田にも寺井が参加するなどということは明かしておらず、だまし討ちになったのは寺井ばかりではない。

寺井が個室に入ってきたときの磐田の表情は見モノだった。こちらを見る鋭い視線も、「だましたな」という声が聞こえてきそうだった。だが、それも後の祭りだ。

磐田とは異なり、寺井はすぐに状況を察したのか、その場に腰を下ろすや世良に対して伊賀を紹介しろ、と声をかけた。伊賀の挨拶が済むと、それ以上世良に何かを問いかけるわけではなく、早速、世良や伊賀の進める販売戦略プロジェクトの話を聞きたがった。

（さすがは会長だ……）世良には寺井の態度がありがたかった。

そうして少し酒が入ってきて、場も和み始めた頃。ひとしきりプロジェクトの取り組みを聞いた後で、寺井が世良に「君が考えるビジネスモデルとはどんなものだ」と問うたのだ。

「会長には随分以前、新中期ビジョンに合意いただく際にご説明した記憶があります」

「うん。そうだった。だが、正直な所、今ひとつピンと来ていないところもあるんだ」

「確かに、未だそのイメージは曖昧なところのほうが多いのです」

世良は、自身のグラスを傾けながら話を続ける。

「以前、首都圏開発営業部で営業の流れを見直し、新規顧客開拓を進める仕組みをつくりました」

「うん。知っている」

「それまで、営業担当者は各々の自由なやり方で営業活動を進めていました。まさに個人戦です。そして、まるでそれぞれが各個撃破されているかのように成果を出せていない状況でした。

そこで、新規の顧客にアプローチし、ベースとなる人間関係をつくり、ヒアリングによって課題をお聞きして、しっかり考えて刺さる提案を描き、導入に向けた意思決定を支援する。そういった一連の営業プロセスを、メンバーが集まって知恵を出し合い標準化したうえで、徹底的に改善したのです。

その結果、営業活動品質のばらつきが少なくなるだけでなく、驚いたことに一人ひとりが創意工夫をし始め、それまで想像もしてこなかった新しい営業のスタイルが見えてきたのです。私が職場を去った今でも、メンバーが団体戦で改善活動を続けてくれています。何よりも、私にはそれが最も重要なことのように感じられるのです」

磐田が寺井の空いたグラスにビールを注ごうとするのを、枝野が引き受けた。

「ひるがえって、東洋全体を眺めてみると、各本部の現場ごとに個人商店がはびこる。これはもう壮大な個人戦と言わざるを得ません。やはり、現場を巻き込んだ仮説検証を進め、今度は会社全体のビジネスプロセスを標準化し、改善していく。そして、東洋がより一層市場で力を発揮できる型を明確にすべきではないかと考えたのが発端でした」

「確か君は、あのプレゼンテーションでもそう言っていたな」

「首都圏開発営業部が実現した独自の営業プロセスは、主に新規の顧客を開拓する流れでした。実は、今回、こちらの伊賀さんの支援を受け、既存大口顧客向けの営業プロセスも標準化を進めているのです」

東洋の目指すビジネスモデル

「いえいえ、滅相もない。実際は、首都圏法人営業部の細川課長のチームが能動的に仮説検証を継続された結果です」

世良の言葉に、伊賀は謙遜した。寺井は持っていたビールのグラスをテーブルに置き、伊賀に向き直った。

「ほう」

「細川課長は、『戦略的に調達した新商材がなぜ現在抱えている既存顧客に売れないのか』という問題を掘り下げて議論されたのです」

「それで？」

寺井は興味を持ってくれたようだ。

「議論の結果、お客様との関係性が、新商品をご紹介してもスムーズにご検討いただくほどには整っていないのが原因であると仮説を立てました」

「関係性か」

「はい。細川チームは、お客様にとって東洋テクノロジーがどのような存在になるべきかという考察を進めたのです。その結果、顧客との関係性を複数の評価項目によって5段階のレベルで定義することができました。そして、細川さんらは、このモデルに”東洋の顧客ロックインモデル“と名づけたのです」

枝野、磐田も手を休め、伊賀の話に耳を傾けている。

「ロックインレベル0では、お客様が東洋を単なる取引先の一社としか認識をしておらず、商材をご提示しても、上層部へのエスカレーションなどの前向きな検討にはつながりにくいのではないかと考えられます。

この状態からスタートし、定義に基づいて関係性の改善を進め、直接意思決定者にアプローチするなどして、東洋さんの提案なら検討してみようか、と言っていただけるようなパートナーになっていくことが目標となります。ただし、そういった環境を実現するには、常日頃、どのような活動を重ねていくかが問われます。つまり、将来を見据えた戦略的な関係性の再構築という取り組みが必要なのです。

また、細川さん曰く、現状では、顧客と東洋双方で担当者が変わるたびに、失注リスクが一気に高まるのだそうです。ビジネスが個人間のつながりだけに依存していたら、いつまでたっても顧客基盤は脆弱なままだ。組織的なつながりを強化したり、東洋が優位性をもつ商材の導入を積極的に図るなど、東洋が顧客にとってなくてはならない存在になっていく必要があります。常に顧客から東洋を選んでいただける関係性とは何かを考え、組織としてそれを実現する。わが社はこのロックインモデルで将来に渡り東洋を支えていく強い顧客基盤を実現していかねばなりません」

伊賀はあえて東洋を「わが社」と表現した。

頷きながら話を聞いていた世良は、ここで伊賀の話を引き取った。

「首都圏開発営業部の桐島チームは新規の顧客開拓、首都圏法人営業部の細川チームは既存の得意客との関係性改善による囲い込みと、検討している分野は少し異なります。しかし、いずれもが東洋のビジネスモデルを構成する重要な要素になるのだと、私は考えています」

世良は寺井よりも磐田に向けて話を続けている。

「今、細川チームから、既存顧客へのビジネスを拡大する際の大きな障壁となっている“窓口担当の壁”を突破するためのセミナーの企画案が出ています。この壁の突破が、関係性を改善する第一歩なのです」

「セミナーか？」

「そうです。既存顧客に東洋の製品をご検討いただくきっかけとなる問題提起のためのセミナーを企画し、キーマンにお越しいただくのです。われわれが直接キーマンと接点をつくるには、効果的なアプローチだと考えています」

寺井の反応をうかがい、世良は一呼吸置いた。

「また、このセミナーは新規顧客の開拓にも有効であると考えます。まったく東洋に接点のない企業にダイレクトメールを送付し、セミナーにご来場いただく。その接点をきっかけに首都圏開発営業部の営業プロセスを経て受注を獲得する。そして、一度、顧客となっていただければ、首都圏法人営業部の細川が検討している東洋の顧客ロックインモデルを当てはめて、他社につけ入る隙を与えない関係性を構築する。そうやって、継続的に東洋の商品やサービスをご購入いただける顧客基盤を拡大していくのです」

世良の話ぶりに、寺井は何かわかったような、わからないような顔をした。

「うーん……。雲を掴むような話だが、ただ漫然と毎日の営業活動をしているだけでは駄目だということだな？」

「営業本部という組織は、もともと個人商店色が極めて強い。だからといって、このまま個人戦で営業活動を続けていても減収は止められません。営業本部が主体性をもって問題を発見し、解決していくという団体戦が求められるのです。にもかかわらず、今もって桐島や細川のようなチームで進める問題解決の活動にはネガティブなメンバーが多いのが現状です」

「それを変えていこうというのか？」

「その通りです。一度、ビジネスモデルを確立したからといって、それで勝ち続けられるものではありません。だからこそ、営業本部が常に仮説検証サイクルを回し、見直しをかけていく必要があるのです」

伊賀がにこやかに世良の言葉を受けた。

「会長にはイメージできますか？　首都圏開発営業部が実践しているような改善活動を全社で継続していく。現場組織が持つそのような能力や風土が東洋の強みとなり、ビジネスモデルの一部になるということを。

そういった強みは他社からは見えにくいですし、何よりも容易には真似できません。も

図表6

東洋におけるビジネスモデルの捉え方

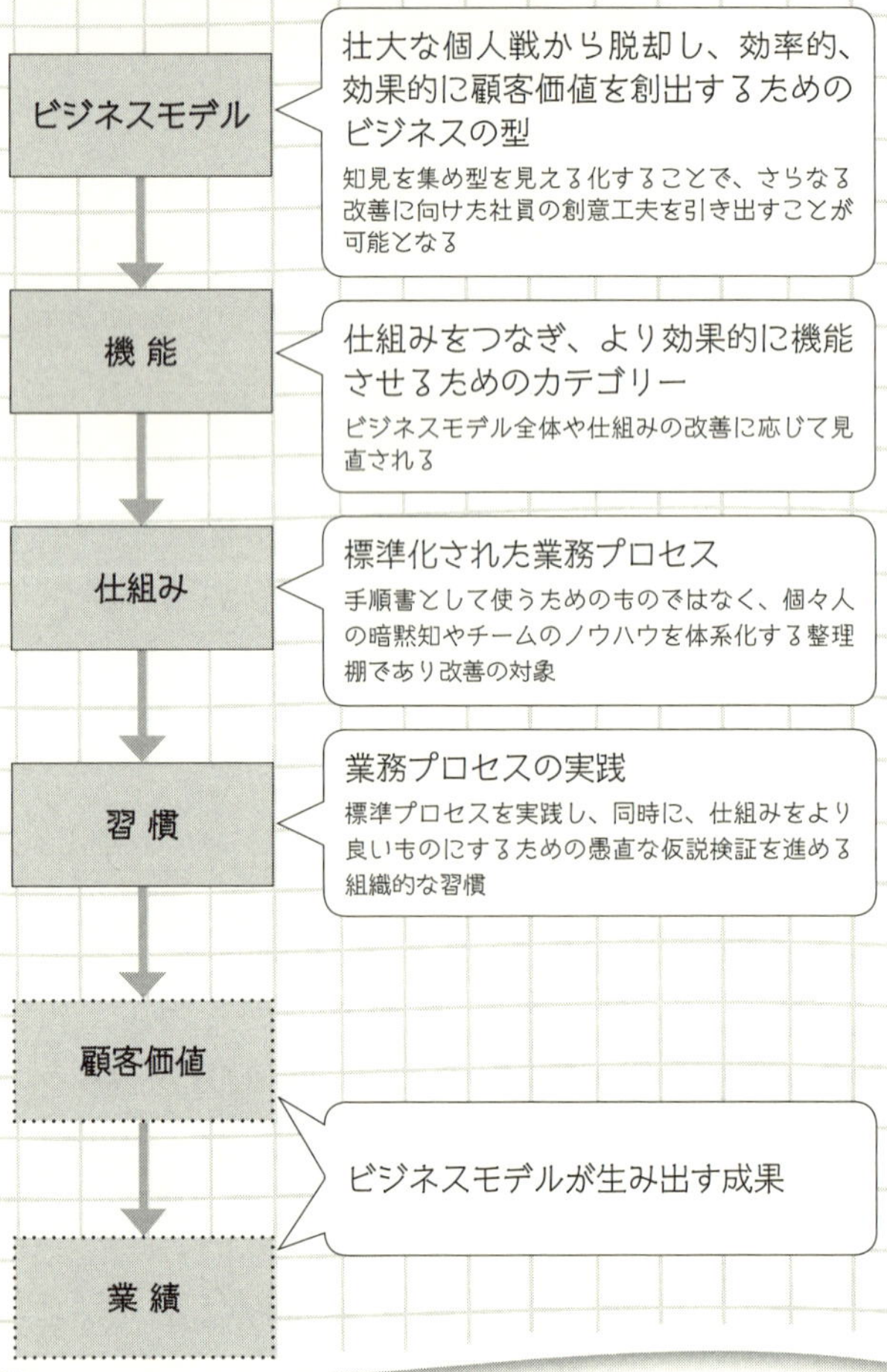

し仮に他社がこれから東洋で実現するビジネスモデルの目に見える部分を模倣しても、現場が受け身なだけの組織なら、形だけ真似たそのビジネスモデルはいずれ形骸化するでしょう。適切な組織能力や風土を軽視する企業は多いのですが、ビジネスモデルが十分に機能するには必要不可欠な要素なのです」

寺井はしばし、伊賀の顔を眺めた。そうしてひらめいたように言う。

「あのプレゼンテーションではイメージできなかったが、今はある程度想像できる気がする。つまり、社員が各々の職場でより成果の上がる仕事上の仕組みを実現する活動を続ける。それだけなら特定の職場の業務改善だ。

だが、それらの仕組みを機能として整理し、つなぎ、全体として整合性を持ってモデル化していくべきだと言っているのだな？　そのモデルを効果的に運用するだけでなく、常に磨きをかけて市場で競り勝っていくためには、伊賀君が言う組織の能力や風土が重要で、それそのものがビジネスモデルの一要素だと？」

世良は寺井のカンの良さに感謝しながら続けた。

「まさにその通りです。東洋のビジネスモデルの大黒柱は〝売る〟機能です。その機能を構成する主な仕組みとして、第1にセミナーなどの手段によって新規・既存顧客にアプローチする顧客接点作りの仕組み。第2に、接点を持った顧客から案件を創造し刈り取っていく仕組み。第3に、受注に至った顧客を囲い込んでいく仕組みなどが見えています。その仕組みを〝支える〟機能として、最適な組織能力や風土が欠かせない。おそらく、組織ぐるみの仮説検証活動が定着すれば、他にも機能や仕組みが生まれていくはずです」

世良や伊賀が熱心に説明する姿を見ながら、磐田は忘れていた何かを思い出せたような気がした。

「最初から細部に渡ってそういった検討作業を進めるのはロスが大きいため、まずは全体の枠組みの実現を急ぐ必要があります。〝仕入れる〟や〝つくる〟機能の前提となる、顧客の声を集め、ニーズを分析し、製品調達や開発に活かすといった機能や仕組みは、今後ものづくり推進室の手嶋室長と首都圏開発営業部の桐島が検討を進めるでしょう」

「当面、そういったビジネスモデルの枠組みが明確化できれば、後は全社でディテールを実現していけばいいということなんだな？」

「おそらく。そうなれば、わが社のマネジメントのあり方も大きく変わるでしょう」

寺井は深く頷いた。

信じて待て

「それで、君は私に何をしろと言うのだ？」

一通りの話の後、焼酎のロックを片手に寺井が本題に踏み込んだ。

「2つあります。一つは、会長に私たちの同志になっていただくこと」

「だとすれば、それは成功したと言えるね」

寺井は、「大好物なんだ」と、さつま揚げに箸をのばしながら笑顔を見せた。

「もう一つは、藤堂社長が今、何に悩んでいるのか、そのヒントをいただけないかと思います」

「……」

寺井はさつま揚げをほおばりながら、明後日のほうを向いてしばし考え込んだ。口の中のものを飲み込むと、一口焼酎を飲んで言う。

「……先代から藤堂さんにバトンをつなぐのが精一杯だった私に大したことは言えないが、経営者だって迷い、悩みながら成長していいと私は思う。私の場合は覚悟という言葉がぴったりくるんだが、自分がどういう姿勢で東洋の舵をとっていくのかという揺るぎない覚悟、つまり、自分なりの”答え“を探し出すまで随分と時間がかかったもんだ」

「周囲はああだこうだと言うだろうが、経営者にのしかかる重圧なんてものは、なった者にしかわからん。何しろ、自分の舵とり一つで社員やその家族が路頭に迷うようなことだってあり得るんだ」

「だが、藤堂さんなら、必ず君たちに手を貸してくれるはずだ。私と一緒に信じて待てばいい」

寺井はそう請け負って、さつま揚げをもう一つ口に運んだ。

✣
✣
✣

○月○日　くもり空

今日は本当に疲れた。

窓口担当の壁の突破策について話し合った。土日も考えたのに、何も思い浮かばなかった。宿題を忘れたみたいな気持ち……

これといった解決策を見つけられなかったのはみんな同じみたい。

でも、思い切ってセミナーの開催を提案したら、なんとこれが採用された。しかも、課長からセミナーの企画案を検討するように言われた。

正直言って、私一人では荷が重い。でもチームの誰もが経験のない取り組みだし、誰にも相談できそうにない。

また一つ悩みが増えた。でも、ハードルの一つは越えられた気がする。

これからだ。これが積み重なれば、成果につながっていくと思うから。

01

ケース Case

プロジェクトの活動が目立った成果につながらず、社内から批判の声が上がっている。

アドバイス Advice

変革につきものの「暗いトンネル」

変革活動において仮説検証活動を進めるフェーズでは、活発に取り組みを進めていても必ずしも大きな成果につながらない苦しい時期がある。プロジェクトメンバー全員が仮説通り行動できるようになるまでにある程度の時間を要するうえに、十分な検証活動を経て仮説に磨きをかけていくとなると、成果につながるまでには一定の期間を要するからだ。本書ではその期間のことを「暗いトンネル」と呼び、注意を促している。

仮説検証を進めながら手探りで進む期間というのは、変革に反発する層にとって恰好の攻撃材料に事欠かない。「変革はいいが、いつまで経っても成果が出ない」「そんな活動を続けていると本来の業務にも悪影響が出てしまう」などという容赦のない非難が周囲から噴出する。

仮説をもって活動を開始すればすぐに成果に結びつくというのなら、世の経営者は苦労しない。逆に、仮説の妥当性を非難するのなら明確な対案を提示するべきだ。だが、反発する層は理不尽にも批判することにしか興味を持たないし、変革に関心を示さない層はより一層冷淡になるのが常だ。

優秀なオーナーが変革を守り育てる体制ができていない場合、この「暗いトンネル」においてプロジェクトが停滞したり、形骸化してしまう可能性が一気に高まってしまう。また、取り組みを牽引するリーダーやメンバーが志を折ってしまうのもこの時期である。出口の光が見えない中で、苦しくとも突破口となるアイデア＝宝石を探し続けていくモチベーションを維持できるかどうか、さらには厳しさを増していく周囲からの逆風をどうコントロールしていくか。ここがまさに、オーナーやリーダーによる適切なリーダーシップが問われる局面でもある。

おそらく、過去にそれを経験した世良や桐島ならこのようにプロジェクトが危険に晒される時期が必ず存在することを教訓として他のメンバーに伝えるはずだ。そうすれば、細川や第５担当のメンバーは、苦しい時期にあっても、かろうじてある程度のテンションを維持しながら進むことができるだろう。

優れたオーナーやリーダーはもちろん、変革の経験を積んだ組織では、この時期にこそ周囲からの支援やポジティブな働きかけを増やし、プロジェクトの活動を活性化させるといったサポートを積極的に行なっているのが特徴だ。

02

ケース Case

停滞期を避けるにはどうすればいいのか？

アドバイス Advice

「暗いトンネル」が持つポジティブな側面に留意する

仮説検証活動を開始するや否やどんどん成果が出始めるようなことは余程のことがない限り期待できない。もちろん、仮説検証の質を向上することによって停滞期である「暗いトンネル」をより短期間で抜け出すことは可能だ。

しかし、この産みの苦しみを伴う「暗いトンネル」は、事業のソフト面の変革において極めて重要な意味を持つ。この時期こそ、プロジェクトに関わる人や組織が新しい仕組みに適応していく重要な期間となるからだ。

メンバーはリーダーと共にビジョンが指し示す方向性を具体的なタスクに分解し、より成果につながる取り組みを仮説として設定。実践を重ねることで検証を進める。周囲の逆風やプレッシャーにさらされながらも、この活動を愚直に継続していくと、リーダーはもちろん、フォロワーであるメンバーも着実に成長を遂げていくことができる。単にプロジェクトで仮説検証を進め、成果につなげるというテクニカルなスキルが伸長するだけではない。変革リーダーに求められるリーダーシップやぶれない姿勢、フォロワーが持つ視座の高ま

図表７　暗いトンネルが持つ２つの側面

	コアチームの内部	コアチームの外部
マイナスの面 クローズアップされがちな部分	仮説検証活動が容易には成果につながらず、苦労する	プロジェクトへの外圧が高まる
プラスの面	愚直に進める活動によってリーダー、メンバーそれぞれが着実に成長していく	コアチームの真摯な取り組みが周囲にも好影響を及ぼす

りや、強い自律性など、日常業務や研修などの場だけでは習得しにくい重要な能力の獲得が期待できるのだ。プロジェクトを最後までやり遂げたメンバーは、いずれ変革を推進するリーダーとなるための素養を身につけていく。

「暗いトンネル」は変革につきものだ。それは変革に対する大いなるリスクであるが、同時に、人や組織が鮮やかに変化を遂げる重要な場、期間でもある。仮説検証の質を高め、「暗いトンネル」の短縮を図ることはもちろんだが、そういったポジティブな面も考慮し、プロジェクトを周囲からしっかりサポートしてリーダーやメンバーの成長を促すというスタンスも忘れてはならない。

そのようなプラスの側面を熟知する優秀なオーナーは、この「暗いトンネル」をうまく活用し、修羅場を演出しながら、優れた変革リーダーやフォロワーの育成を進めることもある。

第 **18** 話

一縷の希望

18

磐田の申し出

「まんまと世良さんと伊賀さんの罠にはまりました」

宴席を終え、世良らは店の外まで寺井を見送った。そのとき、磐田が世良に投げかけた一言だ。

「本当に、あの藤堂社長が、私たちが期待しているようなぶれない変革の推進者になってくれるのですか？」

ともすれば聞き流してしまいそうな言葉だったが、「私たちが」という言い回しは、磐田がもう一度立ち上がってくれる兆しを感じさせた。

「私は、きっと、社長が一歩を踏み出して現場に力を貸してくれると思う」

「私はちっとも疑っておりませんでしたよ」

枝野がドンと胸を叩いて言う。どうやら寺井の横で随分と杯を重ねたようだ。

「仕方ありません。会長の手前、今さら世良さんとは同志じゃないとも言えませんからね。セミナーの企画は付き合いましょう」

「本当か、磐田さん。ありがとう。恩に着る」

世良の笑顔に、磐田もつられて笑った。

「まさに、世良さんは文字通りの突然変異ですね。何が嬉しくて、こんな見返りのないことにエネルギーを割くのですか？」

「そうだね。見返りがないというのはどうかと思うが、随分前に、東洋をもっと良くすると友人と約束してね」

「それは手嶋さんですか？」

さすがカンがいい。伊賀が探るように問いかけてくる。

「もう覚えていませんよ。入社したばかりの頃でしたのでね。でも、その約束を反故にしたら、これまでの自分の取り組みすべてを否定することになるような気がして……。もう少し頑張ってみるのもいいかなと思うんです」

遠ざかる寺井の後ろ姿を見つめながら、誰にともなく、世良はつぶやくように言った。

突然の助言

相馬は悩んでいた。セミナーを企画するといっても、周囲には誰も経験者がおらず、相談できる相手がいない。しかしなんとか第5担当のメンバーに同意してもらえるような企画案を策定し、次週に予定されているプロジェクトのセッションで提言したい。試しに営見出せなかった。

業活動の合間を縫って企画書を書いてはみたものの、書いた当の本人が、実現の可能性を

「うーん……」

相馬は社員食堂を兼ねたラウンジの6人掛けテーブルで頭を抱えていた。悩みながら資料に赤ペンを入れていると、相馬に声をかけてくる者がいた。

「何を考え込んでいるんだい？」

「ああ、課長でしたか」

同じ首都圏法人営業部、第1営業担当の課長、確か、大木課長だ。

（どうも自分は世間が狭すぎるなあ……）

その課長は、首都圏法人営業部では知らぬ者はいない、押しも押されもせぬ理論派の中心人物だ。相馬の同期も含め、若手、中堅からダントツの信頼を寄せられている。東洋で最大規模の大口顧客を相手に毎年大きな実績を収めているらしい。

（どうして突然声をかけられたのだろう。こんなことははじめて。これまでは、会釈をしても完全に無視されていたのに）

相馬は、思いがけず声をかけてくれた大木に、せっかくだからアドバイスをもらえないかと、頭を抱えている理由を相談してみた。

「実は、販売戦略プロジェクトでお客様をお招きするセミナーを企画しているんです」

「ふーん、そうなんだ。それで企画を任されたのかい？」

「はい。私が言い出しっぺですから」

「セミナーってどんなものをイメージしているの？」

「はい。お客様に最新の技術トレンドや製品動向をお伝えするセミナーを考えています」

「どうだろうね。うちの製品のセミナーなんて開いても、お客様は売り込みを嫌って来てくれないんじゃないかなあ」

「そうなんですか？」

「僕は前の会社で顧客向けのセミナーを開催したことがあるけど、ここじゃ結構難しいと思うよ」

この「前の会社で」というのが大木の決め台詞なのだと、相馬は友人から聞いていた。その友人は大木を好意的には見ていないようだった。沈黙する相馬に大木が重ねて言う。

「むしろ、営業担当者一人ひとりが意識を高くして、常日頃から情報提供を進めるという、今すぐできる取り組みのほうが地に足がついていると思うけどね」

大木は自然に、テーブルを挟んで相馬の向かいに腰掛けた。

「そ、そうですね」

相馬は大木の妙に親身な態度に戸惑った。

「実はね、相馬さんにも、勉強会に参加してもらいたいんだ」

「勉強会ですか？」

「うん、相馬さんの同期もみんな参加しているんだよ。若手中堅で首都圏法人営業部のありたい姿を考えるという取り組みを進めているんだ」

相馬は直感的に馴染めなさそうな雰囲気を嗅ぎ取った。

「ああ、そっ、そうなんですね」

相馬がなんとか断ろうと、しどろもどろしながら曖昧な相槌を打っていると、背後から「相馬さん、こんなところで何油を売ってるの？」と、ぶっきらぼうな声がかかった。

振り向くと、首都圏開発営業部の安藤が空の食器を乗せたトレイを手に立っている。相馬の目には何やら安藤が険しい表情をしているように見えた。

「あっ、安藤先輩！」

相馬は弾かれたように立ち上がった。

「さっき、プロジェクト対策室に細川課長があなたを探しに来てたけど。あなたを見つけたら"至急戻れ"と伝えて欲しいと頼まれたわ。こんなところでのんびりと休憩していていいの？」

「あっ、ありがとうございます。すぐ戻ります」

相馬は、安藤の厳しい口ぶりに若干凹んだ。しかし、安藤のおかげで大木から逃れることができる。大木に小さく頭を下げ、相馬はそそくさとその場を離れた。

（先輩、いいタイミングで声をかけてくれてありがとうございました）

限られた時間

その日、手嶋は早めに会社を出て、父親の入院する病院に向かった。手嶋らものづくり推進室のメンバーは、ずっと8カ月の壁と格闘を続けてきた。そして、ようやく自社プロダクト第1号の量産化に目途をつけることができたのだ。

そんなめでたい日に、手嶋はメンバーからの祝勝会への誘いを断り、会社を早退した。この年で照れ臭くはあったが、手嶋はその小さな成功を病床の父親に伝え、安心させてやりたかったのだ。手嶋が病室に入ると、父親の姿がない。

（一人で歩けるはずはないのだが）

手嶋は不安に駆られ、駆け足でナースセンターに向かった。

「ああ手嶋さん。よかった。今、携帯にお電話をするところだったんです」

「父に何かありましたか？」

「昼食をとられてから、少し気分が悪いとおっしゃっていたので、気をつけていたのが幸いしました。先程、病室を覗いたら容態が悪化していて……」

「父は今どこに？」

「集中治療室に移りました。今、山本先生が処置を進めています。手嶋さん、ご心配だとは思いますが、病室でお待ちいただけますか」

手嶋の父親は長く肺を患っているために、こういった緊急事態は以前にも何度かあった。しかし、徐々に間隔が短くなってきていることに、手嶋は気づいていた。

「この新型デバイスの事業的な成功を見せてやらなければ、親父を安心させてやれない……。くそっ、時間が足りん」

手嶋は父親のいない病室で、一人つぶやいた。

つながり始めた点と点

「何言ってんの？　さなえ。私はさなえを探してなんかないよ。第一、安藤さんに会ってもいないし」

そう言う細川の顔には〝昼間から寝ぼけるな〟と書いてある。

「でも丁度よかった。セミナーの企画ね、たった今、例のビジネスアライアンス部の部長から話したいって直電が来たよ。どうなってんの、一体？」

「例のって……」

「磐田って部長。ほら、新商材の説明会で袋叩きにあってた」

「あっ、あの。でも、どうして？」

「一緒に行こうか？」と声をかけてくれた細川に、「まずは自分で話を聞いてきます」と、相馬はそのまま席を立った。

ビジネスアライアンス部に足を運ぶと、打ち合わせテーブルで議論をしている集団がある。その中に、新商材説明会の際に壇上で一身に批判を浴びていたあの部長の姿もあった。

「すみません。あのー、磐田部長はいらっしゃいますか？」

「私が磐田ですが」

あの説明会での姿しか見たことがない相馬には、目の前の磐田がなんだか別人のように見えた。

(あのときは疲労が滲み出ていたし、どこか捨てばちで剣呑な雰囲気だったからかなあ？)

「相馬さんですね。セミナーを企画されているということで、少しお話をお聞きしたいと思っていたんですよ」

相馬の登場に、議論をしていた面々は気を利かせて席を立った。磐田は空いた席に「どうぞ」と、相馬を座らせた。

「あの、どんなことをお知りになりたいのですか？」

「あまり堅くならないで。気楽に答えてください」

磐田はアイスブレイクのために少し話した。ほとんど初対面の磐田に緊張していた相馬だったが、磐田の柔和な雰囲気に、少しだけ肩の力が抜けていく気がした。

「……それで、セミナーの開催を企画しているのはなぜですか？」

「はい。実は、私たちは磐田部長が説明された、会社として重要な新商材の販売を拡大していくためには、直接意思決定に関わるキーマンに提案する機会をもっと増やす必要があると考えているのです」

磐田が先を促すように頷く。

「現状では、私たちの商談相手のほとんどは窓口となる担当者で、直接キーマンに会えるのは年末年始のご挨拶のときくらいなのです」

「なるほど。セミナーに直接そのキーマンをお招きするというのが狙いですね」

「はい。それに、わが社に集まる最新の技術情報を折に触れ継続的に各社のキーマンに提供できれば、わが社との関係にメリットを感じていただけるのではないかと考えています」

「つまり、継続的にセミナーを実施しようと目論んでいると」

「はい。一度や二度で状況を変えるのは難しいと思います」

そこまで聞くと、磐田は視線を伏せ、しばし沈黙した。相馬は気まずくなり、苦し紛れに一人で喋り続けた。

「それに、このまま同じやり方で営業を続けていても、第5営業担当の売上げも先細りは避けられません」

「……」

「細川課長の役にも立ちたいですし……。あの、私、何か的外れなことを言ってますか？」

オロオロする相馬がおかしくて、磐田は困ったように笑った。

「いえ、そんなことはありません」

「よかった、安心しました」

相馬は心底ホッとしたように、顔をほころばせた。

「昨夜、世良部長から相馬さんと一緒にセミナーを実現するように頼まれました」

「えっ!?」

「いや、今にして思えば、本来これは新商材を拡販するための施策として、ビジネスアライアンス部が発案すべきことだったのかもしれません」

相馬は反応に窮した。

「相馬さん、私たちにも細川課長らの取り組みを支援させていただきたいのですが、よろしいですか？」

現実からの逃避

最近、藤堂の日常は慌ただしい。出社するとすぐに、枝野が温かいコーヒーを運んできてくれる。そしてコーヒーを飲みながら、その日の予定を確認するのが日課となっていた。今日も分刻みのスケジュールが詰まっている。毎日余裕のない予定を組ませているのは藤堂自身だ。ある種の現実逃避なのかもしれない。

この後すぐに、総務部長が懸案事項に関して相談にくる。藤堂はその前に片づけようと、机上の稟議書に目を通し始めた。目で文字を追いながらも、頭はほとんど集中できずにいた。

満を持して経営トップに就任してから、早くも1年が過ぎようとしている。だが、経営者として心の底から誇れるような成果はまだない。何もしないでいると、焦りや怒り、無念さといった負の感情が沸き起こるのを抑えられないでいる。

それはまさに懊悩といってもいい。忙しく働いていれば、それも感じなくてすむと思っていたが……、その効果も最近期待できなくなってきている。

経営トップだからといって何一つ思い通りに進まない。腹立たしいがそれが現実だ。もちろん、あの突然変異の世良を除けば、社長である自分を表立ってないがしろにしている社員などいない。

事実、見かけだけなら、藤堂の強烈なトップダウンによって、停滞していた懸案事項への取り組みが前に進み始めているのだ。そのきっかけは、あの年度末の出来事だった。

新中期計画の周知以降、藤堂は、その方針に沿って各本部の予算編成や実施計画の大幅な見直し、組織体制の変更、適材適所を目指した人材配置などをこと細かに指示していた。しかし、各現場組織固有のさまざまな事情が噴出したり、これまでの進め方に固執するような強い反発が続き、遅々として自主的な取り組みが進んでいかなかった。

新しい年度までの期日が迫ってきたため、藤堂は自らの権限で各本部に期限を設定し、半ば強引に指示した通りの方針や計画を策定させた。それが引き金となり、藤堂は社長就任後の遅れを取り戻そうとするかのように強烈なトップダウンを行使し始めた。

返す刀で、比較的各本部が抵抗しにくい部分を狙い、新中期計画で打ち出した枠組みの検討に着手した。伝統的な会計制度の見直しやタイムリーな収支管理の徹底、業務の効率化を目指した支援システムの充実、スタッフ部門の思い切った効率化、さらには、メリハリのきいた処遇体系の検討などだ。

藤堂の強いトップダウンに恐れをなしたのか、各本部からの抵抗感は一気に弱まった。藤堂はその頃合いを見計らい、関連部署のキーマンを直接社長室に呼びつけ、連日細かい指示を与えた。懸案となっていた軸となる事業領域や商材の絞り込み、既存パートナーの見直しと調達コストの削減など中期計画の本丸とも言える分野にメスを入れるためだ。

加えて、各本部長に集中するさまざまな権限を現場組織に移譲させるなどの意思決定プロセスの簡素化を急がせた。それはこれまで聖域となっていた部分だが、藤堂の念願であるスピード経営を実現するためには不可欠なことだった。

また、採算性の観点から長年社内で議論が続いていたいくつかの海外拠点の見直しに関しても、あえて自身のリーダーシップを誇示するために一歩踏み込んだ検討を進めさせている。

実際には藤堂の求めるスピード感に追いつけず、そのほとんどが着手したばかりの段階にある。だが、今後新中期計画のロードマップで予定している打ち手も含めれば、表面上、藤堂は寺井時代には考えられないペースで計画を前進させようとしていた。

他人から見れば、遅ればせながらも万事順調に進み始めたかのように見えるかもしれない。しかし、上辺はともかくとして、藤堂には経営トップとしてあの世良が言う東洋テクノロジーの根っこの部分に変化を起こせたという実感がまったくといっていいほどに感じられないでいる。

(世の中には、トップダウンで物事が前に進んでいる様を見て自らの指導力に満足したり、指示や命令への上辺だけの追従に誤魔化され、会社がじわじわと死んでいくのに気づかない経営者もいるのかもしれん)

藤堂の目には、依然として社員の誰も彼もがこれまでと同じことを、これまでと変わらないペースで続けているようにしか見えない。それが藤堂の懊悩につながっている。

なんとか根っこの部分に手を突っ込みたいと考え、気になることがあれば、藤堂はその場で各本部の幹部や課長連中を呼びつけ、さまざまな施策の検討を命じるようになった。

その都度、指示を受けた者が詳細な説明資料を持参し、検討した施策案が報告される。だが、いずれも藤堂の感じる東洋の根っこを変えるという課題の解決に至るようには見えない。

そこで、問題点を指摘し、修正を命じる。結果として、各本部からの報告や相談事項が急増し、今や藤堂の日中のスケジュールはそういった相談案件などで隙間もなくびっしりと埋まっている。

しかし、修正に修正を加えさせた施策案にゴーサインを出した後、肝心の取り組み状況を報告させてみるとがっかりすることが実に多かった。遅々として進んでいなかったり、形ばかりのものでお茶を濁されているケースがほとんどだったからだ。

藤堂は今、現場管理職の能力が求めるレベルに達していないから課題解決が思うように前に進まないのだと考え、手つかずだった社員教育、特に管理者の教育に力を入れようと考えている。

先日、総務部長が持ってきた当初の施策案には、例によってまるで手応えを感じられなかった。もうすぐ施策の修正案を持って再び総務部長が相談に来るはずだが、藤堂はすでに半ば諦めている。

もちろん中には藤堂の指示した施策の検討や実施に真剣かつ主体的に取り組んでくれる管理者もいるにはいる。しかし、社長指示だという錦の御旗をもってしても、組織間に横たわる壁を越えることはできないらしい。結局、なかなか具体的な成果につながっていないのが実態だった。

口さがない現場からは、「あれしろこれしろで現場は混乱している」だとか「社長は一体何がしたいのかわからない」、「社長の思いつきに振り回され本来の業務が停滞している」などというネガティブな声すらも漏れ聞こえてくるようになった。

いつ一気に沈みゆく泥舟と化すかもしれない東洋という船に乗りながら、誰もそれに気づいていない。そしてまた何の変化も起こせず一日が過ぎていく。この歯がゆさは、もはや藤堂にとって耐えうる限界に近づきつつあった。

深まる苦悩

藤堂は、いつの間にか無意識に稟議書をデスクの脇に追いやっていた。

(一体、どうすりゃいい！)

会議や案件相談、社内報など、機会を捉えては東洋が陥りつつある衰退への道を幾度となく語ってきた。リアルな危機を伝えていくことこそ自身なりの役割の果たし方だと考えたからだ。しかし、現状を俯瞰してみれば、それも空振りに終わっているように思えてならなかった。

そんな中、東洋の社内で唯一、その変わらない根っこを変えられるかもしれないと想像させる活動があった。世良に任せた販売戦略プロジェクトがそれだ。

もちろん、本来なら藤堂にとってそれは数少ない希望だと言っていいはずのものだ。にもかかわらず藤堂は、そんな世良の働きと自分の不本意な働きぶりを比較するにつけ、意味のない焦りを感じた。そのうえ、藤堂の器に収まろうとせず出すぎた行動が多い世良には、微かだが怒りすら沸き起こってくる。

一瞬、藤堂は手元のコーヒカップを壁に叩きつけたい衝動に駆られた。

(物に当たるのは昔からの悪い癖だ……。この頃は物だけではなく、人にも当たり散らしてしまっている……)

社長着任当初は廊下でにこやかに会釈してくれた社員たちも、最近はどこかよそよそしい。藤堂はそれが腹立たしかった。

(――俺はスピード感をもって東洋を大手に準じる規模に育て、押しも押されぬ立派な会社に成長させたいだけだ。なのになぜ!?)

藤堂は微かに違和感を感じながらも、トップとして強権を振るい続ける以外に、東洋の根っこを変えるための自分の役割の果たし方が今もって見えてこない。

新たな接点づくり

7回目のプロジェクト合同ミーティングでは、各営業担当者からの活動報告が続いていた。プロジェクトの合同ミーティングは、桐島と手嶋による自社プロダクト第1号の拡販チームと、細川と磐田による調達した新商材の拡販チームが一堂に会するミーティングである。

磐田が戻って来てくれたことは、世良にとってこれ以上ない追い風になった。会議の前、改めて謝意を伝えた世良に、磐田はこう言った。

「やっぱり、まだまだバカバカしいなんて匙を投げては駄目だと、若手社員に教えられましたよ」

ひたむきな相馬の姿勢が、磐田を勇気づけたらしい。世良は、磐田に相馬の支援を依頼してよかったと思った。

磐田がプロジェクトに参画し、ようやく活動を円滑に進められる体制が整った。とはいえ、未だ山野をはじめとする首都圏法人営業部の部員らは無関心を貫いている。

「活動状況の共有は以上ですね。では続けて、われわれが抱える課題を整理していきましょう……」

進行役の伊賀がメンバーらに声をかける。共有した情報を踏まえてのディスカッションが始まった。当初のプロジェクト会議では噛み合わなかったディスカッションも、伊賀による巧みなファシリテーションもあって、この頃は実のある議論ができるようになってきた。

メンバーが発言する内容を、書記役が付箋紙に書き出す。その付箋紙を伊賀がグループに整理しながら模造紙に貼りつけ、仮説の検証結果をまとめながら次なる仮説を導きだす。議論が盛り上がり、数名が立ち上がって模造紙の前に立ち、あれこれ意見を述べている。

世良は付箋紙を見直して議論するメンバーらを眺めながら、ここにいない人物のことを考えていた。

実は、枝野を経由して、藤堂にもこの合同ミーティングへの参加を呼び掛けていたのだ。しかし、毎回スケジュールが合わないと断られていた。

(また藤堂さんの悪い癖か。日々の活動に参加しろとは言わないが、合同ミーティングは節目として重要だ。藤堂さんが参加してくれればメンバーの士気もさらに高まるだろうし、営業本部全体への前向きな影響も期待できるのだが)

プロジェクトの活動にはどうしても手探りで突破口を探す期間が必要だ。越えがたい壁に行き当たって苦しんでいるというわけではない現状では、世良や手嶋、磐田といったプロジェクトを牽引するリーダーが積極的に活動に参画することで事足りはする。だが、この先もそれでいいというわけにはいかないだろう。プロジェクトのオーナーである社長自らが最前線に立たねば活動の継続が難しくなる局面が必ずくるはずだ……。世良は自らの経験に照らし合わせそう考えていた。

（それに、社長命令で指示しても各本部が期待通り動かないからといっていたずらに危機感を煽ればいいというものでもない）

藤堂はこの頃、さまざまな場面で東洋が現状抱える課題や将来の危機を訴えることが多くなった。これまでは強烈な自負心からか、幹部や社員との間でそういった危機感を積極的に共有しようという姿勢は感じられなかった。その状態からは一歩前進したとは思うものの、それだけではやはり現場の社員の行動を変えることは難しい。

気分を変えたくて、世良は窓外に目を移した。空は生憎のくもり模様だ。

（藤堂さん、あなたが社長室を出てこの場に参加し、自ら伊賀さんの役割を担うほどのコミットメントがなければ、社員が主体的に変わることはない。ビジョンを提示するのがトップの仕事であることは間違いないが、それではまだ足りない）

この先、販売戦略プロジェクトの活動を営業本部全体に広げ、ビジネスアライアンス部やものづくり推進室の機能を合わせて一つのビジネスモデルを構築するには……。やはり、藤堂が陣頭に立ちぶれない姿を見せていくことが大前提だ。

「そろそろ本気で腹を括ってくれ」

世良のそのつぶやきは、会議室のざわめきの中に消えていった。

飽くなき仮説検証

「世良さん、お疲れさまです」

ふと気がつくと、伊賀が目の前に立っている。

「ああ、すみませんでした。考え事をしていて――」

プロジェクトメンバーはもうあらかた退出したらしい。会議室には伊賀の他に手嶋、磐田が残っていた。

「世良さん、どうでしょう。せっかくの機会ですし、ちょっと寄って行きませんか？」

伊賀がマグカップを傾けるようにして誘う。伊賀はアルコールに弱いのだ。

「男4人でコーヒーショップに？」

「いいさ、たまにはそういうのも」

茶化す磐田を、手嶋が軽くいなして賛成する。伊賀はにこやかだ。

「少し歩いたところに静かな店を見つけました。世良さんさえよろしければ」

世良は立ち上がりながら頷いた。


4人は揃って社屋を出た。

伊賀は東洋テクノロジー本社近辺を随分と歩き回っているようだった。世良らを連れて、迷うこともなく「とらのあな」というスマトラトラのイラストをあしらった一軒の店に入った。

「ここです。この店の自慢は、インドネシア産のコピ・ルアクです。値は張りますが、その価値はありますよ」

「もしかして、ジャコウネコの糞から取れるっていうあれですか？」

「何事も経験してみることが重要です」

磐田が顔をしかめる。伊賀は真面目くさった顔で応じた。一連のやりとりを見て、世良と手嶋が笑う。店内は南洋リゾート風の落ち着いた雰囲気で、くつろいで座れるシートもある。剣呑な店名にもかかわらず居心地がよく、世良はいかにも伊賀が好みそうな店だと思った。

伊賀が4人分のコピ・ルアクを注文する。他愛ない話をしていると、コーヒーが運ばれてきた。

「さあ、どこからやっつけるか」

注がれたコーヒーをしげしげと眺めながら、手嶋が口火を切った。

「目下のところ、自社プロダクトの拡販チームは手探りでターゲットとなる見込み客の層を絞り込んでいる状況です」

伊賀が現状を整理すると、手嶋が後を引き継ぐ。

「仮説を持って順番に見込み客にあたっていく方法もいいが、もっと効率的にリーチしたい」

「新商材の拡販チームは、窓口の壁を突破したいんですよね？」

伊賀が磐田に問いかけると、間髪入れずに磐田は応じた。

「そうですね。ご存知の通り、わが社が入手する最新の技術情報などをセミナーという仕掛けで発信し、キーマンとの接点を増やそうと、目下企画を進めています」

世良は3人の話を聞きながら、以前たった一人で営業活動の流れを変えようとした時とは異なり、頼りになる仲間が着実に増えていることを実感していた。

「伊賀さん、私は藤堂さんをこの取り組みに引っ張り出したいんです」

世良が口を開いた。

「それがどんな助けになるって言うんだ？」

手嶋は冷めた表情だ。磐田も手嶋の発言に深く頷いた。

「私は世良さんに賛成です。会社ぐるみでビジネスモデルを変えようとする場合、その取り組みにトップの参画は欠かせない要素です。社が生き残るための飽くなき仮説検証を続けるためにも、その活動に多くの人たちを巻き込み、意識を変え、行動を変えていくためにも」

伊賀の言葉に、世良が傍らで小さく頷く。

「さて。両チームと世良さんが抱える課題を解決するために何をしましょうか？」

伊賀は仕切り直すように小さく手を叩いた。世良がそれを受けて話し出す。

「そうですね。磐田さんの企画しているセミナーを課題解決の糸口にしたいと思います。テーマを慎重に選ぶ必要がありますが、既存のお客様だけでなく新規のお客様のキーマンにもご参加いただけるセミナーを実施するのです」

「セミナーか……」

コーヒーに手を伸ばしながら、手嶋がポツリと言う。

「もちろん、ホスト役は藤堂さんだ。社長が最前線に立ついい機会になる。社員へのインパクトも大きい」

4人は、先ほどの会議で相馬の企画案を聞いていた。これは、世良がそれを聞きながら考えていた方策だった。

「確かに、内外へのインパクトは大きいだろう。競合がセミナーをやっているって話は聞かないし、うちの会社では社長が汗をかくってのは見たことがない。だがな……」

手嶋の言葉を磐田が引き継ぐ。

「あの藤堂さんが首を縦に振るとは思えないですね」

「いや、振ってもらうしかないさ」

世良はコピ・ルアクに口をつけて続ける。

「また一騒動あるだろうが、前に進むには必要なことだ」

「では、セミナーに社長を巻き込むところは世良さんにお願いして……。われわれは解決策の具体化と今日設定した新たな仮説の検証に取り組みましょう」

伊賀の言葉に、磐田が頷く。手嶋がため息をつきながら言った。

「まさに飽くなき仮説検証だな」

安藤の危惧

「課長、相談があるのですが……」

突然、背後から声をかけられて桐島は思わず飛び上がった。

「考え事をしているときに突然後ろから声をかけられると驚くだろ」

それが安藤ならなおさら。しかも、この表情はちょっと苦戦しそうだ。桐島は身構えた。

「課長、私は、以前世良部長の取り組みに反発を覚え、それをはっきりと態度に表しました」

どんな難題をふっかけられるのかと警戒したが、どうやら今回の取り組みに関する強談判ではなさそうだ。

「ああ、そういう時期もあったね。でも……」

桐島には喋らせず、安藤は続ける。

「私も、部長も、首都圏開発営業部、ひいては東洋をもっと良くしていきたいという思いは一致していました。でも、私たちが対立したのは、世良部長と私が思い描く首都圏開発営業部の目指すべき姿が違っていたからですよね？」

「うん、そうだった」

「私たちはようやく、今、東洋の伝統的なビジネスモデルを見直していく取り組みを始めました。でも……、私はなんだか不安を感じるんです」

「いつも強気の安藤さんが不安なんて……」

努めて明るく言った桐島だったが、安藤の様子が普段と違うことに気づき、口を閉じた。

「何か、前回の取り組みにはなかった壁があるように思えて……」

「……」

桐島は直感的に、もう下手なコメントは控えるべきだと感じた。

「東洋の社員であるからといって、必ずしも、誰もが、わが社に良くなってほしいと感じているわけではないんじゃないかって……。そんな気がするんです」

✣ ✣ ✣

○月○日　晴れのちくもり

今日はいいことがあった！

磐田部長に活動を支援してもらえることになった。

新商材説明会のときはあまりいい印象を受けなかったけど、大間違いだったみたい。

突然のことで驚いたけど、私たちの活動の支援を申し出てくれた。最高に頼もしい援軍かも。

世良部長の名前が出てたけど、裏で何かあったのかな？

磐田部長の申し出には、課長もすんなり合意してくれた。

それと、大木課長からまた勉強会に誘われた。

課長の態度には、何か違和感がある。これまでまったく存在を無視されてきたのに、今さらどうして私なんかにこんなにしつこくするんだろう。ちょっと気味が悪い。

01

ケース Case

変革に反発する層や無関心な層の人材をいち早く変革活動に巻き込みたい。

アドバイス Advice

変革の壁となる層への適切な対応

販売戦略プロジェクトの成果創出を急ぐ藤堂が、プロジェクト発足当初から首都圏法人営業部の全管理者を参画させたいと主張するシーンがあった。物語では、そんな藤堂に対し世良が次のように伝え、諌めた。「水を飲みたくない馬に水を飲ませようとしても蹴られるだけです。現時点でこの取り組みにコミットできる管理者に対象を絞り込みます」

コンサルタントである伊賀も、藤堂の拘泥するその考えは変革の推進を急ぐリーダーが陥りやすい陥穽だとも指摘した。こうした2人からの働きかけによって、東洋テクノロジーはある程度スムーズに変革のスモールスタートを切ることができたのである。

経営サイドとしては、とにかく早く成果につなげたいところだが、そのやり方が間違っていては遠回りになるだけだ。ここでもう一つ、同様に変革の推進を急ぐリーダーの足元を掬う落とし穴を紹介しよう。

それは、変革に反発する層や無関心な層への対処方法である。ビジョンに共鳴せず、コアチームの活動に反発を隠さない層や無関心を決め込む層の振る舞いを看過できないトップは実に多い。辛抱強く変革活動への参画を促すというのなら問題はないのだが、大抵は方針に従おうとしない管理者や社員らに対して北風を吹かせ、あの手この手で強引に意識や行動を変えさせようとエネルギーを注ぎ続けてしまう。

反発する層に対して感情的な発言や行動が目立つリーダーもいるが、彼らにマイナスの感情を

図表8　変革を推進するリーダーが注意すべき陥穽

	優れた変革リーダー	経験の浅いリーダー
コアチーム	●	
賛同する層	○	
無関心を装う層		○
反発する層		●

●…強い関心　○…関心

もって接しても、事態が悪化するだけでメリットは少ない。仮に圧力によって変革活動にネガティブな層を巻き込めたとしても、変革活動が停滞してしまうことこそあれ加速することは絶対にない。

では、どのように対処すればいいのだろう。伊賀は、藤堂を諌める際に次のように述べている。

「お急ぎだからこそ、社長と共に変化を生み出したいと考える方をまず巻き込むことです。取り組みに反発する人たちへの対応は後回しにしませんか？」

変革を推進するリーダーがエネルギーを注ぐべきは、反発する層や無反応な層の人たちではなく、オーナーやリーダーと共に変化を生み出そうと歩き始めた人たちである。フォロワーが少ないからといって焦る必要もなければ、ネガティブな層に対して感情的になる必要などまったくない。フォロワーと共に考え、彼らを支援し、変革を前に進めるための取り組みにこそエネルギーを注ぐべきなのだ。

反発する層や、無関心を装う層に対してはいつでも参画できるように門戸を開き、辛抱強く待つという姿勢が求められる。その姿勢が「暗いトンネル」の出口、つまり変革の加速段階で必ず活きてくるはずだ。

02

ケース Case

反発する層がサボタージュともいうべき行動をとっている。どう対処すべきだろうか？

アドバイス Advice

オーナーやリーダーがぶれない姿を示す

「暗いトンネル」を手探りで進む過程では、変革を守り育てるオーナーや活動を牽引するリーダーの存在が極めて重要となる。リーダーは常に最前線に立ってコアチームの仮説検証活動を牽引し、オーナーはコアチームに対する外圧からチームの活動を守る役割を担う。とりわけ、変革活動に反発する層からのマイナスの圧力は、時にコアチームの活動を著しく停滞させる可能性もあるので注意を要する。

物語では、営業本部の本部長である山崎や首都圏法人営業部の部長である山野が社長室を訪れた。世良をリーダーとする販売戦略プロジェクトの活動が具体的な成果を出せていない点を取り上げ、「部員が無駄なことに時間を費やし、事業計画の数値目標達成を妨げている」と、活動の足を引っ張るような発言をした。こういった反動は、実際の変革活動ではしばしば見られる事象である。

もちろん、変革に反発する層の発言に聞くべき要素があれば耳を傾け、コアチームの活動に反映するべきだ。しかし、藤堂によれば、山崎や山野は「対案も持たずに臆面もなく苦情を言い立てに来た」だけであった。だとすれば、本来、藤堂はオーナーとして自らの方針をしっかりと2人に伝え、ぶれない姿勢を示すことができたはずである。それだけではなく、反発する層の人物が具体的な行動を起こしたそのときこそ、実は彼らと腹を割って話ができるチャンスでもあった。つまり、藤堂はこの機会を捉えて、営業本部幹部による販売戦略プロジェクトの活動を妨げるような行動を控えさせる働きかけができたはずなのだ。この働きかけがなかった無念さが、その後の世良の怒りにつながっていった。

反発する層や無関心を装う層があれこれと陰で批判を繰り返す程度なら、放置しておくこともできる。すでに解説したように、無理やり活動に巻き込もうとしたり、その振る舞いを変えようとエネルギーを注ぐ必要もない。

しかし、**表立ってコアチームにマイナスの圧力をかけるような場合があれば、変革を牽引するオーナーやリーダーがその外圧に対して毅然とした態度を見せ、ぶれない姿勢を示す必要がある。オーナーやリーダーの取り組みが正しければ、その姿勢がいずれは多くの社員を変革活動に巻き込んでいく一因となるだろう。**

第 19 話

どこまでも続く暗いトンネル

19

高まる焦り

周囲からの無関心を痛いほど感じながらも、細川は、今朝も「今日の3つ」を実施した。世良がリーダーとなり販売戦略プロジェクトが起動して、3カ月が過ぎようとしている。提案量は増えたものの、細川が担当する新商材の拡販も、桐島が担当する自社商材の拡販も、未だ目立った成果を上げられていない。

もちろん、手を抜いているわけではない。伊賀の支援によって、最近は仮説検証活動自体も改善され、設定した仮説を各自が持ち帰り、実際の営業活動で検証し、振り返るというルーチンができてきた。作業も随分とスムーズになったと思う。

現在、細川チームのメンバーは、顧客ロックインモデルに従って、自らが担当する顧客との関係性を強め、新商材をキーマンに対して問題提起できる環境を整備しているところだ。

(プロジェクトは、世良部長や手嶋室長、磐田部長、そして伊賀さんら、最前線に立ち続けるリーダーが牽引しているからこそ、かろうじて続いているものの……)

メンバーらが納得できるような顧客ロックインモデルが明確化できたときには、前向きな活気がみなぎったものだった。しかし今、短期的な成果が見えない中で、細川はメンバーのモチベーションを維持し続けることが難しくなり始めているのを感じている。

（どうしたものか……）

細川の不安は、相馬や磐田が企画する「テクノロジートレンドセミナー」の開催にもあった。

（本当にお客様は来てくれるのだろうか？　以前の東洋ならいざ知らず、今の東洋が最新のテクノロジーをアピールしたところで、お客様に来ていただける保証はどこにもない）

1週間後にダイレクトメールの送付を開始し、セミナーは来月に開催する予定だ。ダイレクトメールは既存のお客様だけでなく、未開拓層の見込み客にも幅広く送付することになっている。

（数を送ればいいというものでもない……）

細川は、ぼんやりと移ろいがちな意識を「今日の3つ」ミーティングに戻した。メンバーの中には、その日の3つの取り組みの中にプロジェクトの仮説検証活動を挙げない者も出始めている。先日ついに、メンバーの一人からこのまま継続するのかといった質問まで出てきた。

（まずいな。この停滞感をどう払拭すればいい？）

みんな、周囲の無関心さに心身ともにヘトヘトになってきているのだ。目立った成果が出せないことに焦りを覚えていた間はよかった。緊張感もあって、それなりにみんな集中できていた。しかしもう、それも限界に達してきている。口には出さないが、みんな本当にこの活動を継続する価値があるのかどうか、疑い始めている。

実は、細川自身もそうだった。毎回、山野を中心とした首都圏法人営業部の営業会議に出ると、そろそろ見え始めてきた上期末の業績に関して圧力が高まりつつある。山野が部の課長らに言うのは毎回同じことだけ。誰にとは言わないが、明らかに自分に向けての言葉だろうと、細川は感じている。

「本年度の数字につながることだけをやってくれればいい。他のことがやりたければ、自己リスクでやってくれ」

東洋のミニ突然変異

「今日の3つ」ミーティングは終了し、メンバーは各々の仕事に着手していた。

メンバーの間に淀んだ空気が流れ始める中、相馬だけがテンションを下げずに活動を継続していた。磐田と連携し、セミナーの実現に向けて昼夜を分かたず動き続けているのだ。

「あまり無理をするな」と細川が何度注意しても、深夜までオフィスに居残り、作業に没頭している。細川の目には、相馬の姿が眩しくすら映った。

（東洋の突然変異といえば世良部長のことだけど、ここにもミニ突然変異がいる）

磐田や伊賀の支援によって、セミナーのプランは着実に具体化してきていた。相馬の企画によるテクノロジートレンドセミナーが期待する効果を生み出せれば、既存顧客を当たり尽くしてなお成果が出せていない状況を打開できるかもしれない。

（まったく、「暗いトンネル」とはよく言ったものね……。以前、世良部長や桐島課長が経験したという変革の暗いトンネルの中を、今、プロジェクトメンバー全員が手探りで進んでいるみたい……）

見るとはなしにメンバーらを見回すと、相馬が忙しく立ち上がった。昨夜遅くまでかかって精査していたダイレクトメールの送付先リストを小脇に挟んでいる。おそらく、プロジェクト対策室で磐田や伊賀との打ち合わせに参加するのだろう。

「めげずに頑張るなあ、さなえは……」

まったく無意識に、細川の口からそうこぼれた。

（世良部長や桐島くんがかつての取り組みで得た生の教訓に加え、この出口の見えないプロジェクトにおいても、ぶれずに、しかも熱狂的に取り組みをやめない一部のメンバーの存在がなければ……。多分、今頃全員がプロジェクトを投げ出していたはずだわ）

動かないトップ

1カ月前。世良と磐田は、テクノロジートレンドセミナーの企画案を藤堂にエスカレーションした。だが、藤堂の反応は鈍かった。

「セミナーが必要だと言うのなら、やればいいだけではないか」

「もちろん、開催させていただきたいと思います。ただ、プロジェクトとして、ぜひ社長にもご参加いただきたいと考えているのです」

世良は、無用な刺激をしないよう、言葉を選びながら話す。

「キックオフのときもそうだったが、何かにつけて俺の参加を促すな。プロジェクトには全面的な権限を移譲してあるのだから、好きにすればいいだろう」

世良は藤堂の態度にもめげず、説明を重ねていく。

一方の磐田は、藤堂の反応に失望することはもうない。こんなもんだろうと思った。ただここに至るまでに再三世良が促してきたように、社長自らが陣頭でぶれない姿勢を見せれば、きっと状況を少しずつ変えることができる。聡い藤堂に、それがわからないわけはない。その可能性があるとわかっていながら、どうして社長は動こうとしないのだろう？　磐田にはそれが疑問だった。

「なぜ藤堂さんは、自ら変革の最前線に立とうとしないのでしょうか？」

伊賀の見つけたあのコーヒーショップで、磐田はその疑問を世良にぶつけてみた。しかし、世良は答えようとはしなかった。

メンバーらは、短期的に目立った成果を上げられず周囲の冷淡さにさらされながらも、なんとか持ちこたえている状況だ。

（こんなときにこそ、プロジェクトのオーナーによる積極的な支援があれば――。どんなにやりやすいことか――）

磐田が思案していると、藤堂が突然口を開いた。藤堂はあからさまに苛立ち、世良に詰め寄った。

「俺が求めているのは結果だ。俺は、お前の言う通り随分と待った。だが、キックオフから今まで、良い知らせは何も聞いていない。頑張っていますはもうたくさんだ！」

「……」

「今度は、お前が結果を見せる番だ」

世良は沈黙を守っている。磐田も何も言い出せない。沈黙を守る世良に、藤堂が畳みかける。

「もういい、結果が出るまで報告も必要ない。セミナーにはストップをかけないでいてやるから、せいぜい成果につなげてみせろ。さもなければプロジェクトは終了だ」

特に何かを正すでもなく、世良は藤堂の暴言を一身に浴びていた。

生身の藤堂

世良と磐田が社長室を出ると、枝野が心配そうな顔を見せた。世良はジェスチャーで「大丈夫」と伝え、そのままフロアを後にした。階段を降りる道々、沈黙する世良に磐田が口を開いた。

「世良さんは、これまで態度を二転三転させてきた社長にも辛抱強く働きかけてきました。今、経営トップとして取り組みの最前線に立とうとしない社長をどう思いますか？」

「どうもこうもないさ。この東洋を適切な方向に導けるリーダーは社長の他にはいないよ」

「私には、もはや世良さんの買い被りとしか思えません」

驚くほど低く暗い声に、世良は思わず磐田を振り返った。

「結果が見えない中で、周囲からの冷淡さにさらされても、少しでも会社に貢献しようと、めげずに頑張る社員がいる。まだ、わが社は捨てたものじゃないと、私は思います」

磐田は世良の数段上で立ち止まった。世良は見上げるようにして磐田を見た。

「自らが批判を浴びてでも矢面に立って、そういう前向きな現場の社員を導き支援するのが経営者の役割ではないのでしょうか？」

磐田の質問に、世良はできるだけ本音で答えようと口を開いた。

「……そういえば私も、社長には何度も期待をして裏切られた気がするなあ」

「社長がお歴々と戦ってビジョンの合意を取りつけたときも、後が悪かった。磐田さんに新商材の調達を任せた後も、身を呈してフォローするなどといった行動がなかった」

「……」

「現に今も、販売戦略プロジェクトを私に任せて、自らは一歩引いている。約束通り最前線に引っ張り出そうとすると、先ほどのように頑なにそれを拒む」

「社長も結局、この東洋の過去のお歴々と同じ穴のムジナだったというだけでしょう？」

磐田は、嘲るように笑う。

「安全な場所で自身の保身を第一に考え、要領よく振る舞い、下の者に鞭を入れることでのみ業績を伸ばそうとしていると？」

磐田の表情は苦々しげだ。

「それでも、お歴々にはなく、藤堂さんだけが持っている資質がある。私は、藤堂さんと幾度も激論を交わしながらビジョンをつくった際に、それに気づいたんだ」

「……なんですか、それは？」

「2つある。一つには、東洋テクノロジーを大手に次ぐ規模に育てたいという強烈な野心だ。誇り高い人だから自尊心を満たしたいという側面もあるのだろうが、藤堂さんは決してそれだけじゃない。お歴々とは違う一段高い野心のように、私には思えるんだよ」

興味なさげな磐田にかまわず、世良は続ける。

「もう一つは、そうだな、磐田さんには納得がいかないかもしれないが、伝統にこだわらない合理的な判断力だ。その判断力があるからこそ、われわれがやろうとしていることにストップをかけないし、場合によっては自らの行動も変えられる。近いところでは手嶋のプレゼンで自社プロダクトへのチャレンジにゴーサインを出してくれた」

「それだって長続きはしていません」

「だが、社長には内外から強いプレッシャーがかかっている。目に見える成果だけが求められ続けるんだ。だから、すぐに成果につながる施策を重視せざるを得ない」

「それは十分承知しています。だが、目先のことにばかり力を注いできた結果が東洋の敗走を生み出しています。今となっては、社長もそれに気づいているはず」

「だからこそだ。藤堂さんが目先のことだけでなく、本気で東洋の経営課題に向き合おうと腹を括るまで……。会長がおっしゃるように、信じて待つしかないのさ」

磐田は、暗い目をしてこう付け加えた。

「そう。藤堂さんは誰よりも誇り高い。だからこそ、私には、藤堂さんが最前線に立って失敗することを誰よりも恐れているようにしか見えない。世良さんがどれだけ信じようと期待はずれに終わるのがオチだ」

テクノロジートレンドセミナー

相馬はこの日が待ち遠しかった。

ビジネスアライアンス部との共同企画で実現したセミナーの開催日だ。意外にも来場申込者は多く、予想を超える規模のものとなった。開催場所として選んだ最寄り駅前のセミナー室も、直前になってより広めのホールに変更せざるを得ないほどだった。その結果、当日のオペレーションもいくつか変更を余儀なくされたわけだが、相馬は嬉々としてそれらの作業に取り組んだ。

思い起こせば、ダイレクトメールが送付先の顧客に届く予定日、相馬は朝から緊張しっぱなしで、いつも以上に挙動不審だった。「さなえ、ちょっと落ち着いて」と、細川は何度も声をかけたものだ。

セミナーと同時に立ち上げた技術情報発信サイト「Tテクノロジー」へ最初のセミナー申し込みがあったのは、なんとその日の朝10時過ぎだった。朝一番にダイレクトメールを受け取ったキーマンが内容を確認し、ほぼ即座に申し込みをしたようだ。

その後は、あれよあれよという間に申込者が増え、その日のうちに定員の3分の2が埋まってしまった。そのとき、相馬は人生で最も有頂天になった。

産みの苦しみ

「Tテクノロジー」とは、セミナーとセットで考えた技術情報発信サイトだ。自社サイトは企画本部の広報担当が運営しているが、それとは別に新しく開設した。あくまでお客様にとって有益な技術情報を、会員になってくださったお客様に届けることを目的とする、販売戦略を実現するためのサイトである。

セミナー同様、このサイトを立ち上げる際も、マイナスの反応ばかりだった。それが相馬には残念でならなった。「営業が技術情報をタイムリーに提供するからこそ、既存のお客様との結びつきが維持できている」という反論もあれば、「他社サイトとの差別化が薄い」とする評論家的な意見もあった。

「Tテクノロジー」の開設とセミナーの開催にあたっては、ダイレクトメールとは別に取引のある顧客に宛てた案内状もつくった。

しかし、首都圏法人営業部の営業マンの多くが、案内状を担当顧客に手渡すことを拒んだようだ。中には、自社内で価値の高い情報を発信することなど不可能だから、お客様に無駄な時間を使わせたくないと、勝手に決めつける意見もあったらしい。わざわざ細川チームの目に触れるよう、第5営業担当のデスク近くのゴミ箱に案内状を捨てる者もあった。相馬もそれをしばしば目にし、抵抗感の強さを思い知った。

お客様からの申し込みペースが予想よりも早く多かったことは、打ちひしがれていた相馬らを救うには十分だった。申し込みが増えるたびに報われた気もした。相馬や磐田の仮説通り、会場に足を運び、貴重な時間を費やしても、最新の技術動向に触れることに価値を感じるキーマンは多いようだ。

「相馬さん、幸先がいいですね！」

磐田は最初の申し込みがあったとき、すぐにプロジェクトの対策室に足を運び、相馬と一緒に喜んでくれた。

ようやく見えてきた兆し

セミナー当日はよく晴れて、相馬が密かに恐れていた直前のキャンセルも全体の5％ほどに収まった。わずかながらもキャンセルが出たことを受け、「一度参加表明したお客様を逃さない」という改善ポイントが見つかった。そのため、次回開催時にはアテンドする営業担当者が事前に電話をかけ、「セミナー当日はよろしくお願いします」と参加を促す行程を加えることにした。

プロジェクトメンバーによる来場者のアテンドはスムーズに進み、お客様からもこれといったクレームはなかった。しかし、来場者が会場内のどの席に座られたのかを見失ってしまうケースが多く、その後のフォローには手間取った。これも次回への改善ポイントだ。プロジェクトが始まって以来、こういったチームで進める改善や問題解決がメンバーの得意技になっている。

第1回セミナーのテーマは、新中期計画でビジネスの柱としている環境分野に絞り、プログラムは3部構成とした。1部で最新の技術トレンドや今後のキーワードを解説し、2部、3部は1部の話をより掘り下げて具体的な事例をお伝えする。司会進行は細川が担当することとなった。1部終了後には、15分の休憩を挟むことにしている。このセミナーのあらゆる演出は、この15分間の顧客接点を最良のものにするために設計されたものだ。

第1部では、ビジネスアライアンス部長の磐田が、海外のパートナー探しで収集した生の情報を整理して紹介した。社外での講演がはじめてとは思えないスマートな話ぶりだった。相馬は感心して聞いていたが、参加者の中にはつまらなさそうな表情を浮かべる者もいた。これは、セミナーのターゲットをキーマンに絞ったことから、経営目線を持った上位役職層には刺さるが、より深く技術的な解説を求めている実務担当者クラスには響かない内容になっていることが原因だ。……というより、伊賀のアドバイスで意図的にそうしたのだった。

不安が顔に出ていた相馬に、伊賀が耳打ちする。

「ああいう人は大抵、こちらがダイレクトメールを送付したキーマンに命じられ代理で参加している人たちでしょう。社に戻って上司に内容を説明してもらえれば、次回はきっとキーマン自身の参加率が上がるはずですよ」

第1部が終わり、休憩となった。プロジェクトメンバーはこの隙間時間に来場されたキーマン全員にアプローチし、セミナーへの来意をお聞きしつつ、初回訪問のお約束をいただく手はずとなっている。この時間で接触できなければ、セミナー終了後のアプローチとなる。しかし、実際はセミナー開始前からお客様にアプローチする者もあった。それを見て相馬は、次からはメンバーみんなが早めに動いたほうがいいだろうと気がついた。

続く第2部では、ものづくり推進室長の手嶋が、自社開発のプロダクトを例に、客観的な観点から最新技術の応用事例を紹介した。手嶋の話ぶりは飾り気のない淡々としたものではあったが、ものづくりの現場をリードする立場なだけあって、お客様の共感をうまく勝ち得たようだった。

第3部では、再び磐田が登場し、調達した新商材を、最新技術の具体例として解説した。これは売り込みのためではなく、あくまでもひとつの事例として紹介するに留めた。磐田の話が終わり、細川がマイクを受け取る。セミナーの内容を簡単に総括し、参加者らに投げかけた。

「これまで私どもが一方的にご説明してまいりましたが、セミナー全体を通じ、皆様方から何かご質問はございますか?」

この声に、複数の挙手があった。拙いセミナーでも、前向きに聞いてくださった方が多かったらしい。これにはメンバー一同驚き、喜んだ。活発な質疑応答の後、セミナーは閉会した。その後も、会場には数名のお客様が残られて、各々営業担当者やプレゼンテーターである手嶋、磐田を捕まえての会話が続いた。

いよいよ最後の一人が会場を後にした。メンバーが集まり、撤収にかかる。このとき、伊賀がにこやかに言った。

「さて、皆さん、お疲れさまでした。手応えあるセミナーでしたが、この後の振り返りが重要です。次につながる改善を進めましょう」

相馬を含め、メンバーらはすでにセミナーの最中から各々気づいた点を付箋紙に書き留めてある。このあと、別室に移動し、その改善点を取りまとめ振り返りのディスカッションを実施するのだ。

みんなが慌ただしく動き回る中、相馬はふと疑問を感じ立ち止まった。セミナーに夢中ですっかり忘れていたが、必ず参加してくれると信じていた藤堂社長が、最後までこの場に姿を現さなかったのだった。

フォローアップ

セミナーの成功でプロジェクトメンバーはにわかに活気づいた。首都圏開発営業部の桐島チームは、新たに接点を得た新規の顧客に向けたアプローチを再開した。同様に、既存顧客のキーマンとのリレーションを獲得した首都圏法人営業部の細川チームも、その接点をさらに発展させるべく動き始めた。

セミナーの企画といえば、プログラムの内容に最もエネルギーをかけるものなのかもしれない。だが、販売戦略プロジェクトでは少し違っていた。検討に最も時間をかけたのは、セミナー後のフォローアップをどう進めていくかという部分であった。

この点についても、相馬と磐田は、コンサルタントの伊賀のアドバイスを入れて、フォローアップのプロセスを綿密に設計した。新規の顧客であれば、以前、世良や桐島が首都圏開発営業部で改善し尽くした新規顧客開拓プロセスがベースとして使える。桐島チームは早速、セミナーでホットになっていただいた顧客を迅速にフォローし、顧客が抱える悩みややりたいことのヒアリングを開始した。

一方細川チームは、活動の指針となる東洋のロックインモデルはあるものの、桐島チームのように標準的な営業の流れが詳細化できていなかった。そこで、こちらも首都圏開発営業部の営業プロセスをベースに、セミナーでのリテンションを梃子にして、既存顧客のフォローを進め関係性を改善するプロセスを明確化した。

実戦を重ねることでセミナー自体の改善が進むように、双方の営業プロセスは仮説検証によって自ずと磨かれていくだろう。それをうまくやっていけるだけの組織能力や風土を、プロジェクトメンバーらはすでに獲得していた。いずれ、新規顧客開拓の標準的な営業プロセスと、細川らが検証する既存顧客のロックインを進めるためのプロセスは、東洋テクノロジーの営業力を支える基盤となるに違いない。

(彼らのつくり上げる〝売る〟機能が、戦略的に新商材を調達する〝仕入れる〟機能や自社プロダクトを〝つくる〟機能と緊密に連動し、東洋が将来に渡り市場で生き残っていくビジネスモデルのエンジンとなっていく)

停滞しつつあった販売戦略プロジェクトの活動が再び力強く前進し始めた。

未来勉強会

「じゃあ、次回は2週間後に」

大木は勉強会の終わりを告げた。その声に、メンバーは三々五々会議室を出ていく。

今日の議題は「東洋テクノロジーが今後、市場でシェアを高めていくために何をするべきか」というものだった。

勉強会が終了しても、熱心な若手社員らは会議室に居残り、議論を続けている。どうやら、以前、例の販売戦略プロジェクトが実施した「テクノロジートレンドセミナー」に関する雑談のようだ。

ノートなどをまとめる大木に、流行りのメガネをかけた若手社員が声をかけた。彼は論客気取りでいけ好かないやつだと、大木は思っている。

「大木課長は、あのイベントをどう思いますか？　外部から専門家も呼ばずに、素人の部長連中がプレゼンテーションしたと聞きましたが。まったく恥ずかしい限りです」

「誰か当日、会場まで行った人はいるのかい？」

「行かなくても、案内状を見ればわかりますよ。大したことは書いていない」

（おいおい、実際に見ていないのに、わかるわけないだろ？）

大木は内心そう思ったが、波風を立てるのも面倒だ。

「参加したわけじゃないから、なかなか感想も言いづらいよね」

「結局、プロジェクトメンバーだけでセミナーを開催し、運営も手掛けたそうで、藤堂社長も参加していないようです。明らかに失敗ですよ」

社内情報通で鳴らす一人が、バカにしたような口調で言った。

「へえ、確か販売戦略プロジェクトは、社長肝いりのタスクフォースだよね。なぜ社長は参加しなかったんだろう？」

「はい。あの経営企画部の突然変異部長が社長の参加を説得したものの、逆にそろそろ成果を見せろと追い返されたらしいと聞きました。販売戦略プロジェクトはまずい立場に追い込まれているようですね」

「そうなの？　第5営業担当の相馬さん、頑張っているのになあ」

さほど残念そうでもない大木に、情報通が急にヒソヒソと声を潜めて言う。

「ここだけの話。さっき仕入れたホットニュースなんですが、どうやら、例によってビジネスアライアンス部がまた失策をやらかしたらしいんですよ」

「へえ、今度はどんな失敗をしたんだい？」

「正確にはわかりかねますが、今朝、再び藤堂社長の逆鱗に触れたらしいですね。聞いた話では、ついにあの部長、なんて言いましたっけ？　事の大きさから会社を辞めるんじゃないかって話でした」

「販売戦略プロジェクトも、鳴り物入りでスタートしたわりには、すでに空中分解といったところですか」

「それは驚いたなあ。何が起っているのかわかったら教えてくれるかい」

そもそも大木は、自社セミナーなどにまったく興味は湧かなかった。ただ、販売戦略プロジェクトの失敗はいい気味だ。

(だから、俺をプロジェクトメンバーに入れるべきだったんだ)

大木は、大手のメーカー系列でキャリアを積んで東洋にやってきた。今や、東洋でも一番の大口顧客を任されている。そんな大木に興味を持った若手も、いつしか大勢集まってくるようになった。このことに、彼はどこか誇らしさを感じていた。それなのにだ――。販売戦略プロジェクトのメンバーに選ばれなかった。その扱いは、大木にとって不当以外の何ものでもなかった。

(何かもっと、自分の実力に見合ったプレゼンスを示せる機会はないものか)

そう考えていた矢先だ。周囲に促されて、勉強会を開催することになった。その最初の勉強会で、東洋が抱える課題とその解決策を大木が話したところ、「感動しました!」と声をかけてくれる若手や中堅社員が何人もいた。これには大木も驚いた。大木は、己の自負心や自己顕示欲が満たされていくのを強く感じた。

それ以来、大木は勉強会にエネルギーを注ぎ始めた。着々と参加者の裾野を拡大しつつ、勉強会は今回で5回目を数えた。名称もいつのまにか「未来勉強会」となって、首都圏法人営業部のみならず、将来の東洋テクノロジーのあり方を議論する場として周囲で認められつつある。東洋の管理者でただ一人、明確なビジョンを持った経験豊富な実力派リーダーと評価され、大木の影響力は急速に高まっていた。

「東洋の将来を語らせたら、大木課長の右に出る者はいない」

周囲からそう口に出して評価されると、大木はますます悪い気がしなかった。

大きな成果

「細川課長、クレシマテクノロジーズ様からお電話です」

デスクで考え事をしていると、細川に電話が入った。細川は相馬と顔を見合わせ、にわかに緊張した。同社はセミナーを通じリテンションを図った後、フォローアップのプロセスに沿って関係性の強化を進めてきた企業だ。細川らは一昨日、同社のキーマンに向けて新商材の提案をしてきたばかりだった。

「お待たせしました。細川です」

細川がデスクに戻り、電話を受ける。その様子を傍らで見つめながら、相馬はハラハラした。

短い受け答えの後、相馬に見えるように細川が小さくガッツポーズをした。

「はい、わかりました。それだけの量で納期短縮がどこまで可能かお調べし、ご連絡差し上げます」

細川はそう伝え、数秒待ってから電話を切った。

「みんな、プロジェクト初の大型受注ゲットだ！」

第5営業担当のメンバーみんなが、一斉に細川のデスクに集まった。メンバー一同から大きな歓声が起こった。メンバーの一人が興奮気味に言う。

「同社からの受注額は一昨年度から明らかな減少傾向にありましたが、一気に挽回ですね！」

プロジェクト発足から4カ月以上。その間、前向きな兆しや、セミナーでの小さな成功はあった。しかし、数字面で目立った成果を出せてこなかった。同社からの連絡は、そんな中でもたらされた。この大型受注で、周囲からの無言の圧力をはねかえすことができそうだ。相馬をはじめメンバーの興奮は一気に爆発した。

「取り組んできたことに間違いはなかった」

別のメンバーが、ポツリとつぶやいた。成果が生まれない日々に、みんな苦しんでいたのだ。部内での細川の立場もより一層厳しさを増していただけに、相馬は人一倍その点が嬉しかった。

「早速、世良部長と磐田部長にお知らせしてきます」

相馬は電話よりも直接この大きな成果を伝えることを選び、経営企画部へ向かった。そのとき、階段を勢いよく駆け上がる相馬の脳裏には、長かった暗いトンネルをいよいよ突破できそうだという高揚感だけが駆け巡っていた。

経営企画部のフロアに到着するまでは……。

制御不能

山野は、日に日にコントロールが難しくなる首都圏法人営業部を、信じられない思いで見ていた。首都圏法人営業部は、東洋を支える大口顧客を一手に掌握しベースロードのほとんどを稼ぎ出す、いわば機械・半導体商社機能そのものである。それゆえ、明文化された社内規定があるわけではないが、ある種の治外法権を獲得していた。

実際、これまで、その強い立場を武器としてソリューション本部などからの施策実施依頼や協力要請を鼻であしらってきた。その組織の頂点に君臨する山野を、あるいは山野が指示したことを、ないがしろにする者など東洋の社内にはいなかったはずだ。

（だが、どうだ。定例の管理者会議を開いても、集まるのはごく一部だけ。後は業務多忙を理由に出席しない）

前営業本部長の長門が長い時間をかけて築いてきた強固なヒエラルキーが今、事実上瓦解しようとしていた。

その象徴ともいえるのが、例の新興宗教のような未来勉強会の登場だ。第1営業担当の課長である大木が、若手や中堅社員を集め、首都圏法人営業部のあり方や東洋テクノロジーの将来像に関して議論を重ねているらしい。しかも、これ見よがしに昼間から会議室を押さえ、堂々と勉強会を開いている。

管理者会議では、口を酸っぱくして数字につながることに集中するよう指示しているが、今や管理者会議の席上でも、山野の出す指示をメモする者などいなくなっていた。

それもこれも、やはりあの突然変異が引き金を引いたのだ。今のところ、販売戦略プロジェクトに迎合する動きを見せる部員はいない。だが、それも時間の問題だろう。まだ大きな成果が出ていないので、彼らの取り組みを表立って称賛するものはいないが、勝ち馬にうまく乗るのが東洋の組織で生き残る秘訣だ。

世良はかつて自分を放逐した藤堂を逆に抱き込み、驚いたことに菊池専務までをも味方にして、あっという間にものづくり推進室を立ち上げた。そして、今度は人の縄張りに土足で入ってきて販売戦略プロジェクトなどとほざいている。最近では東洋においては前例のない顧客セミナーなども開催していた。配下の管理者に「無駄なことに時間を割くな」と暗に協力を拒むよう圧力をかけたにもかかわらず、セミナーは盛況だったと聞く。

なぜあの世良だけが追い風を受け続けるのだ。

突然変異に未来勉強会、そして制御不可能になりつつある管理者や部員たち。

何事もないように、上っ面では威厳を保ちながらも、山野は内心穏やかではいられなかった。

(この俺が追い詰められているだと？　このままでは終われない)

✣
✣
✣

○月○日　晴れてるけど、土砂降り

今日は会社で号泣してしまって、疲れた。
私、どうして、販売戦略プロジェクトにあんなに熱中していたんだっけ？
なんだか裏切られた気分。モヤモヤもイライラも抑えられない。
最近はあんまり考えてなかったけど、もう本当に辞めたくなってきた。
転職サイトに登録しようかなぁ……
とりあえず明日は会社を休もう。見たかった映画にでも行くか。

01

ケース Case

変革を推進する際は、専門のコンサルタントに任せたいと考えている。

アドバイス Advice

「代理戦争」を避け、適切な任せ方を考える

企業ぐるみの変革を進める際には、専門のコンサルタントなど外部の力をうまく活用することをお勧めしたい。特に、これまでに変革活動の経験があまり蓄積されておらず、活かせる教訓も少ないといった場合は外部の力を積極的に利用することが求められる。

外部のリソースを活用するタイミングは、プロジェクトなどの立ち上げ時期が特に効果的だ。風土に問題を抱える企業では、社員同士がなかなか本音で話しにくい雰囲気があって、スタートに手間取るケースも多い。また、プロジェクトの事務局に対し過度に反発するなど、斜に構えた姿勢が見られてなかなか取り組みを受け入れてくれないといった悩みもよ

くお聞きする。そんな場合でも、案外、社員らは外部のコンサルタントには心を開いてくれることが多い。本音で話をし、コンサルタントの指摘に真摯に耳を傾けてくれる社員も多く、プロジェクトのスムーズな立ち上げが期待できる。

一方で、避けるべき外部リソースの使い方も存在する。それが、ご紹介する「代理戦争」ともいうべきアプローチである。一言でいえば、企業ぐるみの変革という自社の重要な営みを外部のコンサルタントに丸投げしてしまうことだ。

「代理戦争」の場合、経営陣やオーナーはコンサルタントと顔合わせがすめば、後は任せたとばかりに進捗報告のとき以外、変革プロジェクトの活動には一切関わろうとしない。

図表9　「代理戦争」のイメージ

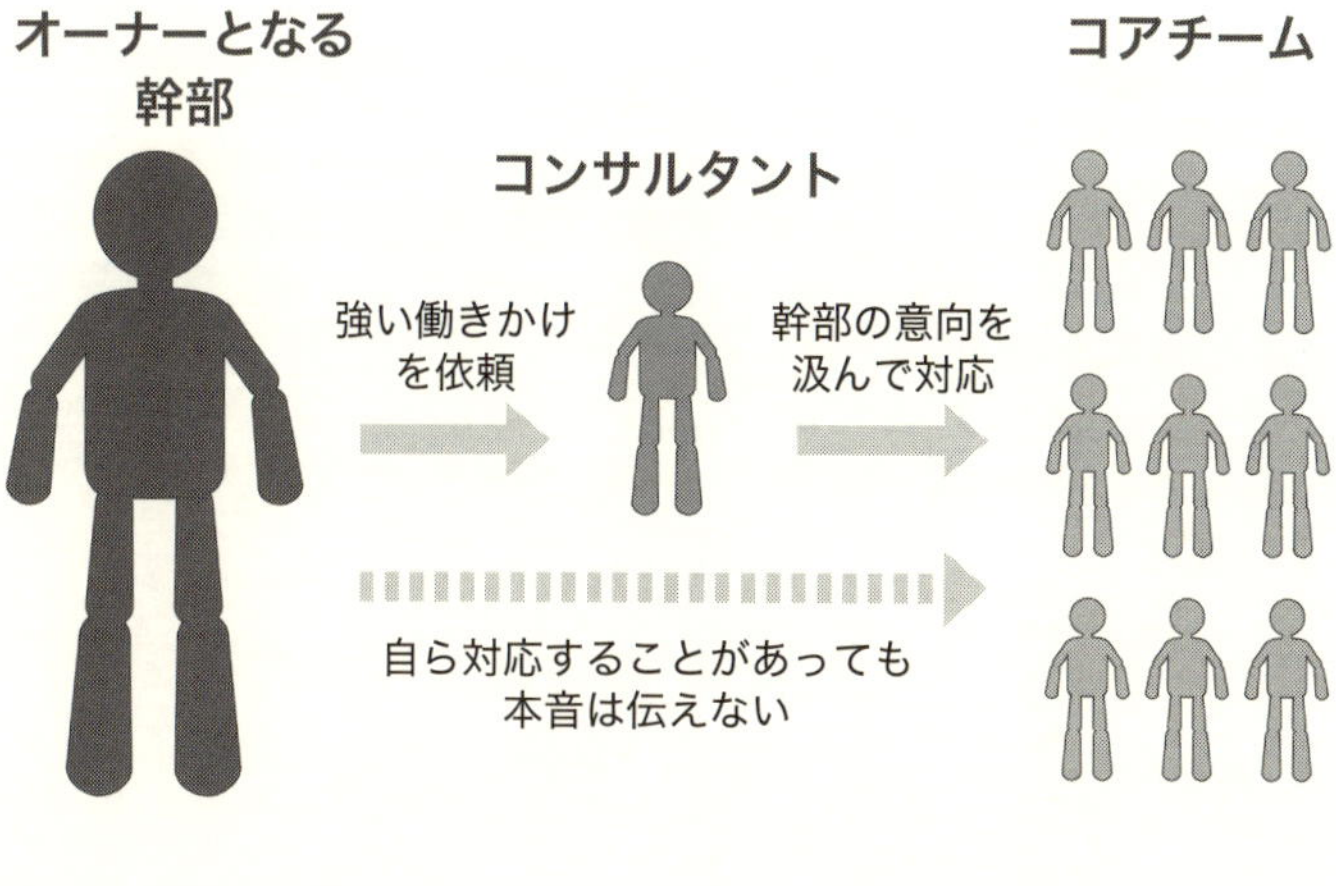

本来ならば、幹部が自ら現場の管理者やリーダー、メンバーに変化を促すべきなのに、実際に彼らと向き合うのは常に外部のコンサルタントというわけだ。幹部はコンサルタントのお手並み拝見といった風情で遠巻きに眺めているだけ、という極端なケースも存在する。そうした幹部らは自ら厳しい言葉をメンバーに投げかけるのを避け、盛んにコンサルタントを通じてそういった本音のメッセージを伝えようとするのが特徴だ。まさに傭兵部隊を使った「代理戦争」である。残念ながら、そんなことはすぐに社員に見透かされるものだ。

事業のハード面だけを改善する取り組みであれば、外部の専門家だけでプロジェクトを牽引し仮説検証を進めていくことは可能である。だが、肝心の事業のソフト面の変革や活動の定着・自走化といった部分は、外部のコンサルタントだけではなかなか及ばない領域が存在するものである。

変革を推進するオーナーである幹部やリーダーがぶれずにプロジェクトを牽引し、変革を推進する際のテクニカルな部分を外部のコンサルタントが補う。あるいはリーダーやフォロワーが壁に直面したり、悩みを抱えた際のアドバイザーとして外部の専門家を活用するといった進め方が最も望ましいと言えるだろう。

ケース Case 02

暗いトンネルの中でも、着実に前進していることを示す目安はあるか？

アドバイス Advice

「このまま進めていけば、必ず成果を出せる」という手応えが一つの目安

販売戦略プロジェクトにおける細川チームの仮説検証活動を思い出していただきたい。プロジェクトが起動され、細川らがまず取り組んだのはそれまでの営業活動の振り返りだった。当初のミーティングで、細川は相馬以外のメンバーのテンションの低さに落胆した。しかし、伊賀の支援によって付箋紙を活用したディスカッション手法を取り入れ、チームで進める問題解決の有用性に気づいた。小さいが、これが細川チームの最初の成功体験だ。

その後、既存大口顧客に向けてより効果的に新商材を提案するためのアプローチを検討し、実践による仮説検証を重ねた。しかし、これはなかなか成果につながらない。その原因を掘り下げる振り返りセッションにおいて、これも伊賀の一言から、提案がスムーズに進む顧客との関係性に着目することになった。議論を経て、その後重視される「東洋のロッ

クインモデル」を明確化することができた。これが次なるブレイクスルーと言える。

ロックインモデルをベースに顧客との関係性を改善する活動を続けていくと、新たな「壁」を発見した。活動を停滞させる原因の一つとして「窓口担当の壁」が浮かびあがったのだ。チームのメンバーらはこの「壁」を突破するために知恵を絞った。そして相馬が持ち帰った顧客の声をヒントに、「セミナーにキーマンを招き、直接接点を持つアプローチが効果的ではないか」という仮説を導き出した。このとき、伊賀はアイデア具体化の議論を支援したに過ぎない。実際にセミナーを開催したところ、期待以上にキーマンとのコンタクトが取れることが検証できた。これは停滞していた活動を一気に活性化させる大きな一歩となった。

その後、標準プロセスの実践により遂にセミナー来場顧客の中から新商材の大型受注を獲得することができた。その際、メンバーの一人が「取り組んできたことに間違いはなかった」とつぶやくシーンがある。それは細川はじめ、チームメンバー全員の実感ではなかったかと思う。この後も細川チームは仮説検証活動を続け、セミナーのフォローアップをより効果的に進めるために世良や藤堂、そして山野さえも驚かせる新たな仕組みを実現するなど、得難い成功体験を積み重ねていくことになる。

このように、まず成果創出を阻む要因を踏まえて「壁」を設定し、突破するための方法を検討する。そして愚直な仮説検証活動を通じ、実際に「壁」を突破していく。**当初は経験者の支援が必要だが、こうした成功体験を重ねていくと、メンバーの主体性は自ずと強化されていくものだ。しかも、取り組みが進むと完成度の高い標準プロセス（仕組み）も実現できる。その頃になれば、リーダーやメンバーらはお互い申し合わせずとも「このまま続けていけば、必ず成果につながる」といった揺るぎない確信を持つに至る。**

周囲の反発する層や無関心を装う層も、メンバーの著しい成長を否応なく感じるだろう。そうやって取り組みが加速していることが周囲にも明らかとなっていく。これがまさに暗いトンネルの出口が見えてきた瞬間である。

逆風の中にあっても、変革推進タスクフォースを牽引するオーナーやリーダーが適切なリーダーシップを発揮し続けることで、この「暗いトンネル」を乗り越える。このことが企業ぐるみの変革における大きな山場であると言えよう。

第20話

突然のアクシデント

20

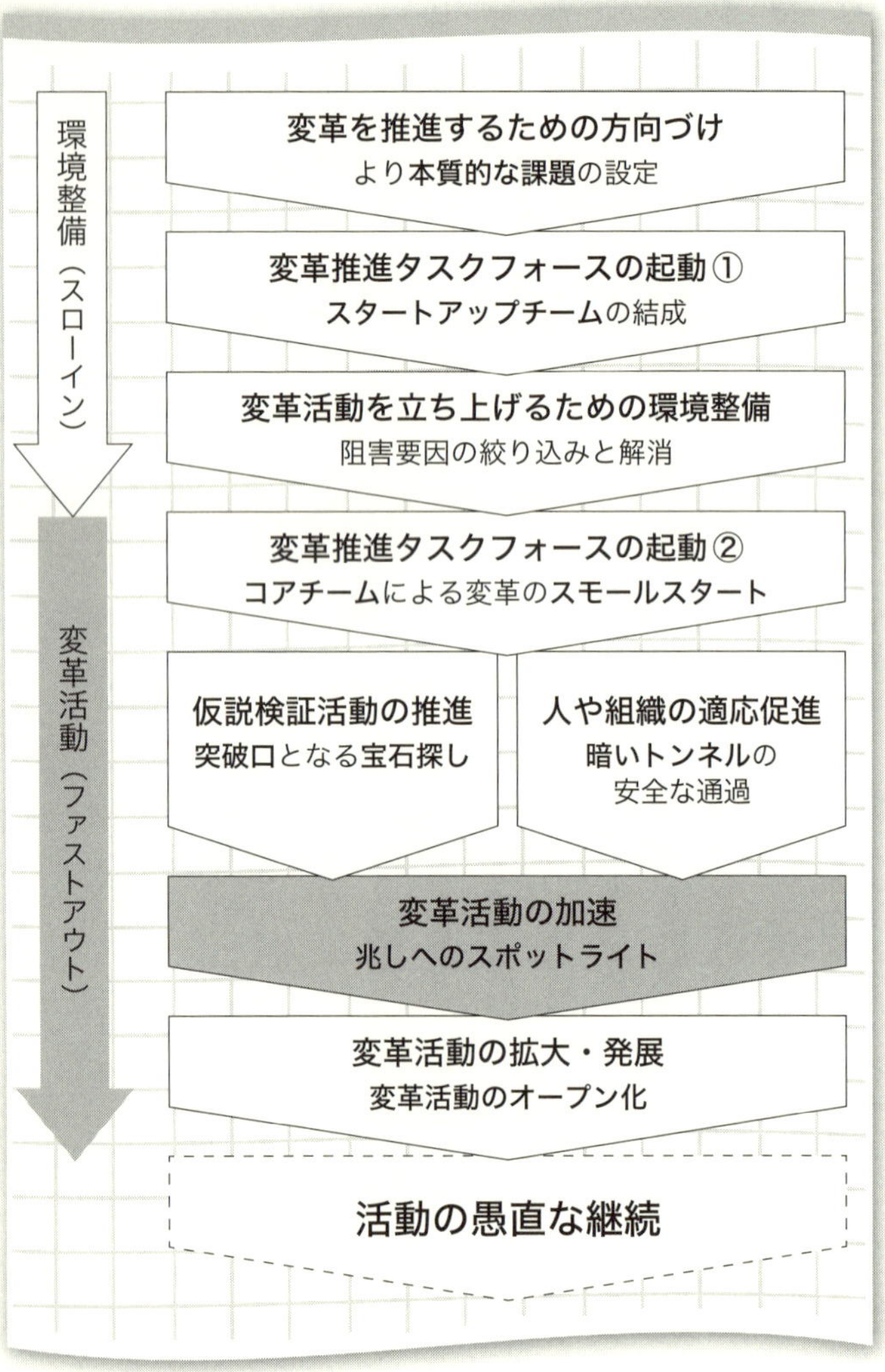
環境整備（スローイン）
変革活動（ファストアウト）
変革を推進するための方向づけ
より本質的な課題の設定
変革推進タスクフォースの起動①
スタートアップチームの結成
変革活動を立ち上げるための環境整備
阻害要因の絞り込みと解消
変革推進タスクフォースの起動②
コアチームによる変革のスモールスタート
仮説検証活動の推進
突破口となる宝石探し
人や組織の適応促進
暗いトンネルの
安全な通過
変革活動の加速
兆しへのスポットライト
変革活動の拡大・発展
変革活動のオープン化
活動の愚直な継続

晴天の霹靂

世良は耳を疑った。それほどまでに、今聞かされたことがあまりにも荒唐無稽に聞こえたからだ。

その朝、世良は、プロジェクト対策室にいた。フォローアップの中で見えてきた提案機会をどう受注に結びつけていくかを、伊賀と共に詰めているところだった。その対策室に、ビジネスアライアンス部の若手社員が駆け込んできた。彼は同部の新設とともに異動していったが、もともとは世良が経営企画部に着任した当初の部下で、新谷といった。

なぜか、藤堂の掲げる東洋テクノロジーの中期ビジョンを新谷と一緒に議論したことが、脈絡もなく脳裏を掠めた。異動するとき、新谷の表情は希望に輝いていた。それが、今は見る影もない。

「なんだって？」

「世良部長、すぐに社長室へお願いします。私は現地との電話会議の調整がありますので、急ぎ戻ります！」

新谷はそう言い置くや、世良の問いかけに返事もせず踵を返した。事態が緊迫していることがひしひしと伝わってくる。

「とにかく、彼の言うことに従いましょう。伊賀さん、ぜひ同席してください。あなたがいたほうがいいと思う」

「わかりました。社長室に急ぎましょう」

「軽量液晶モニターの調達契約期間はまだ残っているはずだ。なのに、このタイミングで契約を白紙になどあり得ない……」

それは、まさしく晴天の霹靂だった。

磐田の焦燥

社長室に着くと、藤堂は不在だった。磐田一人が放心したようにソファに腰を下ろしている。

「世良さん……申し訳ありません……」

「一体、何があったんだ？　磐田さん、詳しく状況を教えてくれないか」

世良の問いかけに、磐田は訥々と経緯を語り始めた。磐田は今朝、出社するや否や突然藤堂に呼び出され、1枚の印刷物を手渡された。それはメールの文面をプリントしたものだった。メールは藤堂社長宛に送付されていて、磐田のメールアドレスには届いていなかった。

送信元は、磐田が交渉し、有利な契約を取り付けた海外ベンチャーのCEOだ。まさに今、エネルギーを傾注し拡販を進めている新商材、軽量液晶モニターの調達先にほかならない。

その内容は衝撃的なものだった。先方は、東洋テクノロジーをアジアでの最重要パートナーとして位置づけ、これまで一歩踏み込んだ卸価格の設定やセールス、技術面での支援をしてきた。しかしながら、契約から3四半期を目前にしても、期待するようなビッグビジネスを創出できていない状況にある。ついては契約更改交渉を進める前のタイミングではあるが東洋との契約を白紙に戻したい。こういう旨が事務的な文章で書かれていた。

東洋側が仕入価格を大幅に譲歩するのであれば、継続的な支援も検討の余地はある、とも書かれている。しかし、提示された数値は、調達コストとして到底割に合うものではない。

「なぜ、信用してくれないんだ……」

磐田は絶句した。藤堂は、磐田の反応を顧みずそのまま社長室を出たらしい。

残された磐田は、即座に部下に状況を伝え、CEOとの電話会議をセットするように指示した。しかし、時差の都合上、電話会議開催を交渉できるのがやっと2時間後だった。

それでも、いつ藤堂が戻ってきても即座に対応できるよう、磐田は社長室に居残っていた。

今、枝野が藤堂の所在を確認して回っているらしい。

確かに、今回の契約は、世良から見てもかなり有利な調達条件となっていた。そのことから考えて、先方はよほど、東洋の顧客基盤や営業力に期待をしていたことがうかがえる。その契約内容を聞かされて、世良は素直に磐田らの交渉時の手腕を評価したものだった。

今にして思えば、周囲からの期待の大きさから功を焦った磐田らが、ハードな契約交渉の過程で、自社のポテンシャルを過大に伝えていた可能性は極めて高い。おそらく、藤堂社長の威を借りれば、簡単に営業本部との社内調整を済ませることができるだろうと甘く考えて、契約書には書けない口約束などもあったのかもしれない。

(自分一人で耐えるには荷が重いこと……。私に相談したかったというのはこのことだったのか。磐田さん、すまない)

世良は、即座に提案中の顧客への対応を考えた。首都圏法人営業部によるマイナスのリアクションも大きいはずだ。更に、企画本部のみならず藤堂の信用が失墜することで、新中期計画の実現自体が頓挫を余儀なくされる可能性についても思い至った。

「今すぐ藤堂さんと話さねば――」

世良は藤堂の行き先に一つだけ心当たりがあった。声をかけられないほど落胆した磐田を伊賀に任せ、世良は社長室を飛び出した。

痺れる一言

世良が、ノックの返事も待たずに会長の執務室に入ったとき、寺井と向かい合って座る藤堂と目があった。藤堂は言葉もなく、目で「そこに座れ」と合図した。寺井は腕組みをして沈黙を守っている。世良は藤堂の横に腰掛けた。

寺井は厳しい表情で言う。

「藤堂社長。私の知る限り、こういったケースはこれまでにはありませんでした」

「私も、このような一方的な通知を受け取ったのははじめてです」

意外にも藤堂の声は落ち着いていた。

「だとすると、やはり契約の交渉過程で当社側が無理をしたのかもしれませんね」

「本件を公表すれば、すでに契約をいただいたお客様に多大なるご迷惑をおかけすることになりますし、わが社のブランドイメージに大きく傷がつくことは避けられません。わが社が被る損害を考えると、これは経営者として万死に値する失態です。

この後、同社との直接的な交渉や、場合によっては訴訟などを進めなければなりません。その中でおそらく、私が現時点で知り得ないような、契約書に明記されていない交渉過程での約束事が出てくる可能性があると思います。まず、状況を挽回することは難しいでしょう」

寺井も藤堂に同感のようで、黙ったまま頷いた。

「すべて私の責任です。本日、無様にも会長にご相談にあがったのは他でもありません。私自身が内外の事態の収拾を進めた後、再び会長に……」

世良は驚き、バッと藤堂の顔を見た。藤堂は言葉を継ごうとしたが、寺井の反応がわずかに早かった。まるで現役の頃のような鋭い眼光で寺井は言い切った。

「それはお引き受けできません。菊池さんにも無理だ。藤堂社長、私が見込んだあなたが、これからも東洋を引っ張っていくんだ」

「……この後に及んで、私にそうおっしゃってくださるのは感謝に耐えません。しかし、社内外の信頼を失墜した今、私には、この東洋をまとめ成長軌道に乗せるなど難しい。私ならそれができるはずだという思い込みに取り憑かれていたようです。ようやく、私は経営者として足りないところだらけなのだと悟ることができました」

（ああ、これが悩み抜いた藤堂さんの本音なんだな）

世良は胸が苦しくて、言葉が出ない。

寺井はしばし藤堂の言葉を受け止め、そうして藤堂の上司であった頃のように語りかけた。

「ならば、成長しなさい。藤堂さん、社長のあなたが変わらなければ、社員も変わらない。そして、東洋テクノロジーもまた同じです」

藤堂が目を上げる。寺井はそのまま目線を世良に移し、厳しい声音で言う。

「世良、お前、こんなところで何をしている！　社長のことは心配無用だ。さっさと戻って事態を収束し、社長をお助けしろ。お前の役目を果たすんだ」

痺れる一言だった。世良は、終生、寺井のその言葉を忘れないだろうと感じた。そして弾かれるように会長室を飛び出した。

山が動くとき

世良はすぐさまプロジェクトメンバーを集め、すべてを打ち明けた。ある者は意気消沈し、ある者は裏切られたと怒りの視線をよこした。

「だが、プロジェクトの活動は、決してやめない」

世良は、そう断言した。そのときふと、かつて首都圏開発営業部で幹部からの無体な圧力を受けたとき、メンバーに向かって「自分がこの場にいる限り、絶対に取り組みをやめない」と宣言したことを思い返した。

だが、世良の話に相馬の怒りはことのほか大きかった。

「細川課長と私たちは、世良部長や磐田部長を信じてここまでついてきたのです！　そうしてようやく、セミナーで接点を持ったお客様から大型の契約を取れそうなところまできました。それなのに……！」

最後まで言い切れず、相馬はわんわんと泣き出してしまった。桐島チームの安藤も静かな怒りを吐露した。

「部長はまた、私たちの信頼を裏切るのですか」

「すまない。細川さんたちが獲得してくれた大型案件を材料に契約を継続できないか、これから交渉を進める。難しいとは思うが、お客様に今しばらく猶予をいただけないかおうかがいしてほしい」


後ろ髪を引かれる思いで踵を返し、世良は電話会議の会場となる会議室に向かった。電話会議は調整が難航し、深夜からの開始となった。

会議の冒頭、先方のCEOから東洋サイドを待たせたことへの非礼を詫びる一言があったものの、対応そのものは木で鼻を括るようなものだった。

磐田は、社内に重点販売タスクフォースを立ち上げ、近々一定のフォーキャストを提示できること、さらにはここ一両日中にかなり大型の商談をまとめられるのだと食い下がった。しかし、その後はお互いの議論も並行線のまま、数時間に渡りタフな交渉が続けられた。

一歩も引かないCEOの態度から、世良はすでに東洋以外の契約先が決定しているのではないかという印象を持った。世良らの側面支援もあって磐田も粘りに粘ったが、CEOが一度下した意思決定を覆すことはなかった。また、喧々諤々の交渉では、藤堂や世良には知らされなかったさまざまな口約束も明らかになっていった。その結果、それ以上の交渉を断念せざるを得ない事態に陥ってしまった。

会議中、磐田は奇妙な違和感を覚えていた。社外秘のデータを交渉相手に握られているのではないかという疑いが拭えなかったからだ。こちらが強気に出てもさらりとかわされ、こちらが触れられたくない部分を巧みに追求してくる。終始、まるで手の内を覗かれているような感覚を味わった。

相手の交渉力が一枚上手だと言えばそれまでだが、突然の契約破棄という事実がじりじりと肯定されていくのを抑えられなかった。ついにCEOの口から、これ以上交渉を長引かせるつもりなら訴訟も辞さないとの一言が出るに及び、磐田も交渉を断念せざるを得ない状況となった。

この深夜のタフな交渉は、磐田にとって、これ以上ないほどの敗北に終わった。責任を取るしかない——。磐田は、ある意味スッキリした気持ちを感じていた。

世良と磐田が会議室を後にしたのは、もう窓から朝日が差し込み始めた頃だった。しかし驚いたことに、藤堂は帰宅せずそのまま社長室で待機しているらしい。

急ぎ、交渉結果を報告しに社長室に入った世良と磐田に、藤堂はたった一言、こう言った。

「ご苦労だった。よくやってくれた」

そうして、何事もなかったかのようにデスクを片づけて帰り支度を始めた。世良と磐田は顔を見合わせた。

「そろそろ始発電車が走り始める。君たちも一旦帰宅して家族の顔でも拝んでこい」

鞄を持って立ち上がり、藤堂はこう付け加えた。

「今日から忙しくなる」

社長室を後にした藤堂の背中を見送りながら、世良は磐田に言う。

「今度こそ、山が動き始めたな。今回、東洋が失ったものは大きいが、必ず取り戻せるさ」

「なぜ、動き始めたと言えるんですか?」

暗い目をした磐田に、世良は柔らかく語りかける。

「磐田さん、責任を取ろうなんてバカなことを考えては駄目だ。君はこれからの東洋に欠かせないリーダーだ。絶対に会社に残ってくれ。そして一緒に、山が本気で動くかを確かめてみないか？」

磐田は、交渉中には見せなかった疲労感を滲ませていたが、世良の言葉に思いつめた表情が少し和らいだような気がした。

逆風また逆風

世良は、一旦自宅に帰り、シャワーを浴びて、まだ登校前だった2人の娘や妻のあきほと一緒に朝食をとった。

世良は仕事を家庭に持ち込まない主義だ。だがこの日、食卓を囲む娘たちに向かって、世良ははじめて昨日からの出来事を話した。もちろん、小学生にもわかる言葉を選んでだ。

話し終わった世良に、娘たちが次々に問いかける。

「会社、潰れちゃうの？」

「大丈夫だよ。潰れるどころか、時間はかかるけど、これからもっといい会社になると思う」

「そんなに困ったことが起きたのに、どうして会社が良くなるの？」

「困ったことが起きれば、みんなが協力してくれるからさ」

「じゃあ、会社って、困ったことが起きないと、誰も協力してくれないの？」

世良は答えに窮した。見かねたあきほが、向かいの席から助け船を出してくれる。

「そうよ。会社ってそういうものなの」

「ふーん」

そこまで話すと、娘たちは一足早く食事を終えて、ランドセルを背負って出かけていった。残された世良にあきほが言う。

「無理に取り繕う必要なんてないわ」

「だが、危機に陥らないと協力し合えないとは情けないよな。しかも、全社一丸となってなど夢のまた夢だ」

「これからが大変ね。でも、体にだけは気をつけて。もうあんな思いはこりごり」

「伊賀さんも脇で支えてくれている。もう無理などしないさ」

「そう、なら安心よ。さあ、早く朝食を片づけて会社を救ってきて」


社に戻る途中、世良は今回の事態を全社員に周知すべきだと思い至った。幸か不幸か、新商材は満足に売れていない。もちろん、収益をその製品に依存しているわけでもない。もしかしたら、それほどの重大事だと捉えない社員がいるかもしれない。

だが、今回の新商材の調達では、複数の競合からの調達契約提案を東洋に絞らせたという経緯がある。だからこそ、磐田の手腕が評価されたのだ。

ところが、交渉時に、自社の顧客基盤や営業力を過大評価し、多分に希望的観測に基づいた販売数量を提示していたことが明るみに出た。パートナーはこの目安が到底現実的ではないと知り、契約の早期の破棄を求めてきたのだ。

世良の直感通り、すでに新たな契約先が決まっているはずだ。東洋がこういった経緯や事実を公表しなくとも、そのような醜聞は新たな契約先などから確実に漏れていくものだ。そうなれば、いずれこの不祥事は、顧客にも知れ渡り、東洋の信用を長期に渡って損ない続けるに違いない。

調達上のトラブルは、これまでもなかったわけではない。しかし、今回はパートナーの撤退判断があまりにも早かったため、業界へのインパクトも極めて大きいものとなるはずだ。経営者として采配を振るい始めた藤堂の手腕にも、大きく疑問符がつくのは避けられないだろう。

東洋の信用失墜とともに、今後東洋と優先的に契約を結びたいというサプライヤーの減少や、調達条件がシビアな方向に傾くことも容易に考えられる。商社が商材の提供条件を悪化させられてはたまったものではない。この不祥事は、単に新規のパートナーを失ったということに止まらず、東洋の看板に容易には修復不可能なほどの傷をつけたと言っても過言ではない。この経営の危機的状況を、社長である藤堂が直接社員に伝え、今後の対応策も同時に打ち立てていかなければならない。

奇妙な違和感

オフィスに向かうエレベーターで、世良は偶然鳥越に会った。鳥越は今朝帰宅する際、ビジネスアライアンス部のメンバーと話をしたらしい。

鳥越が気になることを言い出した。

「昨夜の交渉中、磐田さん、幾度も首を傾げていたそうですね。交渉しづらいって、ずっとおっしゃっていたようです」

確かに、いつもの磐田と違い、議論が後手後手に回っていたように感じた。

「もしかしたら、うちの社外秘の情報が交渉相手に筒抜けになっていたかもしれないって……」

「まさか」

鳥越は深刻そうな顔をしていたが、世良は軽く聞き流した。

世良は自席に着くや、デスクに枝野からのメモがあることに気がついた。「現状を全社員に周知するように」との指示と、簡単な骨子が記してあった。世良は反射的に階段を駆け上がり、社長室に向かう。ドアの手前で、枝野に声をかけられた。

「あっ、世良部長。おはようございます」

「枝野さん。社長はどちらに？」

「はい。私に世良部長宛のメモを書かせた後、席を立たれています。行き先はおっしゃいませんでしたので、わかりません。すみません」

「いえ、社長にもお考えがあってのことと思います。まずは社長のご指示通り動きます」

世良はすぐさまデスクに戻った。そして、経緯や今後の対応策など、藤堂のメモにある骨子を文書にまとめ、全管理者宛に正式な社内文書として流した。それから、その文書を印刷し、各本部の本部長や部長クラスに急ぎ説明に向かうことにした。予定を調整して会議などをやっている場合ではなかった。

まずは、顧客最前線である営業本部に向かう。本部長の山崎には、すでに藤堂から連絡がきていたようだ。秘書に面会を断られた。代わりに、各部長に世良の口から説明してもらいたいとの依頼があった。もとよりそのつもりだったため、その足で首都圏開発営業部へ向かい、そこを皮切りに各部長に一人ひとり説明していった。

世良の説明に、これといって罵倒などしてくる者はなかった。しかし、みんな反応が鈍いというか、関心がなさそうだ。

首都圏法人営業部のフロアに降り、山野のデスクに向かう。山野は、また世良が無理難題でも持ってきたのかと、うんざりしたように、先回りして無言で打ち合わせテーブルに移動した。

「それで、どのような用件ですか？」

「単刀直入に言います。パートナーからの申し出で、例の軽量液晶モニターの調達契約が終了することとなりました」

向かいに座るやとんでもないことを口にした世良に、山野はやにわにいきり立った。

「なんですって？　販売戦略プロジェクトはどうするんですか！」

「その話は今後検討が必要です」

「いい加減にしてくれ！　売れと言ったり、突然販売を終了すると言ったり、一体どうなってるんだ！」

「言いたいことはわかる。しかし、契約更改を待たずしてこういうことになったのは、販売数が思わしくなかったからですよ。何を言うにしても、それは忘れないほうがいい」

「バカな。売れない商材を調達したからではないのか」

「早晩、競合他社があの製品を販売することになるでしょう。その会社がどんどん販売量を増やしても同じ言い訳が通じるといいな。山野さん」

「……いずれにしても、私の知ったことじゃない。世良さん、あなたの口から部員に説明をしてもらいたい」

「いいでしょう。それが首都圏法人営業部のスタイルらしい――」

「急がなくていいいのか」と問う世良に対し、「日程は追って伝える」と言い残し、山野は打ち合わせテーブルを離れた。

山野との会話の後、エンジニアリング本部の菊池専務を訪ねた。どうやら藤堂も、各役員に対し自ら説明に回っているらしい。菊池はすでに事態を把握していた。

「さっき社長から聞いたよ。かなり参っているようだが、世良くん、しっかり頼むぞ。販売戦略プロジェクトは今後どうするんだ？」

「プロジェクトをたたんでしまったら、それまでです。逆風は強くなるでしょうが、ここまできたら手を引くわけにはいきません」

「わかった」

菊池は任せたぞと一言付け加えた。

安定が招いた内向きな視点

ものづくり推進室のオフィスに立ち寄り、エンジニアリング本部への周知を手嶋に依頼した。

「ここは任せてくれ」と請け負い、手嶋はすぐにミーティングに戻った。さすが手嶋やメンバーらには、突発的なトラブルにも動じない信念がある。世良は、彼らの揺るぎない姿勢に、昨日からの絶望感が少し薄くなった気がした。

最後に向かったのはソリューション本部だ。既存のパートナーからの調達は、すべてソリューション本部が手掛けている。しかし、ビジネス拡大のための新規のパートナー発掘よりも、どちらかといえば、既存パートナーとの関係性の強化、納期や品質、コスト、物流のマネジメントをミッションとして捉えている。

世良は本部長に事態を説明した。やはり藤堂が先だったようだ。彼は黙って聞いただけで、特に質問もないようだ。「何かあればご連絡をください」と、席を辞そうとした、そのときだ。本部長の傍に座っていた部長の一人が小さく舌打ちし、「調達の素人が付け焼き刃でやるからだ」と、聞こえよがしにつぶやいた。

（ソリューション本部が既存のパートナーとがんじがらめの関係になっていなければ、社

長が企画本部に新しい組織を立ち上げることもなかったのだ。だが、それは言うまい）

彼らが東洋の直面している経営リスクをどれほど深く理解しているのかはわからない。しかし、概ね反応が鈍く、ソリューション本部に至っては「いい気味だ」程度の認識しかないのかもしれない。

（東洋は長く安定しすぎた。会長の経営手腕が素晴らしい故だが、それが危機感を希薄化させ、外部環境の変化を捉える目を弱めてしまった）

「おそらく、寺井会長が社長にバトンを渡そうとした理由も、その辺と無関係じゃないんだろう。会長は、社長なら不安定を厭わず積極的にリスクを取って、社員の目を市場に向けさせるように仕掛けるだろうと期待したのかもしれん……」

エレベーターの中で、世良は小さくひとりごちた。

首都圏法人営業部

山野は世良が立ち去った後、首都圏法人営業部の管理者会議に出席した。すでに会議は始まっており、山野が着席するや、企画課長が会議の進行状況を説明した。

「では、次の議題に移りますが……」

「私から話がある」

進行を妨げて、山野が口を挟んだ。以前ならみんな、ペンを手に持つなり、体をこちらに向けるなりと聞く姿勢を見せたものだ。しかし今や、そういう者は随分と減ったように感じる。

下手なことを言えば、下から噛みつかれるかもしれない。山野ですら微かな不安感を抱くほど、状況は変わった。

山野は、先ほど企画本部から周知があったとして、世良から聞いた新商材に関する調達契約の終了を伝えた。

「……概要は以上だ。改めて企画本部から説明をさせるので、質問などはそのときにしてほしい」

山野は、これで終わったつもりになった。上司が「質問はそのときに」と言えば、みんなが従う。これが長門時代からの首都圏法人営業部の習わしだったからだ。なのにまたしても、声が上がった。これには山野も驚き、少々たじろいだ。

「部長、販売戦略プロジェクトはどうされるおつもりですか?」

質問をしたのは大木だった。例の勉強会を含めて最近は山野の目に余ることも多い。

「……社長肝いりのプロジェクトだ」

「だからと言って、われわれ営業本部の意思が無視されていいわけではありませんよね。今回の新商材には随分と振り回されたわけですし」

「山崎本部長ともよく話しておこう」

「では、次回の管理者会議で結果をご報告いただけますね」

大木の物言いに、山野はムッとした。周囲の空気は一瞬凍りついたが、大木は至って平然としていた。

「……わかった。そうしよう」

大木は礼の一つも言わず、何事もなかったかのように、会議は進んでいった。

滲み出す毒

山野に対するあからさまな反旗は、大木にとって大博打だった。

期待を裏切られ声がかからなかった販売戦略プロジェクトに対する悪感情は、その後も澱のように心の底に溜まっていった。セミナーの開催など彼らの取り組みを聞くたび、本来それをやるべきはお前たちではない、という反感が抑えきれなかった。

それに、未来勉強会を通じ若手中堅社員らと交流すればするほど、彼らもまた会社や経営幹部に対して大きな不満を抱えていることがわかった。そういった不満が、大木と彼らを強く結びつけた。

一方で、彼らの期待感が大木にある種のプレッシャーを与え始めている。大木は、どこか決定的な場面で目立った行動を起こし、彼らのリーダーにふさわしいカリスマ性を発揮しなければならなかった。それができないままにズルズル不満を言い合うだけでは、いずれ彼らから見放されるだろう。そういう恐怖感が大木にはあった。

大木は半月ほど前、以前の会社の上司に会った。向こうから突然連絡がきたのだ。久しぶりに会った元上司は、以前は見せたことのないような笑顔で、親しげに接してきた。「東洋では頑張っているようだね」「最近はどうなんだ」そう言って、しきりと東洋が扱い始めた新商材の軽量液晶モニターの話を聞きたがった。

そこで大木はピンときた。おそらく、あの製品の調達を進めていたのに、東洋との競争に負けたのではないかと。

ビジネスアライアンス部のあの部長にそんな実力があるとは思えないが、おそらくそういうことなのだろう。いろいろと探りを入れてくる元上司に、大木は包み隠さず社内の惨状を伝えた。こいつは使えると思ったのか、上司はあれこれと東洋の内部情報と思えるデー

タを出してきた。いちいち「これは本当か」と確認してきたが、ことごとく違うと言ってやった。

（東洋にそんな営業力や顧客基盤があるわけない。唯一、俺が責任を持つ第1営業担当だけは例外だけどな）

元上司は盛んにメモを取り、何か証拠はあるのかと聞いてきた。暗に見返りを匂わせながら。この日、大木は勿体ぶった挙句、社外秘の資料を共有すると約束した。


大木は、その後何か騒動が起きるのではないかと密かに期待していた。何も起こらないまま半月が過ぎたときだ。ようやく山野がパートナーから契約破棄を告げられたことを公表した。名目だけだが山野は販売戦略プロジェクトの副リーダーで、糾弾されるべき立場にいる。大木は、この願ってもないチャンスを逃さなかった。

山野はもはやお飾りもいいところだが、未だに他の管理者は一線を越えようとしない。ここで大木が山野に引導を渡せば、首都圏法人営業部における大木の影響力は飛躍的に強くなるはずだ。

むろん、山野からの報復もある程度は予測されるものの、もう長門はいない。かつてのヒエラルキーなど見る影もないうえに、社長の藤堂が感情に任せた人事などには目を光らせているとも聞く。会議での毒を含んだ大木の挑発に屈したことで、もはや山野は名実ともにお飾りに成り下がってしまった。

ビジネスモデルのつくり方

世良部長らによる対応も虚しく、新商材の取り扱いは停止せざるを得なくなったらしい。安藤は大いに落胆していた。桐島からは、プロジェクトの柱はもう一つあるんだから集中しろと言われている。だが、安藤はどうしてもやる気が出なかった。

確かに、桐島チームにも与えられたミッションがある。自社プロダクト第1号である「マイクロ・パワー・マネジメント・ユニット」の拡販だ。その活動を通じ、顧客の声を製品開発につなげていく仕組みを実現していくという極めて重要なミッションである。

だが、細川チームが進めていた新商材の拡販のほうが、東洋にとって、より一層チャレンジングで重要な取り組みだった。調達した新商材そのものが重要なのではなく、その営みで首都圏法人営業部が変わることこそが重要なのだ。

安藤にとって首都圏法人営業部は、まさに動かない山の象徴だ。かつて世良部長とともに首都圏開発営業部を変えていく取り組みに参画した。その経験を通じ、改めて営業本部全体を俯瞰してみると、安藤は、その中枢である首都圏法人営業部が抱えるさまざまな問題に気づくことができた。だが、当の首都圏法人営業部の管理者や社員は、自分たちこそが会社を支えているのだという自負が強すぎるあまり、これっぽっちも問題意識を持ってはいなかった。

デスクでぼんやりとあれこれ考え込んでいるとき、ふと、ふさぎこんでいた相馬のことを思い出した。安藤は普段、同僚と群れることはほとんどない。しかし、その日は自らの気分転換も兼ねて、相馬を誘って美味しいものでも食べに行こうと考えた。

安藤が販売戦略プロジェクトの対策室に向かうと、テーブルを囲む細川と相馬の姿があった。

「ああ、安藤さん。お疲れさま」

細川が気さくに声をかけてくれた。

「どうかされましたか?」

「うーん。さなえがプロジェクトを辞めたいって言うから、説得してたんだ。ちょっと疲れちゃったみたい」

努めて明るい声を出した細川の向かいで、相馬は俯いていた。

「……相馬さんの気持ち、わかる気がします」

「えっ？　もしかして、安藤さんもなの？　ちょっと待って、部活じゃないんだから、そんなに簡単に辞めるなんて言ってもらっても困るんだけど」

「ですが、もうこれで首都圏法人営業部が変わるきっかけはなくなりますよ」

つっけんどんな言い方になってしまった。安藤が細川を見つめると、細川は座るように促した。

「多分、半年前に首都圏法人営業部が変わらなきゃならないなんて聞いてたら、私、反論してたと思うけど。今は言い返せないなあ」

細川の言葉は安藤に向かっていたが、顔は相馬に向き合っている。

「確かに、せっかくのチャンスが無駄になりそうな状況よね。さっきも管理者会議で販売戦略プロジェクトをどうするかって話が出たっていうし」

細川は相馬とのコミュニケーションを優先し、会議に出なかった。しかし、大木があの絶対的な存在だった山野にその件で物申したということで、一気に情報が広まったのだ。

「だからって投げ出すのは嫌だなあ、私は」

細川は、持ち前の勝気さで言った。安藤にとっても相馬にとっても、最前線の管理者としてバリバリ働く細川は常に憧れの存在だった。

「……細川さんは、今後どうすべきだと思われますか？」

「私は引かないよ。納得いくまでとことんやりたい。それに、さなえのアイデアも試してみたいんだ」

この細川の返事に、安藤は首を傾げた。相馬の肩がピクリと動いた。

「実は、契約解消話が出る直前に、さなえが思いついた面白いアイデアがあったの」

お客様へ情報発信する「Tテクノロジー」サイトできっかけを掴み、顧客接点創造のためのセミナーに参加してもらっても、すぐには商談につながらないケースが少なからず存在する。だからといって、そういった見込み客のすべてを直接フォローし続けるほどの営業リソースが東洋の営業現場にあるわけではない。でも、折角東洋に関心を持っていただいた見込み客との関係を放置するのも損失だ。

このジレンマが、桐島、細川両チームが抱える共通の問題となっていた。

そういった見込み客を営業担当者以外の手段を活用し効率的にフォローして、ニーズが顕在化したタイミングで再度営業担当者にリレーする。そんな仕組みが実現できれば、組織として成果を拡大できるはずだった。

「さなえは、フォロー専門のコンタクトセンターを社内に立ち上げてそこへ集中的に対応していけないかって言うんだよね」

俯いていた相馬が、パッと顔をあげた。

「泣き疲れて寝たのかと思ってたけど、あんた起きてたの？　やっぱり聞いてたんだ。このアイデア、やってみたいんでしょ？」

「……」

相馬は無言で頷いた。

「じゃあ、ここで投げ出せないよね」

「……」

沈黙する相馬に変わり、安藤が細川に質問を投げかけた。

「コンタクトセンターで集中してフォローする場合、営業担当者との役割分担はどうなりますか？」

「そうね、新規の顧客開拓をする場合を例に説明するね」

「お願いします」

細川は、対策室のホワイトボードに、サラサラと簡単な図を書き始めた。

「ダイレクトメールや情報発信サイトで興味を持たれたお客様が、セミナーに参加する。そこでアテンドした営業担当者が後日フォローを実施するところまでは同じ。課題ヒアリングセッションに応じて下さるお客様はそのまま営業担当者がしっかりご提案につなげていく。

　でも、そういった機会を時期尚早だと感じられたお客様や万一課題をお聞きしても提案に至らないケースがあった場合……。これまでは、対応した営業担当者が継続してフォローすることになっていた。けれど、実際はなかなかこの方法がうまく機能していないよね。

　当たり前だけど、商談が動く可能性の高い顧客の対応が優先されるから、フォローできる見込み客の範囲は狭くなる。結局はせっかくホットになった関係もクールダウンしてしまうことが多いというのが現状。

　そこで、提案に至らなかったお客様は、一旦、コンタクトセンターにその後の対応権限を譲ってもらうわけ。それってこれまでの東洋ではありえない仕組みじゃない？　自分が接点を持った顧客は営業担当者である自分が権限をもつ顧客だって暗黙の了解というか、伝統的な考え方が強いよね。

　でもさなえは、そうやって、営業担当者個々人が十分にフォローできないのに見込み客を抱え込み続けるのは事業機会の損失じゃないかって考えてるの。

　だから、営業本部全体として成果を最大化するには、まだ提案に至らない見込み客と、ビジネス的には休眠中の顧客を集中してフォローアップを実施するコンタクトセンターを立ち上げ、定期的にフォローすることで組織として効率良くビジネス機会の創出を進めていこうというわけ。

それに、仮に営業担当者がしっかりフォローできたとしても、直接何度も営業が訪問すると、売り込みを嫌がるお客様が多いでしょう。結局、避けられて関係が途絶えてしまうのはもったいないよね。それを回避することもできるんじゃないかって、さなえは言うのね。極端な言い方をすれば、一つの営業プロセスを、営業担当者とコンタクトセンターが分業して、ビジネスをつくっていくという感じかな」

マーカーを置いて、細川がまとめた。安藤は黙って聞いていたが、ポツリとこんな感想を漏らした。

「それって……、すごく、面白そうですね」

「安藤さんもそう思う？」

「はい」

安藤が滅多に見せたことのない笑顔を浮かべた。

「私はね、既存の大口顧客の対応にこそ、そのコンタクトセンターの仕組みを導入したいの。だってほら、首都圏法人営業部じゃ、あまり儲かってなくてもずっと特定のお客様に張りついている営業担当者も多いわけ。実際、同じお客様でも、どうしても動きのない時期もある。そこは、コンタクトセンターとしっかり役割分担をして、フォローを任せることで営業担当者の時間をもっと儲かる顧客に集中すれば、きっと営業担当者の生産性も向上し、全体最適につながると思うんだ」

「はい、そうですね」

細川と安藤が話していると、いきなりノックの音がした。出ようとした安藤を「いいよ」と制して、細川が立ち上がった。

「今さらここに入るのに、ノックする人がいるなんてね」

細川が笑いながらドアを開けると、そこには思わぬ人物が立っていた。

「藤堂社長？」

「世良くんがいないかと探しに来たんだが、どうやらすれ違ったようだね」

細川は驚きのあまり即座に返答できなかった。頷きながら踵を返そうとした藤堂に、細川の背後から安藤が声をかけた。

「もしよろしければ、少しお話しさせていただけませんか？」

ギョッとした細川が振り向くと、安藤が立ち上がり微笑みながら椅子を勧めている。

これが世良や桐島相手なら、ひと睨みして「ちょっと話があります。そこに座ってください」とぶっきらぼうに言い放つ安藤だが、さすがに社長には慇懃だった。しかし見た目とは裏腹に、その安藤の姿には、いつも以上に有無を言わせぬ迫力があった。

ああ、ここにも突然変異がいたんだと、細川は感じた。

✣
✣
✣

○月○日　雨のちくもり

四面楚歌の中、課長をひとりにしようなんて、私どうかしていたのかも。

今日、課長が話を聞いてくれた。途中から安藤先輩もきた。

営業フォローアップのコンタクトセンター立ち上げの話をした。セミナーをもっと成果につなげたいから。私が言い出したアイデアだけど、課長がかなり話を盛って先輩に説明してくれた。

きっと課長も色々とアイデアを持っていたんだなあと思う。

あんな最悪な事態があっては実現なんて夢のまた夢だろうけど、課長は諦めていなかった。

話している途中に、社長がきた。安藤先輩が世良部長を探しにきたっていう社長を引き止めて無理矢理椅子に座らせ、コンタクトセンターの構想を話した。と思ったら、最終的に説教をした。「現場が工夫してビジネスモデルをつくり上げていく。それがこれからの東洋の生き延びる道だから、幹部はそれを支援すべき」って。ちょっと感動した。

社長には不信感を抱いていた。

販売戦略プロジェクトがこんなに苦しみながら活動をしているのに、セミナーにも参加しなかったし。

でも社長は、私たちの構想を面白いと言った。一緒に実現しようとも。

先輩はすぐには信じられないみたいだけど、私は素直に嬉しかった。

先輩はニコリともしなかった。社長がにこやかだったから、課長も私も肝が冷えた……。

ぶれぶれな社長だけど、前向きな言葉には励まされた。

どうでもいいと思った時期もあったけど、社長ってやっぱり会社には必要な存在なんだなぁと思う。

終業後は課長と先輩と３人で飲みに行った。久しぶりにハメを外せて楽しかった。

01

ケース
Case

プロジェクトの活動をより活発にしていくためにすべきことは何か？

アドバイス
Advice

兆しにスポットライトを当て、変革活動を加速する

愚直な仮説検証が進み、「暗いトンネル」が出口に近づき始めると、コアチームの活動にさまざまな成功の兆しが現れる。たとえば、目の前の壁の突破口となりうる小さな仮説が見つかったとか、顧客からのちょっとした前向きな反応かもしれない。あるいは、コアチームの活動に対する否定的な意見が目立って減ってきたといった周囲の変化もあるだろう。

コアチームの活動に反発する層や無関心な層に対し、闇雲に合流を強いるような働きかけは避けるべきだという点はすでに解説した。そういったことに加え、この時期、変革を

守り育てるオーナーや活動を牽引するリーダーが重視すべき重要な行動がもう一つある。

それは、**増加する「兆し」にスポットライトを当てることだ。わざとらしい振る舞いは必要ない。その日あった良い兆しをさりげなく取り上げ、周囲の管理者や社員らに共有するのである。**そんな小さい働きかけでも十分に効果は期待できる。「今日、お客様からお褒めの言葉をいただいたよ」「セミナーの来場者が前回より増加したようだ」「なかなか見出せなかった効率化の方法を彼が考えたんだ」といった一言でいい。

活動を進めていくと、とかく思い通りに進まない状況に目が行きがちになる

図表10　変革活動フェーズの流れと兆し

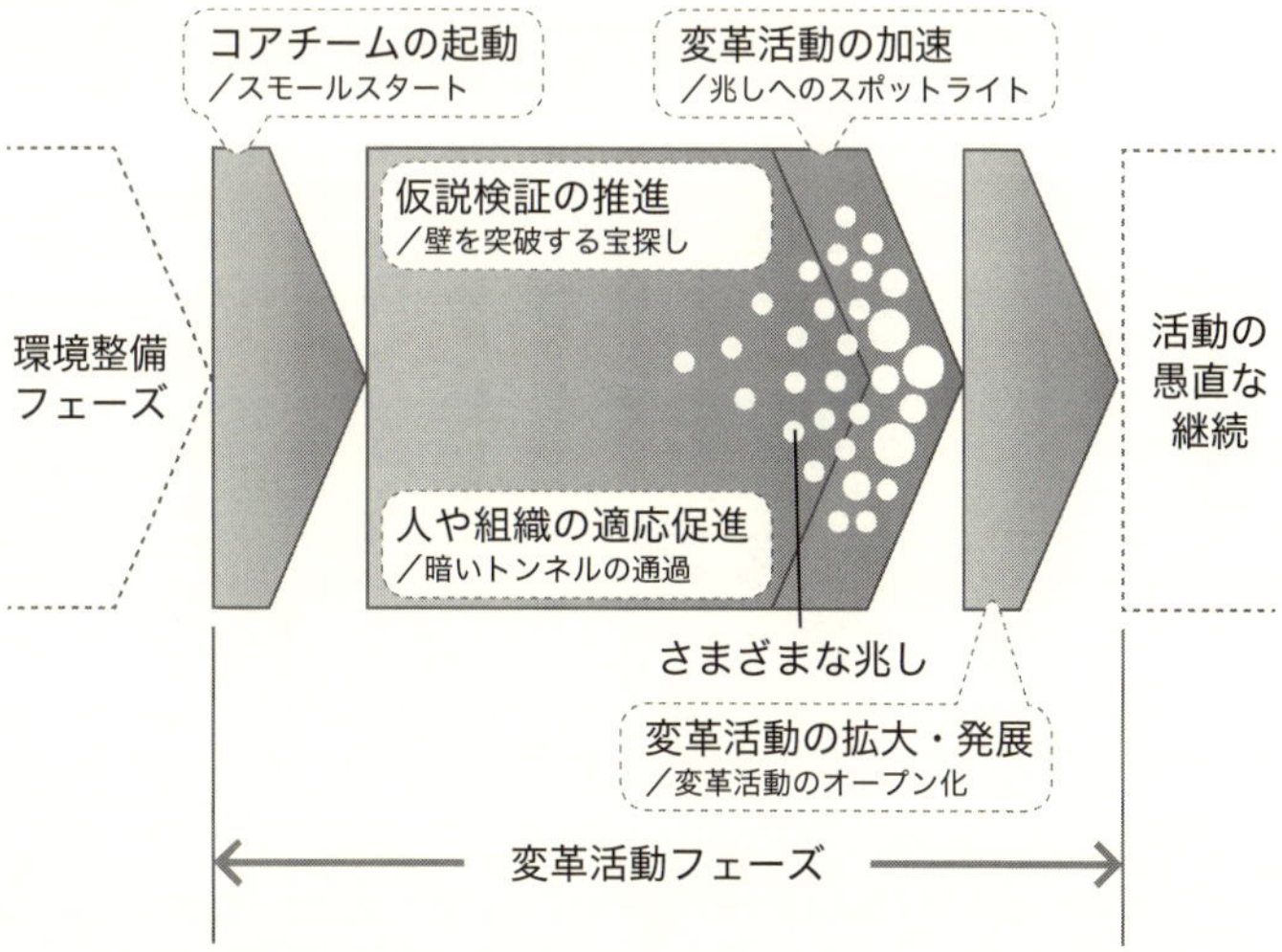

が、**オーナーやリーダーが良い面に目を向けることが、コアチームのメンバーのモチベーションを高め、活動を加速していく原動力となるのだ。**

また、そうした前向きな兆しを、活動に反発する層や無関心な層に向け発信していくことも重要である。企業ぐるみの変革プロセスでは、コアチームの活動が実を結び「暗いトンネル」を脱することができたら、変革活動をオープン化していくことになる。自由に参加者を募り変革の輪を拡大していく際に、母集団となるシンパ層をこの時期から形成していく必要があるからだ。

こういった前向きな兆しは、仮説検証が進むとより一層その数が多くなり、質も高まる傾向にある。兆しが得られたら、その都度周囲の反発する層や無関心な層にも情報共有を図る。コアチームの取り組みが着実に加速している状況を目の当たりにすることで、「兆し」は彼らに対してボディーブローのようにインパクトを与え続けるに違いない。

02

ケース Case

変革プロジェクトの活動が加速段階に到達したと判断できる兆候はあるのだろうか？

アドバイス Advice

溢れる共通言語、誰の目にも明らかな変化

兆しが重なるごとにコアチームのメンバーは取り組みに手応えを感じ、活動はさらに加速する。この頃になると、コアチームを中心にさまざまな共通言語が生まれる。

物語でも、顧客との関係性をより強固なものにするための取り組みを「ロックイン」と呼んだり、キーマンとの接触を拒む顧客担当者を「窓口担当の壁」といった共通言語で呼んでいたのをご記憶だろう。そしてこの後、藤堂が変革活動に本格的に関わり始めると、さらにユニークな共通言語が溢れ出すことに皆さんも気づかれるはずだ。

実際には他愛ないものも多いが、自分たちの取り組みが特別なものだという自負や、「このまま続けていけば、きっと大きな成果につながる」という確信が、そういった共通言語を生み出す力になっていく。**共通言語が生まれる背景として、フォロワーらの価値観が統**

合されてきたことはもちろん、活動に取り組む真摯さや創造性がさらに高まっていることが大きい。また、コアチームやその活動を守り育てるオーナーやリーダー、さらにはコアチームに手を貸そうとするフォロワーらの間に緊密な連帯感が生じている証左でもある。

風土になんらかの問題を抱えるような組織では、個々人の価値観の差異やギスギスした人間関係が邪魔をして、上記のような共通言語が生まれにくい状況にあることが多い。加速段階にあるコアチームの変化は、そういった停滞した組織の状態とは鮮やかな差異を生み出す。

兆しの増加によって仮説検証活動はさらに活発になり、また新たな兆しが生まれる。変革の突破段階では、そういった好循環が、コアチームの活動を遠巻きに眺めている傍観者の目にも明らかな変化として認められるようになる。

なお、コアチームで生まれた共通言語は、やがて変革活動がオープン化され、より多くのフォロワーが参画する際に広く伝搬し、彼らの一体感を強める効果がある点も重要だ。

第21話

挫折の果てに

21

拡大する勢力

大木は愉快だった。

山野に反旗を翻したあの一件以来、若手中堅層だけでなく、首都圏法人営業部のベテランや同僚の管理者までもが大木との接触を望むようになったからだ。試しに少し呼びかけてみたら、ベテランの何人かが未来勉強会に参加してくれた。

大木はほくそ笑んだ。

（本音で言えば、未来などどうでもいい。首都圏法人営業部は、このままでいいじゃないか）

伝統の公開処刑

「例の件の説明に来てくれ」

一方的に用件を述べられ、電話が切られた。世良はうんざりした気持ちになったが、行かないわけにはいかない。

「鳥越くん、今、首都圏法人営業の山野部長から契約破棄に至った経緯の説明に来るよう依頼があったので、今からあっちのフロアに行ってくるよ。不在中、もし社長から連絡があったら、対応を頼む」

「わかりました。また、山野部長の公開処刑ですか？」

「ああ、いかにも芸がないが、自分からは部下らに説明したくないらしい」

「大丈夫ですか？　お一人で」

「なんとかするしかない。人手が足りないんだ」

「健闘を祈ります」

昨日はすれ違いになってしまった藤堂と、今日こそ話さねばならない。藤堂は今朝も、出社するやすぐに社長室を後にしたようだ。行き先は営業本部長の山崎の元だと枝野から連絡があった。


世良が首都圏法人営業部のフロアに降りると、すでに大方の管理者や営業担当者が席に着いて待機していた。

世良の到着を確認した企画担当の課長が「今から企画本部が新商材の販売停止に関する経緯を説明する」と、フロア中を大声でアナウンスして回った。

世良は一から順を追って、おおよそ山野に説明をしたのと同じ内容の説明をした。そして、「戦略販売プロジェクトは、自社プロダクト第1号の拡販にテーマを絞って継続していきたいと考えている」と締め括った。

山野でもこの程度の説明はできるはずだ。要は、矢面に立ってこの後に続く感情的な質問に答えたくないだけだ。

質疑応答に移ると、早速、複数人の挙手があった。「経緯がよくわからない」「責任の所在はどこにあるのか」「お客様に謝罪してほしい」などの声が噴出する。前回、世良に言いたい放題言われた意趣返しのつもりなのだろう。それでも世良は一つひとつ丁寧に応えた。その冷静な対応に、加熱したフロアも徐々に沈静化の方向に向かい始めた。

そのとき。後方から挙手があった。

「どうぞ」

「第1営業担当の大木です。プロジェクトの件で質問があります。商材を自社プロダクトに絞ったとして、あのニッチな製品では、われわれが対応する大口の顧客にはニーズが薄いと思います。活動は、首都圏開発営業部に絞るべきではないでしょうか？」

「確かに、当社が対応するすべての顧客層にニーズがあるとは限らない。だが、首都圏法人営業部では、まだ自社プロダクトの拡販は進めておらず未知数だ。だからこそ、細川チームにも仮説検証を進めてもらうことになる」

「仮説検証を進めてみると言うのはいいのですが、もう年末も見えてきています。数字への影響が大きすぎますよね。ここは経営として取捨選択をお願いしたい」

「イチかゼロではないはずだ。現行の営業活動を進めながら取り組めることも多い。それに、次年度に向けての弾込めも必要だ。今年度の数値以外はやらないというのはおかしいのではないか？」

「ここは首都圏法人営業部です。失礼ですが、世良部長があれこれと当部の方針に口を出すのはいかがなものでしょうか？」

そうだそうだと、賛意を表す声が上がる。

「私は経営企画部の人間だ。強制する権限はないが、あれこれ口を挟むのが仕事でね」

(それに、形ばかりとはいえ、今は営業本部の副本部長でもあるんだがな)

世良は心中苦笑しながらあからさまに敵意を剥きだしにする部員らに対し、正面から向き合った。

「山崎本部長や山野部長がどう判断されるのかも大きいだろうが、最終判断者は社長だ」

「だから黙って従えと？」

後方からいい加減にしろと口々に怒声が飛ぶ。管理者と思しき者、現状に憤っている中堅や若手、さまざまな立場の者らが次々口を開いた。

「そこまでは言わない。ただ、もう、誰もがやりたいことをやりたいときにやっていれば済む時代ではない。変化を受け入れたらどうだ」

「この首都圏法人営業部が会社を支えているのを知らないのか？」

「むろん知っている。だが、その会社の支えからの収入が年々減ってきているのが現状だ」

「そんなの、売上高がもっと少ない部署がなんとかすべきだろう。頑張っている俺たちばかりに高い目標を求められても、社員のモチベーションが維持できない」

「最も高い収入が期待できる顧客層を担当すれば、誰よりも成果が期待されるのは当たり前のことだ。それが嫌なら、担当を他に譲ったらどうだ？　自分たちは会社を支えている、頑張っている、だから自由にやらせろと言うのなら、減収を止めてから言うんだな。君たちは会社を支えていると言うが、ついでに会社を危機的状況に追いやっているのも自分たちだとそろそろ自覚したらどうだ！」

周囲からの集中砲火に、世良の語気もしだいに強くなる。もう我慢ならんと世良が立ち上がったときだ。人垣の向こうから世良を呼ぶ声がした。世良は反射的にその声の主を探し、驚いて一瞬動きを止めた。世良の反応に気づいた者らも振り返って、声の主を見やる。

藤堂だった。

「もういい。今、山崎本部長と話してきた。販売戦略プロジェクトは継続してくれるそうだ」

先ほどまでの喧騒が嘘のように、辺りは静まり返った。藤堂はそのままフロアを横切り、第5営業担当のシマに向かう。全員が藤堂を目で追った。細川らは販売戦略プロジェクトの一員として大声も張り上げづらく、デスクで事の成り行きを見守っていたのだ。

藤堂が、どの時点からこの騒動を見ていたのかはわからない。しかし、少なくとも今このフロアがどんな状況かはわかっているはずだ。それでも、藤堂はそんなことおかまいなしに、細川らに話しかけた。

「細川さん、相馬さん。昨日約束した例のコンタクトセンターの件、山崎さんがトライアルを許可してくれたよ」

突然の話に、細川と相馬は顔を見合わせた。

「ぜひ、あのセミナーのように、わが社にとって有益な仕組みにしよう。早速打ち合わせをしたい。いつなら空いている？」

「私たちですか？」

「そうだ、君たち販売戦略プロジェクトのメンバーだよ」

「は、はい、では午後の……」

細川が藤堂に時間を伝える。周囲の面々は度肝を抜かれたように唖然としている。

「では、首都圏開発営業部の安藤さんにも参加をお願いしておいてほしい」

「世良、そろそろいくぞ。山野くん、世良は連れていくが、後は任せていいか？」

山野が弾かれたように立ち上がり、ギクシャクと首肯した。

「公開処刑はもともと長門さんの専売特許だ。今時流行らん。そろそろやり方を変えたほうがいい」

立ち去ろうとした藤堂が、思い出したように付け加えた。

「それと、営業本部のメンバーにもお願いがある。また、私がこのフロアをウロウロしていたら、気軽に声をかけてくれないか」

世良はハッとして藤堂の顔を見た。

販売戦略プロジェクトの再起動

「お前があのフロア中の嫌われ者だということは、よくわかった」

騒動の後、社長室に戻った世良に対し、藤堂がニヤリとして言う。

「それで？　状況を変えていくために、私は何をすればいいんだ」

枝野が淹れたのだろう。藤堂が傾けるカップからは、まだ湯気が立ち上っている。

「これはな、伊賀くんが差し入れてくれたんだ。なんでも、希少なコーヒーだそうだ」

（社長、それは、なんとかいう猫の糞から取れるんだ……）

世良は笑えるほど一気に肩の力が抜けてしまった。そして仕切り直しするように、二、三度咳払いをして言う。

「社長がなさりたいとお考えのことを」

「そんなことで、本当に状況が変わるのか？」

「社長が辿り着かれた答えです」

藤堂と世良はしばし無言で向き合った。

「いいだろう。やるならとことんだ」


その日の午後。販売戦略プロジェクトのメンバーが集まり、プロジェクトを立て直すための突っ込んだ議論が進められた。結果はこうだ。

商材は自社プロダクトの小型省電力装置に絞り込み、販売戦略プロジェクトのリソースを集中して活動を進める。桐島チームは新規顧客に、細川チームは既存顧客のキーマンを狙って自社プロダクトを拡販していく。

安藤と相馬をそれぞれのチームから切り離し、ものづくり推進室の酒井を加えて、新たに電話によるコンタクトセンターを組織化する。リーダーは課長の細川が兼ねる。電話によるフォローアップでは、安藤、相馬が顧客をフォローし、酒井が技術面をサポートする。

情報発信サイトの運営やセミナーの開催は、磐田率いるビジネスアライアンス部が引き継ぐ。

紆余曲折があったにせよ、藤堂を軸として、経営企画部、ビジネスアライアンス部、そして首都圏開発営業部桐島チーム、首都圏法人営業部細川チーム、さらにはものづくり推進室が、ここに相互協力体制をとることになった。これからの東洋のビジネスモデルをつくるために、その核となる組織の歯車が今、ガチリと噛み合おうとしていた。

「まずは仕切り直しだ。この体制で、ビジネスモデルを磨きながら成果を出そう。小さくてもいい」

会議の後、藤堂がメンバー一人ひとりの顔を見回しながら言った。メンバーらはそれに応えるように、大きく頷いた。

「今回のトラブルで考えさせられた。これまで随分と議論はされてきたが、やはり、すべての商材を外部のパートナーに依存する状態にもリスクがある。だから、ものづくり推進室を核として、ビジネスモデルをもう一度考えてみよう」

藤堂はこう締め括った。

世良はようやく暗いトンネルの出口が遠くに見えてきた気がした。ここに至るまでに、藤堂の社長就任から実に1年半以上を費やしたことになる。

東洋のビジネスモデルを変革する。その途方もない試みがこの段階に到達するまでに、体感としてあまりにも長い時間を要した。

（だがこの時間は、東洋が生まれ変わるには避けることのできない道のりだった）

世良は、藤堂の宣言を聞きながらそう思った。

（それでも。新たな東洋が市場で機能し始めるには、まだまだ時間がかかる。最低でもあと1年は必要だ……。藤堂さんがここからぶれずに最前線に立ち続けられるかどうかに成否がかかっている。その間に、なんとしても突破口を探すほかない）

経営者としての役割の果たし方

販売戦略プロジェクトの会議が終わり、日も暮れようとする時分。藤堂は社長室で、今日2杯目のコーヒーを飲みながら窓外の晴れた空を眺めていた。

（スピーディーに事業を拡大していく、か……。まず、自分の足元を、そして自分自身をしっかりと見るべきだった）

藤堂は、ぼんやりとこれまでの道のりのことを考えていた。

（今もって、東洋では誰も彼もが同じことをこれまでと変わらないペースで続けている。それを簡単に変えられると思い込んでいたのが敗因だった。焦りを感じても、まず足元を固めていかねばならなかったのだ。そして世良だ。この俺から突然変異と揶揄され、幾度も煮え湯を飲まされながらも最後まで俺を諦めず、変革の道筋をつけてきた。あの突然変異がいなければ、東洋はどうなっていたかわからない）

「あなたが変わらなければ、東洋は変わらない」と会長は言った。

（なら、俺も突然変異になろうじゃないか）

藤堂は、もう一口コーヒーを飲んだ。

（販売戦略プロジェクトのキックオフで相馬さんからもらったヒント。あれが何だったのか、今ならよくわかる）

藤堂の脳裏に、あの手垢のついたの先代社長のノートが浮かんだ。

（俺一人で、あんなノートを63冊も書き続けるなんてことは到底できん。悔しいがそれがようやくわかった。だが、これまでの東洋の常識には当てはまらない彼女のような突然変異たちを探し出し、彼らのアイデアをどんどん引き出すことができれば……）

藤堂は窓の外を眺めながら想像して見た。

（きっと、63冊どころの話ではなくなるはずだ）

藤堂は、随分と遠回りしながらも、ようやく東洋の経営者として自分なりの役割の果たし方を見つけることができた。

菊池さんや世良が言う通り、東洋はビジネスの軸となるコア技術分野をしっかり持ち、磨き、深めていかねばならない。あの安藤とかいう勝気な女性社員が教えてくれたように、東洋は何年かかっても、社員の知恵を紡ぎながら常に新しいビジネスモデルを磨き上げていかなければならない。

しばらくは、このまま減収を余儀なくされるかもしれない。それでも、もう、藤堂にはわかっていた。東洋が再生を果たすには、そのゴールに近づく道はあっても、近道などどこにもないのだ。

「何年かかっても、私がここにいる限り社員たちと共に必ずこの劣勢を挽回してやる」

藤堂の目にもう迷いはなかった。

蠢動

（いい加減にしてくれ）

腹の底から怒りが込み上げてきた。

（まったくわかっちゃいない。大口営業の素人どもが何を言っているんだ）

そう毒づきながらも、大木は不安を隠せないでいた。最近では、社長が首都圏法人営業部のフロアに現れるだけで、周囲の社員が浮足立つ。

（みんな、あの社長のビジョン説明を聞いた後にあれほどこき下ろしていたじゃないか！）

大木は、強固に築いたと思っていた自らの影響力が意外にもろいことに気づかされた。

（世良とかいう、企画本部の部長ならなんとか追い払うこともできるが……。それにしても山野も山野だ。社長から後は頼むと言われた途端に、販売戦略プロジェクトを容認しやがって！）

「一体、どこまで日和見してれば気が済むんだ！」

もはや山野の権威は地に落ち、社員からは嘲笑の的に成り下がっていた。今や大木が最も恐れるのは、若手中堅社員らの態度だ。まだ、今のところ、未来勉強会のコアなメンバーは浮足立つ周囲の社員らに同調はしていない。むしろ「社長から気軽に声をかけてもらうだけで舞い上がるなんてどうかしている」とか、「信念のないやつはこれだからだめだ」といったネガティブな意見が多い。

「今のうちに何とかしなきゃな」

大木の脳裏に、再び、以前の職場の元上司の顔が浮かんだ。

藤堂の徘徊

「最近、社長が行方不明になりがちで……」

枝野が電話口でため息をついた。世良は、販売戦略プロジェクトの活動報告のために藤堂のスケジュールを確認したかったのだが、枝野がこぼした愚痴に噴き出してしまった。

「また社内を回られているんですか？」

「おそらくは……。私、秘書として役割が果たせていないというか……。それに私の耳にすら、そんな社長を批判する声が聞こえてきていまして」

「枝野さん。社員がどう思うかなんて関係ありません。大切なのは、社長自身が納得できるかどうかだ。社長が社長室を出て行方不明になることが、この東洋にとって今、最も必要なことなんです」

世良は枝野を勇気づけた。

「あちこち探してみます。説明もその場で済ませますので、ご安心を」

「見つけたら、社長室に戻るようお伝えいただけますか？」

「わかりました。でも、枝野さんもご存じでしょう。社長が私の言うことなど聞いた試しがないのは」

枝野のクスクスと笑う声が聞こえる。

近頃、藤堂は暇を見つけては、社長室から消える。枝野にも行き先を伝えない。伝えないというよりも、行き先を考えていないというのが本当かもしれない。藤堂は今時珍しく携帯電話やスマートフォンを持ち歩かない堅物で、枝野は手を焼いている。

聞くところによると、藤堂は神出鬼没で、至るところに姿を現すらしい。この行動は、社員の間ではすでに「社長の徘徊癖」と陰で揶揄され始めているようだ。

その習慣が始まった当初、藤堂は販売戦略プロジェクト対策室がある首都圏法人営業部のフロアに姿を現すことが多かったが、最近は全フロアが対象だ。社長への報告・連絡・相談がある者は、タイミングによっては社屋を駆けずり回ることになる。

社長室での藤堂は、たいていスーツの上着を身につけている。だが、社長室を出るときは必ず、上着を脱いで腕まくりをして出かける。ついには、ネクタイも緩めるようになった。それらは社員に親近感を持ってもらい、話しかけやすくするための藤堂なりの工夫らしい。最近は何やら黒い筒を背中にひっかけているとの噂だ。

一人ひとりの社員と向き合い東洋のこれからについて腹を割って話す。社員の気持ち、

悩み事ややりたいことを聞く。そして、藤堂が抱えるビジョンや課題感を彼らに直接語りかける。それは、会議室に社員を集め、一人ひとり順番に発言を求めるようなやり方では難しい。だからこそ藤堂は、自ら社員が働くその現場へ、足を運び始めたのだ。

きっかけ

各フロアを歩き回り始めた当初、藤堂にとって現場の空気は予想以上に冷え冷えとしたものに感じられた。そんなわけで、藤堂はいきなり社員に話しかけることに強いためらいを覚えた。正直なところ、どう話しかけたらいいのかわからなかったのだ。それは、ある意味で藤堂を大いに反省させた。役員や管理者と社長室で話す分には、まるで気遅れもないし、話しづらさなど微塵も感じたことはない。社長室は自分のフィールドだからだ。

しかし、現場では藤堂にはわからないことのほうが多い。自分の会社なのに強いアウェー感すらある。

実際、藤堂の強烈なトップダウンぶりは、さまざまな逸話とともに社内の隅々まで広まっていた。「各本部の企画部長を呼びつけ、トップオーダーでそれぞれの本部の方針を書き換えさせた。幹部連中はもう匙を投げている」「意に沿わない施策の企画書や稟議書を社長に説明すると目の前で破られてゴミ箱に捨てられる。ひどいのになるとその場で燃やされる」「社長の怒鳴り声があまりに大きいので、社長室内の防音工事が実施された」など、藤堂にとってまったく身に覚えのない尾ヒレがついているものもある。

そういったヒソヒソ声が秘書の枝野を随分と悩ませていることを、藤堂は知っていた。ただ、歩き回る各々の職場の空気が藤堂にとって思いのほか冷え冷えとしたものに感じられるのは、そういった噂ばかりが原因ではなかった。

藤堂にとって極めて不幸だったのは、自らの知らないところで現場の悪感情を増幅してしまったことだった。

藤堂はトップダウンを行使する際、企画本部の本部長扱いである財務管理部長を各本部との調整役に任じてきた。本来は、経営企画部長の世良がそういった役割を担うべきなのだが、世良の場合、逆に藤堂に対して意見する始末で手に負えなかったのだ。

これが大きな災いを招いた。財務管理部長は、藤堂への点数稼ぎを考え、藤堂の指示を過大に各本部の幹部に伝えた。たとえば、藤堂が「難しいとは思うが、コストをもう一度見直してほしい」と指示した場合、財務管理部長が当該本部に出向くと「最低でも20％以上の削減をコミットしなければ、社長の合意は得られない」と伝えるのが常だった。そして、ズバリその数値が説明資料に盛り込まれない限り、現場に対して社長にコンタクトする機会すら与えないといった圧力をかけ続けた。

財務管理部長の部下らが現場に走り調整するような場合は、さらに悲惨な状況が生まれた。彼らには藤堂がそう指示した背景や真意などは知らされなかった。ただ上司への点数稼ぎだけを念頭に、藤堂の威を借り現場にとって到底理解し難い要求を突きつけて、期限を切って対応を迫るようなケースが常態化していった。

結局、財務管理部の圧力に屈した現場サイドが、財務管理部の意向に沿った説明資料を藤堂に提示すると、「こんなものに実現性はあるのか！」と逆に怒声を浴びせかけられるという滑稽な事態が頻出したのである。

だとしても、財務管理部長やその部下らにとって、各々の上司の意向に沿って現場を譲歩させたことが重要であり、それが彼らの成果だった。現場が指示に従いバカバカしい数字や方針を出して藤堂の不興を買っても、それは現場の判断だ。「自分たちはしっかりと自分たちの仕事をした」と満足し、現場の怒りを省みる素振りすら見せなかった。

各本部の現場では、この頃、財務管理部長やその部下たちを陰で「忖度組」と呼び、彼らを自由にのさばらせている藤堂に対する無言の怒りが充満していた。この事態は藤堂にとって身から出た錆以外の何物でもないが、意図してそうさせたわけではない。しかし、現場における藤堂への悪感情の最も大きな要因であることは拭い難い事実だった。

藤堂は最初の1週間、ただ黙々と社内を歩き回ることに費やした。もちろん、社員とすれ違えば挨拶をしたが、社員は大いに不気味さを感じたに違いない。そういった声はすぐに枝野に届くようで、「社員にご用があれば、私が声をかけて社長室に招きますが？」との具申もあった。

それでも、藤堂は毎日、にこやかに挨拶をしながらフロアを歩き回った。何か、社員に話しかける効果的な糸口がないものか――。藤堂は悩んでいた。

歩き始めて2週目に入ったときのことだった。首都圏開発営業部の安藤、対策室で意見してきたあの女性社員が声をかけてくれた。

「社長、少しお話がありますが、いいですか？」

挑戦的な眼差しだった。そこに座ってくださいと、外出中らしい課長の席に座るよう促された。

安藤は矢継ぎ早にいろいろなことを問いかけてきた。それはプロジェクトのことであったり、藤堂の経営姿勢であったり、これからの方向性に関してだったりした。

藤堂は真摯に答えた。そして、安藤にも質問を投げかけた。そうしていくうち、いつの間にか首都圏開発営業部のメンバーが周囲に集まってきた。対話は議論になり、気づけばあっと言う間に2時間が過ぎようとしていた。新しいビジネスモデルに関して真剣に意見を述べ合う安藤らメンバーの姿を見て、藤堂は素直に驚きを感じた。

（ああ、ここにも突然変異が沢山いるんだなあ）

その日、ついに藤堂を探し出した枝野に「お客様をお待たせしている」と言われるまで、藤堂はその場を離れようとしなかった。この小さな出来事は、藤堂に大きな衝撃を与えた。

首都圏開発営業部での小さな出来事が社内に知られるようになり、歩き回る藤堂に声をかける社員が少しずつだが増えていった。藤堂は、自身が現場を歩き回ることに対して好意的に捉えない社員のほうが圧倒的に多いことを承知している。「社長は社長の仕事をすべき」といった声もあちこちから耳に入ってきていた。以前の藤堂なら、それだけで腰砕けになっていたかもしれない。

最近噂の黒い筒は、伊賀のアドバイスで導入したものだ。「もっと効果的に社員の声を聞く方法はないか」と伊賀に相談を持ちかけると、伊賀がその黒い筒状のケースを持ってきてくれたのだ。中には模造紙の束と、太めのサインペンが数本、それから半透明の養生テープが入っている。

模造紙を使ったヒアリング

社員と会話をしていると、特定のテーマでディスカッションに発展することもある。そういうとき、アイデアを後から見直し、さらに膨らませるために、藤堂は会話の要点を記録しておく必要があると感じていた。だが、手元でメモを取るやり方だと、社員と共有しながら対話するのは難しい。ホワイトボードなどがあればよいが、どこにでもあるわけではないし、仮に使えたとしても持ち運びに不便だ。いつまでも同じ内容を書きっぱなしにしておくわけにもいかない。

だが、模造紙とペンがあれば、声をかけてくれた社員との間でもっと効果的にコミュニケーションを図るとともに、ディスカッションの内容をそのまま社長室に持ち帰ることができる。それに、模造紙を使って声をかけてくれた社員と議論をしていると、周囲のメンバーにも会話の内容がわかりやすい。途中からでも参加できそうだ。

伊賀からレクチャーを受けて、藤堂は早速模造紙を壁に貼り、マーカーを手に持ってみた。さらには、伊賀を相手に簡単な予行演習もした。やってみると案外簡単で、文字だけでなく、その場でイメージした図なども書き加えることができる点が気に入った。

それからだ。伊賀からのアドバイスもあり、藤堂は上着を脱ぎシャツの腕をまくって、肩に黒い筒をかけ、社長室から出かけるようになった。

模造紙を担いで歩き始めた藤堂に、最初に捕まった社員は相馬だった。例によって昼食後、社員食堂でコンタクトセンターの運営について悩んでいたところを、藤堂に見つかったのだ。周囲の目を気にせず、藤堂は壁に模造紙を貼り出した。そうして相馬が抱えている悩みや、今後の希望を書いていき、その解決方法を相馬と一緒に考え始めた。

当然、食堂にいた社員らは何事かと思っただろう。そのうち、なかなか席に戻らない相馬を細川が探しにやってきた。細川もそのまま藤堂に捕まり、一緒にコンタクトセンターの問題解決に巻き込まれた。その状況に、社員らの多くは呆れ果てたのか遠巻きに冷ややかな視線を送っていた。

藤堂の奇異な行動は、喫煙室や給湯室などでしばしば嘲笑の的になっていた。特に、現場管理者の間では藤堂の評判はすこぶる悪かった。現場の管理者らは誰しも、自分が責任を持つ数字の達成以外にはあまり興味がない。すでに年度末が見えてきたこの忙しい時期に、部下が藤堂に捕まって、来期、再来期に向けてどうするかなどという無駄話に時間を取られては、ただ迷惑なだけである。

それでも、藤堂は今日も予定の合間を縫って腕まくりに黒い筒姿で、にこやかに挨拶をしながら歩き回る。そうして、ヒアリングやディスカッションをした後の模造紙を社長室に持ち帰っては、それを壁面に並べて貼つけ、一人思案に耽った。やがて、社長室だけでなく、販売戦略プロジェクトの対策室までも、その壁は藤堂の模造紙で埋め尽くされていった。

✣
✣
✣

○月○日　久しぶりの大雪

最近気がついたことをまとめて書いておこう。少し長くなるけど、大切なことだと思うから。

社長が現場を歩き回るようになって、しばらく経つ。

社長は今、陰でTさんと呼ばれている。社内をウロウロするようになってから、誰ともなくそう呼び始めた。

最近はもう諦めているけれど、他部にいる同期が「Tさん、今日はソリューション本部に来たんだって」なんて笑いながら話すたびに、すごくイラっとする。

社員の声に耳を傾ける経営トップを気取りたいだけとか、人気取りだとか、そんなヒマがあったら忖度組をなんとかすべきとか……。好意的な社員はほとんどいないみたい。誰だって、社長が模造紙を持って現場の社員にヒアリングして回るなんて話は聞いたことがないから、仕方ないのかもしれない。


販売戦略プロジェクトは再び動き出した。社長は最近、毎日対策室に来るようになった。プロジェクトメンバーも、頻繁に社長室に足を運ぶようになった。

社長室のドアはオープンで、社長がいれば、枝野さんに断らなくても社長と話もできる。社長は在室のときにはいつも、集中して何かを考えている。社長室の壁は模造紙だらけになっていて、まったく社長室らしくない。それに、社長はいつも模造紙とにらめっこしていて、ナンバリングした厚手の事務用ノートを持ち出してはメモばかりしている。それだけじゃない。枝野さんの背後には、日付が記された模造紙の束が筒状にまるめて立てかけてある。その数が日に日に増えていってる。

社長は進化している。

プロジェクトメンバーは「まずいぞ」と笑い合うけど、本当はみんな嬉しいと思っている。

模造紙を前に思案した後、社長は必ず対策室に降りてきて、新しいアイデアを話していく。

メンバーの誰かがすでに気づいていたもののまだ手が打てていなかったアイデアも、営業本部にいないからこそ気づけるようなユニークなアイデアもあった。

私たちは社長の行動を面白がり、そして、強い敬意をもって「進化」と呼ぶ。

週明けには大抵、社長は飛躍的な進化を遂げている。世良部長や手嶋さん、磐田さんたちが頭を抱えている姿を見かけるようになって、少しおかしい。

昨日の夕方、社長室にコンタクトセンターの運営について相談に行った。

相談はすぐに終わった。社長も協力を約束してくれた。話が終わるとすぐ、社長は思案に戻った。

その帰り道、一つ社長に相談し忘れたことに気づいた。朝一番に「今日の3つ」のミーティングでメンバーに共有することだったから、今朝は早起きした。

会社に着いてすぐ、社長室に向かった。枝野さんもまだ出社していないような時間に。

いつものように社長室のドアは開いていて、そこから朝の光が漏れていた。少し期待して、部屋を覗き込んだ。

そのときの光景をどう書き残せばいいのだろう。どう書けば、後の自分自身にこの驚きを伝えられるのだろう。

社長が、昨日の相談後の姿勢のままでそこにいた。

社長は一心に模造紙を眺め、腕組みをして、考えているようだった。徹夜でそうしていたのだと思う。

社長は本気だ。やっと気づいた。社長以上に本気で現状を打開したいと考えている人なんて、この会社にいるんだろうか。

驚いたことに、先日、業界の新聞に東洋の記事が出た。例の調達契約が破棄された不祥事の記事だった。社内はその話題でもちきりだし、お客様から何件も問い合せやクレームがきている。でも、社長は、そんな逆風にもめげずに行動を続けている。

私は、本気になれているだろうか？　社長の力になれるだろうか？

よくあるケースとアドバイス

01

ケース Case

コアチームの活動をオープン化する狙いは何か？

アドバイス Advice

活動の加速を梃子にファストアウトを実現

これまでは、ファストアウトのためのスモールスタートを基本として、変革推進タスクフォースであるコアチームの活動を小規模に進めてきた。しかし、コアチームの活動が加速し、前向きな兆しの数が増加する傾向が見られるようになれば、やがてその活動をオープン化することが可能となる。

オープン化とは、コアチームの活動に関わりたいと考えたフォロワーがいつでも活動に参画できるよう、門戸を開くことを指している。**文字通りコアチームを「核」として活動の輪を拡大し、取り組みをさらに発展させる次なる段階に入っていくためである。**

ただし、この段階においても、未だ反発したり無関心を装う層を強制力をもって巻き込むことは避けるべきである。なぜなら、そういう不活性な層を無理に巻き込むことで、せっかく加速した変革活動が期待通り拡大・発展するどころか、逆に減速を余儀なくされることもままあるからだ。

企業ぐるみの変革を推進する場合、ビジネスモデルを扱うなど個別の組織に閉じないテーマが多い。そのため、主体的に手を挙げたフォロワーを積極的に巻き込み、各々が所属する組織においても変革活動に協力できるような仕掛けを講じていく。もちろん、手を挙げたフォロワーが所属する組織でマイナスの圧力などを受けないよう、オーナーは最大限の働きかけをする必要がある。業務上直接関連のない組織に所属する社員が支援を申し出た場合でも、その申し出を軽視せず、手を挙げたフォロワーが何らかの形で活動に関わるチャンスを作り出すことも必要だ。

キックオフなどを実施する場合は、スタートアップチームやコアチームの組織化の際に実施したような当事者化のセッションを必ず盛り込む。コアチームの当初からのメンバーは新たなフォロワーをあたたかく迎え入れ、目線を合わせ、一体感を感じてもらえるような働きかけをする役割を担う。新たな参画者が早期に立ち上がれば、コアチームが仮説検証を進めてきた機能や仕組みを、新鮮な目でブラッシュアップしていくなどの取り組みも可能となるだろう。

　このコアチームのオープン化は、この後の企業ぐるみの変革を推進するうえで極めて重要な意味を持つ。それは、**このオープン化が変革に距離を置く人たち、つまり未だ反発を続けたり無関心を決め込んでいる層の人たちに自らの行動について省みる機会を与えるからである**。彼らはこの時期から、活動に参加しないデメリットなどを真剣に考え始めるようになるのだ。

　なお、取り組みをオープン化したにもかかわらず手を挙げて活動に参加しようとしない管理者や社員に対し、マイナスの圧力をかけるようなことは避けるべきである。彼らは、近い将来変革活動に参加する貴重な予備軍なのだ。

ケース Case 02

環境整備を進めるフェーズで解消しなかった阻害要因はどうするのか？

アドバイス Advice

変革活動の加速段階は、阻害要因の解消が比較的容易になる

企業ぐるみの変革では環境整備のフェーズにおいて、変革活動を推進する際の阻害要因を解消しておくことが、その後の活動をスムーズに進めるための前提条件となる。

しかし、環境整備だけに過度な時間をかけてはいられないし、どこまで取り組んでも完全に阻害要因を解消することは難しい。よって、いち早く実際の変革活動にバトンをつないでいくために、解消すべき阻害要因を絞り込み効率的な対応を進めていかねばならない。

ところで、変革活動が加速段階に到達すると、環境整備を担うスタートアップチームがあえて対応を見送ったような容易には解決できなかった阻害要因が、比較的簡単に解消できるようになる傾向がある。よって、この変革活動の加速段階では、残る重要な阻害要因の解消が再びスタートアップチームの重要なミッションとなるのである。

図表11　阻害要因への対応

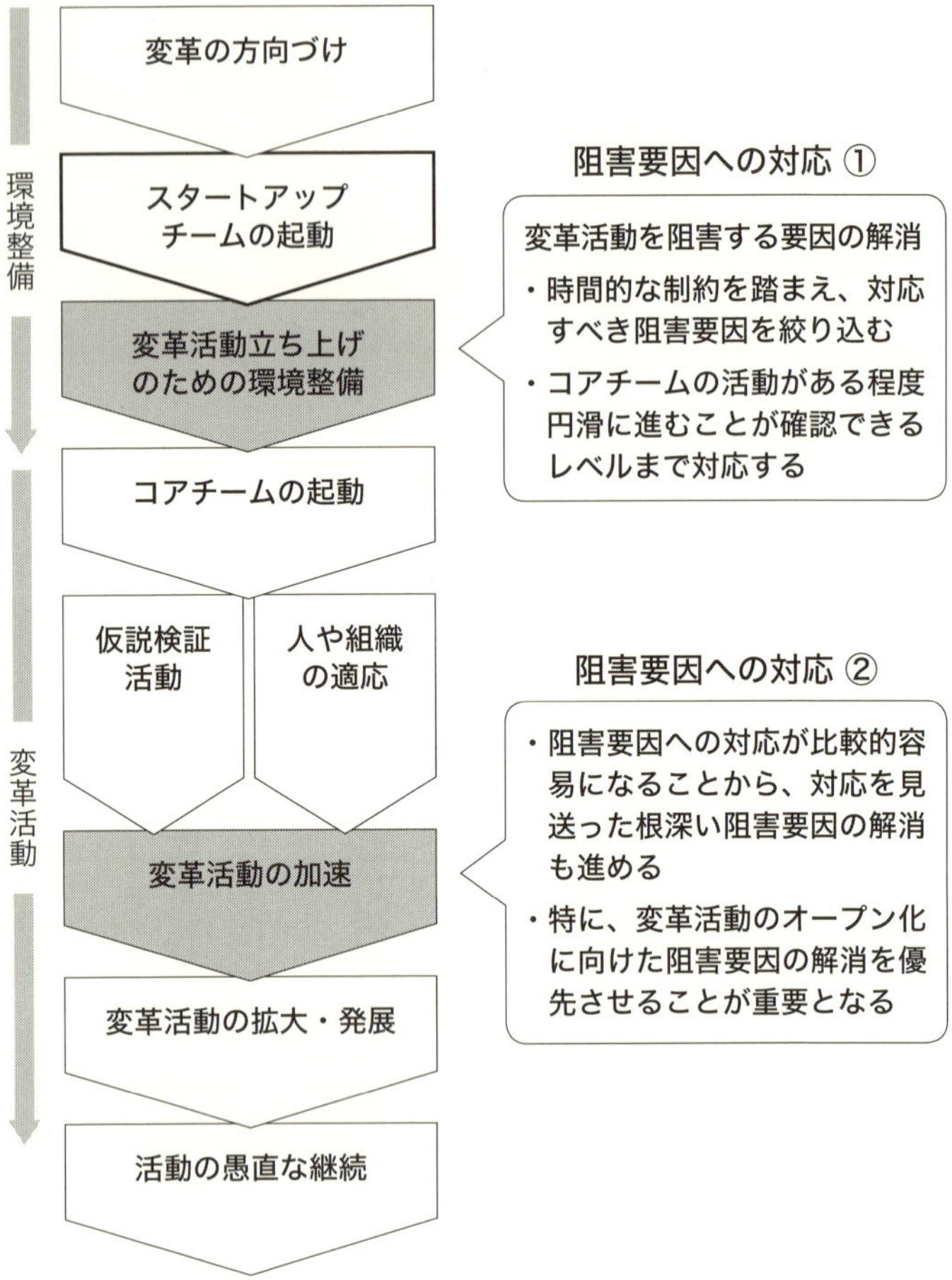
環境整備
変革活動
変革の方向づけ
スタートアップ
チームの起動
変革活動立ち上げ
のための環境整備
コアチームの起動
仮説検証
活動
人や組織
の適応
変革活動の加速
変革活動の拡大・発展
活動の愚直な継続
阻害要因への対応 ①
変革活動を阻害する要因の解消
・時間的な制約を踏まえ、対応すべき阻害要因を絞り込む
・コアチームの活動がある程度円滑に進むことが確認できるレベルまで対応する
阻害要因への対応 ②
・阻害要因への対応が比較的容易になることから、対応を見送った根深い阻害要因の解消も進める
・特に、変革活動のオープン化に向けた阻害要因の解消を優先させることが重要となる

では、環境整備フェーズでは解消できなかったが、変革活動の加速段階に至ることで比較的容易に解決できるようになる阻害要因とはどのようなものだろうか。

物語では、首都圏法人営業部の部長である山野の存在が、動かない山を支配する最も解消が困難な阻害要因に見えたに違いない。販売戦略プロジェクトを起動した当初、世良が幾度も働きかけたにもかかわらず、山野はプロジェクトに合流することを拒み続けた。それどころか、本部長の山崎と共に、社長室を訪れ、販売戦略プロジェクトの足を引っ張るような行動すら見せていた。だが、山野はアンコントローラブルな現場に悩まされる中で、この後動き始めた藤堂というオーナーの真摯な行動に触れる。そして自らのリーダーシップの限界を受け入れ、そのことが意識や行動に大きな変化をもたらしていくことになるのだ。これは、実際の事例に見られた出来事を参考にしている。

一般的に、変革活動に冷ややかな視線を送る各組織のキーマンらは、変革活動の勢いが増すにつれ徐々に態度を軟化させる傾向にある。また、それまで変革活動とは一線を引いてきた反発する層や無関心を決め込む層も、変革活動の明らかな加速を目の当たりにすることで短期間のうちにコアチームとの距離感を縮め始める者が増加する。

その鮮やかな変化は、オーナーやリーダーをして、今までの苦労は一体なんだったのかと拍子抜けさせるほどだ。もちろん、人や組織に関わる阻害要因以外にも周囲の理解が進むことで解消可能な阻害要因が増加する。よって、追い風が吹き始めたこの時期に、できる限り変革活動をオープン化する際の阻害要因を解消しておく必要があるのだ。

第22話

壁の突破、そして未来へ

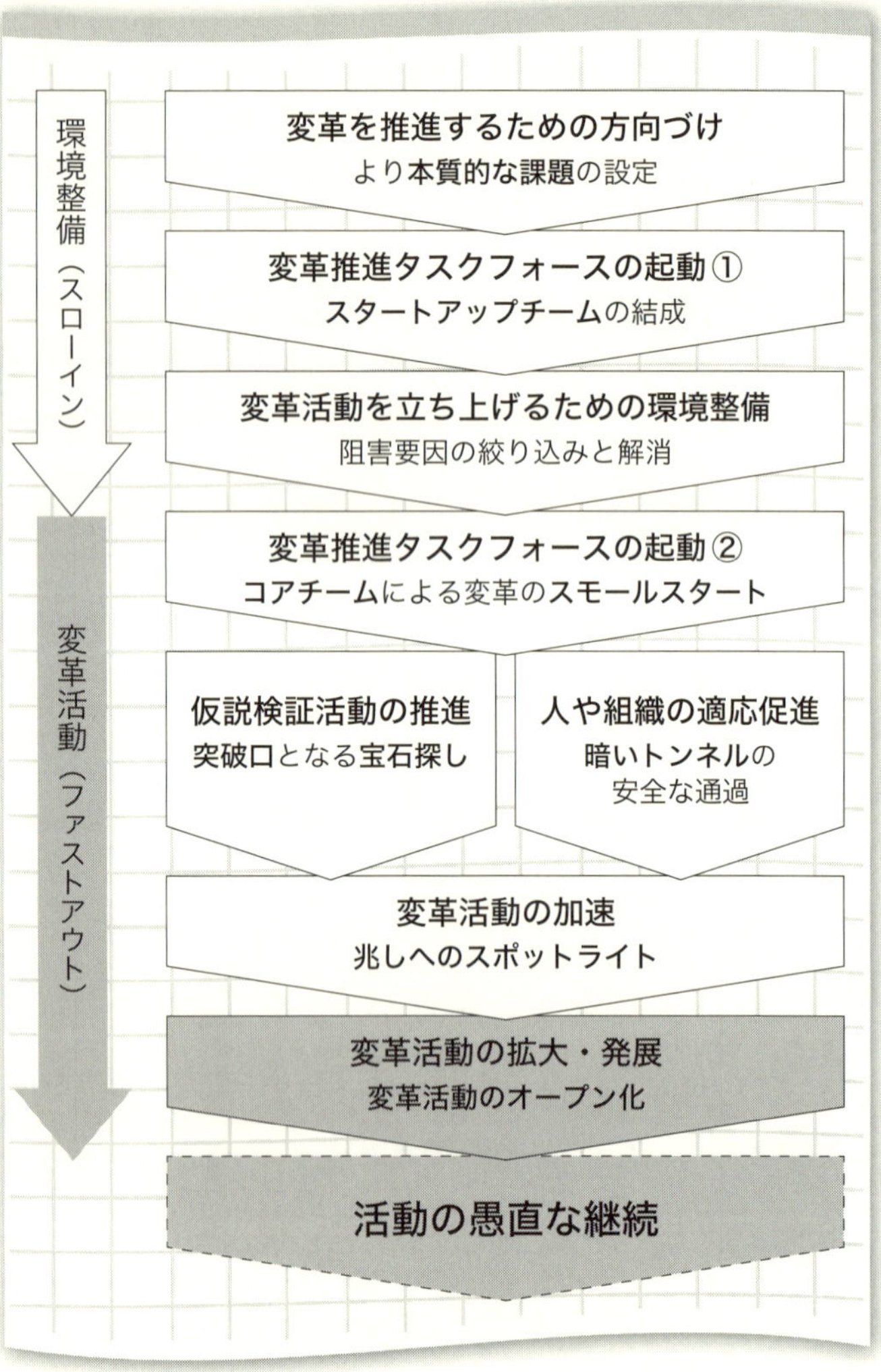
環境整備（スローイン）
変革活動（ファストアウト）
変革を推進するための方向づけ
より本質的な課題の設定
変革推進タスクフォースの起動①
スタートアップチームの結成
変革活動を立ち上げるための環境整備
阻害要因の絞り込みと解消
変革推進タスクフォースの起動②
コアチームによる変革のスモールスタート
仮説検証活動の推進
突破口となる宝石探し
人や組織の適応促進
暗いトンネルの
安全な通過
変革活動の加速
兆しへのスポットライト
変革活動の拡大・発展
変革活動のオープン化
活動の愚直な継続

転機

（1月の下旬だというのに、今日は随分と暖かい）

ある日の昼休み。一人で社屋を出た山野は、コートを着てきたことを少しだけ後悔した。

以前なら、部長の山野が席を立てば、企画担当の課長や係長が何名か後に続いたものだ。

しかし、最近は誰もついてこない。勢い一人で食事をとることが増え、社食にも行きづらくなって、外に出かけることが多くなった。

山野は、オフィス街から少し外れた小さな定食屋で昼食を済ませた。暖かな陽光が気持ちいいので、近くに流れる川べりを歩いて会社に戻ることにした。白く光を反射する水面をぼんやりと眺めながら歩いていると、背後から不意に声をかけられた。

「山野くんじゃないか」

藤堂だった。藤堂は一人、川に面して据えられたベンチに腰掛けていた。

「社長、こんなところで——。驚きました」

「私もさ。君が一人でさみしく昼食なんて、想像もできなかったからね」

痛烈な皮肉に聞こえ、山野は閉口した。

「……」

「まだ時間はある。少し話していかないか？」

藤堂が隣の空いたスペースに座るよう促すので、山野はやむなくベンチに腰を下ろす。

空は高く、真冬とは思えない良い日和で、川べりはひんやりとしながらも、芯から冷えるほどではない。何を話すでもなく、しばし2人の間に沈黙が流れる。山野はどうも落ち着かなかった。藤堂の期待に応えられていないことに加え、先般山崎と共に社長室に押しかけたこともあって、自分から話しかけるのも躊躇われた。

前営業本部長である長門の部下としてのし上がってきた山野にとって、これまで藤堂と直接会話を交わす機会はあまりなかった。もちろん、こんなふうに2人で並んで座ることも。

「以前から、山野くんに一つ聞きたいことがあったんだ」

黙って川向こうの景色を眺めていた藤堂が、思い出したように口を開いた。

「なんでしょう？」

「君は、どうやって東洋で最大の組織を動かしているんだ？」

咄嗟のことで、山野には藤堂が投げかけてきた質問の意図が掴めなかった。

「首都圏法人営業部の組織を運営するための会議体は……」

「いや、すまない。そうじゃない。質問が悪かったな」

「と言いますと？」

「質問を変えよう。なぜ、首都圏法人営業部の100名を超える社員らはみんな、君についていくんだ？」

「私が部の責任者だからですが……」

（違う。誰も俺についてきてなどいない……）

言葉とは裏腹に、山野は内心忸怩たる思いを噛みしめた。

「責任者だからか？　それだけではないだろう。現に、社長である私には誰もついてこないぞ」

藤堂は冗談ともつかない口ぶりで言う。

「そのようなことはありません。みんな社長の方針に従い……」

「山野くん、そういうのはいいんだ。ここは君と私だけだ。君の本音を聞かせてくれないか？　念のために言うが、私は何を言われてもたじろがん」

藤堂はそう言って笑った。

「……」

山野は一瞬、疑心暗鬼に陥った。東洋において、上司に対して自分の本音を語るなど、この上なく愚かなことだ。口車に乗って本音を吐露した結果、それが原因で、冷や飯を食わされた者など社内には掃いて捨てるほどいる。社長の藤堂を相手に本音を語れるものなど、あの突然変異の世良くらいのものだろう。山野はそう思った。

藤堂は急ぐでもなく山野の答えを待っている。

一瞬の逡巡があった。とはいえ、政権交代によって後ろ盾を失い、部下らへの影響力もほとんどなくなりつつある今、山野はどこか自棄になっていた。

(もう冷や飯を食っているようなものだ。今さら慎重になってどうする)

山野は自身の骨の髄まで染みついた東洋流の思考回路に気づき、思わず失笑した。

「私の質問の何が面白いんだ?」

藤堂は、顔だけ振り向いて、山野を見やる。意外にも気を悪くしたような雰囲気はない。

「……では、本音でお話ししましょう。私は自分自身に対して嗤ったのです」

「聞かせてくれないか?」

「少し時間がかかりますが、午後のご予定は?」

「ああ、それなら大丈夫だ。枝野さんは私が行方不明になるのには慣れている。なんとかしてくれるさ」

山野は藤堂と目を合わせることなく、川向こうを眺めながらポツリポツリ話し始めた。

「ご質問に対する答えになるかどうかわかりませんが、……。私についてくる部下など、今は一人もいません。いや、過去にそうしてくれていた者がいたかのかどうかも疑問です。

もちろん、私の権限を使い、これまで以上に強い指導をすれば、これまでがそうだったように、表面上従いはするでしょう。しかし、それも長くは続かないと思います」

そこまで聞くと、藤堂は姿勢を戻した。山野と同じほうを見ながら、口を開く。

「……本音を聞かせてくれてありがとう。君がそんなふうに感じているとは意外だった」

「私は長門さんには及びもつかないということです」

「それは、どうかな？」

今度は山野が藤堂の顔を覗き込んだ。

「実は君の上司の山崎くんも、君と同じようなことをね、話してくれたんだよ。まあ、一言で言えば現場がついてきてくれない、とね。はっきりとは言わなかったが、君がそうさせているのではないかと感じているようだった」

「まさか。私は社長のご指示を……」

「君が協力してくれたことは知っている。私から山崎くんに話そう。もちろん、今君が話してくれた内容は口外しない」

藤堂は言葉を選ぶように、ゆっくりと話す。

「おそらく、長門さんも現場がついてこないと感じていた。だから、あれほど部下に高圧的に接したのだと、私は思う」

藤堂は、またしばらく沈黙を守った。

「……つまり極端な言い方をすれば、東洋の中枢をコントロールしている幹部など、わが社には存在しないということなんだな」

「社長、そこまでは申しません。ただ私の力不足が招いた結果です」

「私もそうさ。自分の力不足を痛感する日々だ。それに、私に限らず自分こそはトップとしての責任を十分に果たせていると考える経営者がいるとしたら、それはもしかすると奢りなんじゃないかとさえ思えるんだ」

「……」

藤堂の表情は穏やかで、その胸中を推し量ることはできない。しかし山野は、思いがけないこの対話によって、ようやく自身が直面する現状を受け入れられる気がした。

ひんやりとした風が吹いた。藤堂は一度深呼吸をして、山野に向き合った。

「東洋テクノロジーは確実に衰退している。君も耳にしたと思うが、今年度も減収傾向を止めることはできそうにない。それどころか、不祥事によって社会的にも信頼を失墜し、その減収幅は過去最大となりそうだ」

「誠に申し訳ありません」

いろいろな気持ちが詰まった謝罪が口をついて出た。山野も今朝、首都圏法人営業部における今年度末の収益予測について報告を受けていた。山野はその数字を見ても、もう驚きはしなかった。これまで山野は減収しても、「減収しているのはどの部も同じ。首都圏法人営業部は東洋一番の稼ぎ頭で、社への貢献度が最も高い。他の部がもっと頑張ればいい」と考えていた。しかし、東洋の大口顧客を一手に預かる首都圏法人営業部の減収分を他の部が補うのは、実際問題かなり難しい。

それに、あの世良が変えた首都圏開発営業部は、僅かだが増収となったらしい。

「山野くん、このままではいずれ東洋は立ち行かなくなる。時間の問題だ」

「……」

「そうとわかっていながら、市場のトレンドを追いかけては、現場に対して小手先の方針を打ち出したり、商材を追加してむりやり施策にコミットさせたり、高い目標を設定して圧力をかけたり。われわれにはそんなことしかできないんだろうか？」

もっとたくさんできることがある。藤堂の表情はそう物語っていた。その表情に、山野は背中を押された気がした。

思えば、山野は本部長時代の長門とこんな会話をしたことがなかった。営業本部さえ業績を上げていれば、他はどうでもいい。長門はそんなふうに考え、利己的に仕事を進めていたからだ。長門から可愛がられ、引き立てられているうちに、山野もいつしか長門の考え方に染まっていたのかもしれない。

藤堂との会話を通して、山野には新しい価値観が芽生えつつあった。さまざまなわだかまりや虚勢が自然と融解して、山野は少しだけ自由になれた気がした。

(もう、捨てるものは何もないんだ。あの突然変異に影響されたと思われたくはないが、社長と一緒に東洋の将来のために、ってやつをやってみるのもいいかもしれん)

川べりを飛ぶ鳥の群れを眺めながら思案していると、ふと藤堂と目が合った。

「社長は行動を起こされた。”100冊のノートづくり“のお話もうかがいました。遅ればせながら、私も動き出したいと思います」

山野の口から、何も飾らない言葉が出た。

「誰から聞いたんだ? それは私の重要な秘密なんだぞ」

藤堂は少しだけ笑い、興味深げに山野に聞いた。

「それで君は何を始めるつもりだ?」

「社長はきっとお忘れでしょうね。私は、販売戦略プロジェクトの副リーダーなのです。その責任を果たしたいと思います」

そう言うと山野はスッと立ち上がり、藤堂に一礼して、その場を後にした。

新たに作られる仕組み

桐島チームは、着実に成果を上げ始めている。目下、細川はメンバーと共に、その背中を追いかけていた。企画本部が調達した新商材が販売停止となり、自社プロダクト第1号の拡販に切り替えた当初は、メンバーも随分ともたついたものだった。中には音を上げるメンバーも現れた。

その頃から、藤堂が毎日、首都圏法人営業部のフロアに降りてきてくれるようになった。そして、販売戦略プロジェクトのメンバー一人ひとりに、今日どんな兆しがあったのかと聞いて回った。小さな前進でもメンバーと一緒に喜んでくれた。

メンバーの話を聞いていて、ちょっとしたひらめきがあると「早速、桐島たちにも相談してみよう」と自分から首都圏開発部のメンバーを呼びにいった。今では細川のチームでも、小粒ながら着実な成果が生まれ始めている。

ある日、細川は、そんな藤堂からある頼み事をされた。実は細川も同じことを考えていたので、それを二つ返事で引き受けた。

販売戦略プロジェクトの活動を主体的に続けていると、営業担当者の目線や問題意識も少しずつ高まってくるものだ。

「新たな視点で日々の営業活動を見つめ直せば、今まで発見できなかった現場の問題点が見えてくるはずだ。これまでなら受け流してしまったようなお客様の声からも、新たな気づきが生まれるかもしれない。その中に、きっと東洋のビジネスを変えていくようなヒントが埋もれているはずだ」

藤堂は言った。細川自身は、プロジェクトの活動の質を高めるためのヒントが欲しいと考えていたので渡りに船だった。

おそらく、藤堂は社員らと例の模造紙トークを進めているうちに、一人ひとりが発見した問題点や気づき、アイデアが頭の中で消えていくのがもったいないと思い始めたのだろう。

「細川くん、君のチームのメンバーにこの付箋紙を渡してくれないか？　もちろん、強要するつもりは一切ない。東洋をもっと良くするために、われわれに何ができるのか、気づいたら書き留めておいてくれないかと伝えてほしい」

藤堂は、くれぐれも考えに賛同してくれるメンバーだけでいいんだと繰り返し念を押して、社長室に戻っていった。

社長の依頼だとは告げずに、細川はその件を早速メンバーらに持ちかけた。一部には少し負担に感じるメンバーがいたようだが、大方のメンバーは受け入れてくれた。しかも驚いたことに、自分のノートやスマートフォンのメモアプリにそういった断片的なアイデアを書き留める習慣を持つ者が多かった。

細川はそういったメンバーに付箋紙を配り、以降は思いついたら必ず付箋紙に書き、課の壁に貼り出した模造紙に共有しようと声をかけた。もちろん、細川自身もそうした。

月に一度、そういったアイデアに関して担当内で議論をしよう。その後、担当内の議論結果を取りまとめ、藤堂に資料を提出すればいい。細川はそう考えていた。

しかし思いの外付箋紙の増加が早く、およそ1週間で最初の模造紙が付箋紙でいっぱいになってしまった。次の模造紙を張っておこうかとメンバーと話している矢先、藤堂が例によって黒い筒を肩に引っ掛けフロアにやってきた。そして、熱心に付箋紙一枚、一枚を読み始め、盛んにメモを取った。

細川が「担当内で議論した結果を資料化し後日説明にいきます」と伝えると、藤堂は「ありがとう、だが私は、この生のアイデアにこそ大きな価値があると感じるんだ」と笑いながら答えた。

やり取りの結果、今後、模造紙が付箋紙でいっぱいになったら、その都度細川がそれを写真におさめて手元に残し、模造紙そのものを社長室に届けることになった。

細川は後に知ったのだが、藤堂は桐島にも同様の依頼をしていたらしい。どころか、社内を歩き回る中で見つけた協力を得られそうな管理者や職場のリーダーらにも声をかけていたようだ。

細川が打ち合わせで訪れたソリューション本部やエンジニアリング本部でも、ちらほらと付箋紙の束を手にする社員が見られた。社内情報を集めてみると、やはり企画本部や情報システム本部でも同様らしい。

どうやら、ごく一部ではあるものの、藤堂によって、東洋をもっと良くしていくためのアイデアが集まってくる仕組みが形成されつつあるようだ。


ある日、細川が新たな模造紙を社長室に持参すると、秘書の枝野がせっせとノートにメモを転記していた。聞くと、社長が手ずから付箋紙を一枚一枚、事務用ノートに書き写しているのを見て、来客中の間だけでもと、枝野が強引に作業を引き受けたのだそうだ。そのノートにはタイトルはなく、表紙に「No.3」という大きく書かれた番号が見て取れた。

「社長はこのノートを100冊作りたいのだそうです。きっと、東洋を素晴らしい会社にするための知恵がここに集まるはずだと」

枝野はにっこり笑った。

改善され続ける仕組み

手嶋は、火葬場の控え室で、やっと一息つくことができた。あまりの慌ただしさに、感傷になど浸っている暇はなかった。見送った父親の顔は穏やかで、駆けつけてきた親族らには長かった闘病生活を感じさせなかったようだ。喪主としての役割が終わるまでは、気が張っていたのだろう。手嶋は疲れがどっと押し寄せるのを感じた。

ほんの数日前まで、手嶋は桐島らが持ち帰ってくる顧客の声を反映し、新型デバイスのアップグレード版の検討に忙殺されていた。自社プロダクト第1号である小型省電力装置は、すでに桐島ら首都圏開発営業部のチームが開拓する新たな顧客層に受け入れられ始めていた。

その結果、一人ひとりの営業担当者が、顧客の期待感やさらなる要望を持ち帰るようになったのだ。そういった声を分析し、短時間で新型デバイスに反映することで市場性を高める。それが、動き始めた藤堂と交わした次なる約束だったからだ。

そんなときだった。オフィスに1本の電話が入った。父親の容態が悪化したという知らせだった。手嶋は酒井に後を任せ、病院に駆けつけた。父親にはまだ意識があった。手を握りしめた手嶋に、父親は蚊の鳴くような声で一言つぶやいた。

「よかったなあ、耕平」

本当にその一言だけだったが、手嶋には父親の気持ちがしっかりと伝わった。あのとき父が声を出せたのは、担当医が言うには奇跡的だったらしい。

手嶋としては、父親が旅立つ前に、なんとしても自社プロダクト第1号の事業的な成功を報告してやりたかった。だが、父親は、以前より頻繁に顔を見せに来るようになった息子の表情から、もう息子は心配ないだろうと、勝手に肩の荷を下ろしたようだった。それに、生きがいを取り戻し、全力で走り始めた息子の負担になりたくはなかったのかもしれない。

「親父。俺にだって、最後に伝えたいことがあったんだがな」

そう言いながらも、手嶋の胸中には、苦労をかけた父を仲の良かった母の元に安心して旅立たせてやれた安堵感がゆっくりと広がっていた。


もともと販売戦略プロジェクトは、単に数字を追い求めるものではない。今後、東洋テクノロジーのビジネスモデルを構成する優れた仕組みを作っていくこともまた重要なミッションだ。手嶋や桐島が担ったのは、顧客の生の声を収集し、より短いサイクルで製品の改良につなげていく新たな仕組みを実現することだった。

以前は結果の数字にしか興味を示さなかった藤堂が、独自の動きを開始した頃から、そんな仕組み作りに力を注ぐようになってきた。手嶋や桐島が実現した”顧客の生の声を製品改良に結びつける仕組み“を耳にした藤堂は、もっと顧客サイドに踏み込んだ取り組みができないかと注文をつけてきた。

手嶋や桐島は、早速伊賀を巻き込み、メンバーらと共にもっと踏み込んで顧客の声を収集する方法を議論した。その結果生まれた取り組みが”カスタマーレビューセッション“だ。これは、ものづくり推進室のメンバーが直接出向き、製品を導入していただいた企業の製品開発部門や調達部門を対象に突っ込んだヒアリングセッションを実施する試みだ。販売戦略プロジェクトの活動でその効果を実感できた模造紙を使った議論の進め方を、顧客ヒアリングに持ち込んではどうか。そういうメンバーのアイデアから生まれたものだ。

当初は恐る恐る進めていたカスタマーレビューセッションも、チャレンジを重ねるごとにメンバーらの腕も上がってきた。この頃は伊賀の同行がなくても深くニーズを掘り下げ、改良のヒントにつなげていけるようになってきていた。

ある日、枝野から手嶋に突然の連絡があった。午後に予定していた新葉電器向けのカスタマーレビューセッションに社長も同行させてほしいという。新葉電器側は、製品開発の責任者である役員や調達部長ら、東洋にとって重要なキーマンを含め7人ほどが集まっていただけることになっている。どうやら藤堂は、世良からその情報を入手したようだった。

藤堂が参加したカスタマーレビューセッションは、手嶋らものづくり推進室のメンバーにも強烈な刺激を与えた。挨拶が終わるや、藤堂がいきなり立ち上がり、セッションのファシリテーター役を買って出たからだ。当初は面食らった顧客側も、セッションが始まると俄然本気度合いが高まった。

ついには、会議室の壁一面に23枚もの模造紙を貼りつけ、新型デバイスを使ってお客様が実現されたいことや期待感、悩み事などをお聞きすることができた。むろん、このヒアリングの量や質は、手嶋や桐島が知る限り過去最高の出来だった。

「誠に失礼ながら、東洋さんは随分と変わられました」

セッション終了後、新葉電器役員の桜井氏から率直な感想が述べられた。

「以前、わが社の社長命令で御社との取引を停止せざるを得なくなった頃とは見違えるようだ」

調達部長の鬼頭氏も嬉しそうにそう付け加えた。

「そうおっしゃっていただけると大変嬉しく感じます。しかし、お恥ずかしながらまだまだ当社には変わらねばならないところが山積みされています。是非、今後ともお気づきの点がございましたらなんなりとご指摘ください」藤堂は深々と頭を下げた。

手嶋は、藤堂の傍で模造紙をまとめつつ驚いていた。手嶋はこれまで、気取った洋書が並べられた大きな書棚が鼻につく社長室にこもり、指示するだけの藤堂を”図書館長“とバカにしてきたからだ。

「社長、お言葉ですが、これまでの東洋の幹部像と比較すると私には社長がイカレているとしか思えません。念のために補足しますが、これは褒め言葉です」

手嶋は帰る道々、社用車の中で藤堂にそう伝えた。

「君だってそうだろう。それとも私の勘違いか？」藤堂は笑った。

藤堂は帰社するとすぐさま手嶋やものづくり推進室のメンバーを集め、先程のカスタマーレビューセッションの振り返りをやろうと言い出した。

藤堂自身のファシリテーションに関しても改善ポイントをあげるようにとの投げかけもあって、メンバーはセッションの進め方を大幅に改善することができた。

また、新葉電器役員である桜井氏による「更なる小型化もさることながら、新型デバイスの形状の変更が実現できれば、利用分野が一気に大きく開けるだろう」というヒントを踏まえ、藤堂からもう一段の性能アップも含めた新型デバイスの改良検討依頼があった。

現在ものづくり推進室が急ピッチで進めているアップグレード版の検討は、ここから始まったものだ。このアップグレードが実現できれば、既存の大口顧客が製造する幅広い製品への組み込みも可能となってくる。

このように、藤堂が牽引役となって、一度構築された仕組みも立ち止まることなくブラッシュアップが続けられていた。

手嶋が気づいたように、藤堂その人もまた変化を続けている。世良らはその藤堂の変化を「進化」と呼んだ。それが定着し、今ではプロジェクトのメンバーまで「社長がまた進化した」などと嬉しそうに話している。

世良が言うには、寺井会長の先代社長も、昼夜を分かたず事業のことを考え抜き、アイデアの実現にエネルギーを注いだようだ。寺井会長らも、先代社長のそのどんどん加速する行動や増殖するアイデアを「進化」と呼んで、恐れていたらしい。

(アップグレード版を世に出せれば、他社に対して更なる優位性を打ち出せる。ようやく、敗走を続けてきた大口の既存顧客向けビジネスでも、劣勢を挽回できるはず――)

「あと少しだ」手嶋は母親の位牌の横に、まるで生前の頃のように仲良くならんだ父親の位牌に向かい静かに手を合わせた。

ビジネスモデルへと紡がれていく仕組み

山野は、目の前に座らせた安藤と相馬、ものづくり推進室の酒井に向かって根気強く話しかけていた。山野の傍らには伊賀がにこやかに座っている。

「何度も言うが、私は敵ではない。コンタクトセンターの立ち上げを私なりに支援したいと考えているだけだ」

３人は無表情に沈黙を守っている。

ここは販売戦略プロジェクトの対策室。３人が打ち合わせをしているところに山野と伊賀が現れたのだった。

「皆さん、山野部長は販売戦略プロジェクトの副リーダーとして支援を申し出てくれているのです。せっかくの機会ですから話を聞いてみませんか？」

「……」

俯いたままの酒井、相馬とは対象的に、安藤は普段通り背筋を伸ばして座っている。だが、その冷たいまなざしは容易には打ち解けそうにもないことを物語っていた。

「安藤さん、突然お声がけしたのはお詫びします」

そのままでは進展が無さそうだと判断した伊賀が、笑顔で安藤に話しかけた。

「私も、先ほど山野部長に声をかけられ驚きました。しかしお話をお聞きすると皆さんにとってメリットも大きいと感じたので、お三方が打ち合わせをされていたこちらにお連れしたのです」

「……どのようなお話ですか？」

ようやく安藤が重い口を開いた。

「安藤さん、だったね。コンタクトセンターのコンセプトは伊賀さんからうかがったよ。私なりにその重要性を考えてみたんだ。それをまず話したいがいいかな？」

安藤は無言のまま先を促した。

「既存顧客向けの営業を長く続けていると、営業担当者はついつい顧客との関係に安住してしまうようだ。ある日、気がつくと重要なビジネスが他社に流れていたといった失策も実は少なくない」

「また、そういった個人間の関係に依存しきって、能動的な新規案件の創出などがなかなか進まないのが現状だ。君たちも知っての通り、企画本部の調達した新商材も、私の力ではどうしようもなかった」

伊賀は山野の傍らで話を聞きながら、その内容に驚きを隠せなかった。先ほど声をかけられた際は、コンタクトセンターの立ち上げに首都圏法人営業部が押さえている小会議室の一つを提供したいといった物質的な支援の申し出だったからだ。世良らが販売戦略プロジェクト対策室の近くにセンターとなる場所を確保できず、苦労している姿を見ていたことから、朗報だと感じたのだ。

伊賀としては、販売戦略プロジェクトの副リーダーである山野がいつまでも形ばかりのものである点をなんとか正常化したいと考えていたところでもあった。そこで、山野本人の強い要望もあり、伊賀もこの場所に同席したのだった。

山野がこんな問題意識を持っていたとは……。それ以上に、他者に対して自分の失敗を認めるなんて、伊賀の想像を超えた展開だった。

「このまま個々人が思い思いに営業活動を進めていては、業績を回復することなど不可能だと私は思う。私は、首都圏法人営業部、いや、営業本部が組織的な営業を実現していく必要があるんじゃないかと考えているんだ」

そのとき、安藤の表情に変化があった。伊賀は敏感にその変化を察知した。

「コンタクトセンターは大きな可能性をもっていると私は思う。首都圏法人営業部の営業マンは、アクティブな顧客にエネルギーを集中し、ビジネスに動きのない期間はコンタクトセンターが顧客対応を引き受ける。こういった組織的な分業で営業を進めていけないかと思案している」

「営業マンは勝手に振る舞いがちだが、コンタクトセンターの顧客応対はコントロールが可能だ。それに、1件あたりのコンタクトにかかるコストも直接訪問するよりも低く抑えることができる。やり方しだいでは、営業マン本人よりも顧客ニーズを深くお聞きしたり、時間がかかっても会社として戦略的に拡販していくべき商材の引き合いを生み出すような継続的な働きかけができるかもしれない」

安藤も心底驚いたようだ。伊賀はその理由を知っている。今、山野が語った構想は、安藤が尊敬してやまない細川の構想そのものだからだ。

(確かに、コンタクトセンターは、東洋にとって極めて戦略的な機能を担えそうだ)

伊賀は、山野と細川の構想を極めて重要なものだと感じていた。なぜならコンタクトセンターは、細川がこれまで構築してきた東洋のロックインモデル、桐島らが実現してきた顧客のパートナーになるための標準的な営業プロセスなどといった仕組みをつないで一つのビジネスモデルを実現する、重要な役割を果たすことになるからだった。

山野だけではなく、藤堂の真摯な姿勢に触れたさまざまな人々が一人、またひとりと主体性を発揮し始め、それぞれの形で販売戦略プロジェクトと関わりを持ち始めていた。

形づくられる東洋のビジネスモデル

そろそろ年度末が見え始める頃、販売戦略プロジェクトは今もって愚直な活動を継続していた。すでに、その起動から9カ月近くが過ぎようとしている。ここにきてようやく、東洋の新たなビジネスモデルが販売戦略プロジェクトのメンバーにも見えてきた。

実際には幾分形は変わったものの、新たなビジネスモデルの原型となる骨格は、1年半以上前、藤堂が社長に就任した直後に新中期ビジョンを含めた新中期計画として全社員に提示されていた。だが、その当時藤堂が語った内容を記憶している社員は今、どれだけいるだろうか？　世良は、ふと考えてみた。きっと、誰も記憶していないだろう。

すでに藤堂が社長に就任して2年目も中盤に差し掛かりつつある。

初年度は、何を成し遂げることもできず、ただ減収を余儀なくされた惨敗の年だった。続く2年目は、海外から新商材を調達したり、ものづくり推進室を立ち上げるなど、変革への取り組みを本格的に始動させる環境整備を進めた。

その後、藤堂の肝いりで販売戦略プロジェクトが立ち上がったが、未だ、減収を止めるところまでは成果を生み出せていない。それどころか、新商材調達に関する不祥事と東洋の信頼の失墜が、頼みの綱である既存顧客からの発注量を減少させてしまった。その結果、今期の業績は、早々と過去最高レベルの落ち込みが予測されるに至っていた。

何も知らない第三者から見れば、藤堂の采配は単に東洋の衰退を加速しているだけのようにも見えるだろう。

そんな圧倒的な劣勢にあって、藤堂は一心不乱に東洋の事業のことを考え、社員一人ひとりと向き合い本気で語り合い続けた。

当初、社員らは一様に藤堂のその行動を嘲笑った。だが近頃では、そういったネガティブな社員はかなり少なくなったように感じる。どんなに嘲りを受けても、毎日黒い筒を背負って社内を歩き回る藤堂の姿を見た社員らが、「ああ、この人は本気なんだ」「この人はぶれない」と気づいたからにほかならないと世良は思う。

最後まで藤堂に否定的な社員が多かった首都圏法人営業部のフロアですら、この頃は、藤堂の姿を見かけると必ず何人かの社員が話しかけ、議論し、語り合えるような雰囲気が生まれてきている。

藤堂と議論をし始めた者には、藤堂の本気さが伝わるのだろう。「自分も販売戦略プロジェクトに参画できないのか」という社員の問い合わせが経営企画部にもちらほら届くようになってきていた。

未だ、全体として藤堂を評価する声は少数派に過ぎない。しかし、藤堂の行動をフォローしたいと考える社員が着実に増えていることは確かだ。あとは、形づくられてきたビジネスモデルが機能し、少しずつでも成果を生み出せれば、一気に状況を変えていくことができるかもしれない。

”売る“機能を構成する「①顧客との接点を創造する仕組み」

世良は、改めてここ最近の出来事を振り返り、これまでに組み立ててきた新生東洋のビジネスモデルを俯瞰してみた。

東洋テクノロジーの新たなビジネスモデルでは、5つの機能が重視されている。”仕入れる“、”売る“という、商社として収益を上げてきた伝統的な機能を再構築することに加え、新中期計画ではものづくり東洋の復活を目指し、”つくる“という機能を立ち上げてきた。さらに、販売戦略プロジェクトの活動を通じ、メンバーや藤堂によって検討、追加された重要な機能が”つなぐ“機能と”支える“機能である。

東洋のビジネスモデルの軸であり、第1の機能は、やはり"売る"機能だ。これはいくつかの要素に分かれる。その入り口となる要素が「顧客との接点を創造する仕組み」だ。販売戦略プロジェクトでは、これまでの個人技による顧客開拓からの脱却が図られた。具体的には、顧客に向けた情報発信サイト「Tテクノロジー」と「テクノロジートレンドセミナー」である。

目下、サイトからの積極的なメールマガジンの配信や特集記事によって、サイトにアクセスする固定ユーザーも少しずつではあるが増加している。当初は販売戦略プロジェクトが運営していたこのサイトも、ビジネスアライアンス部がコン

図表12

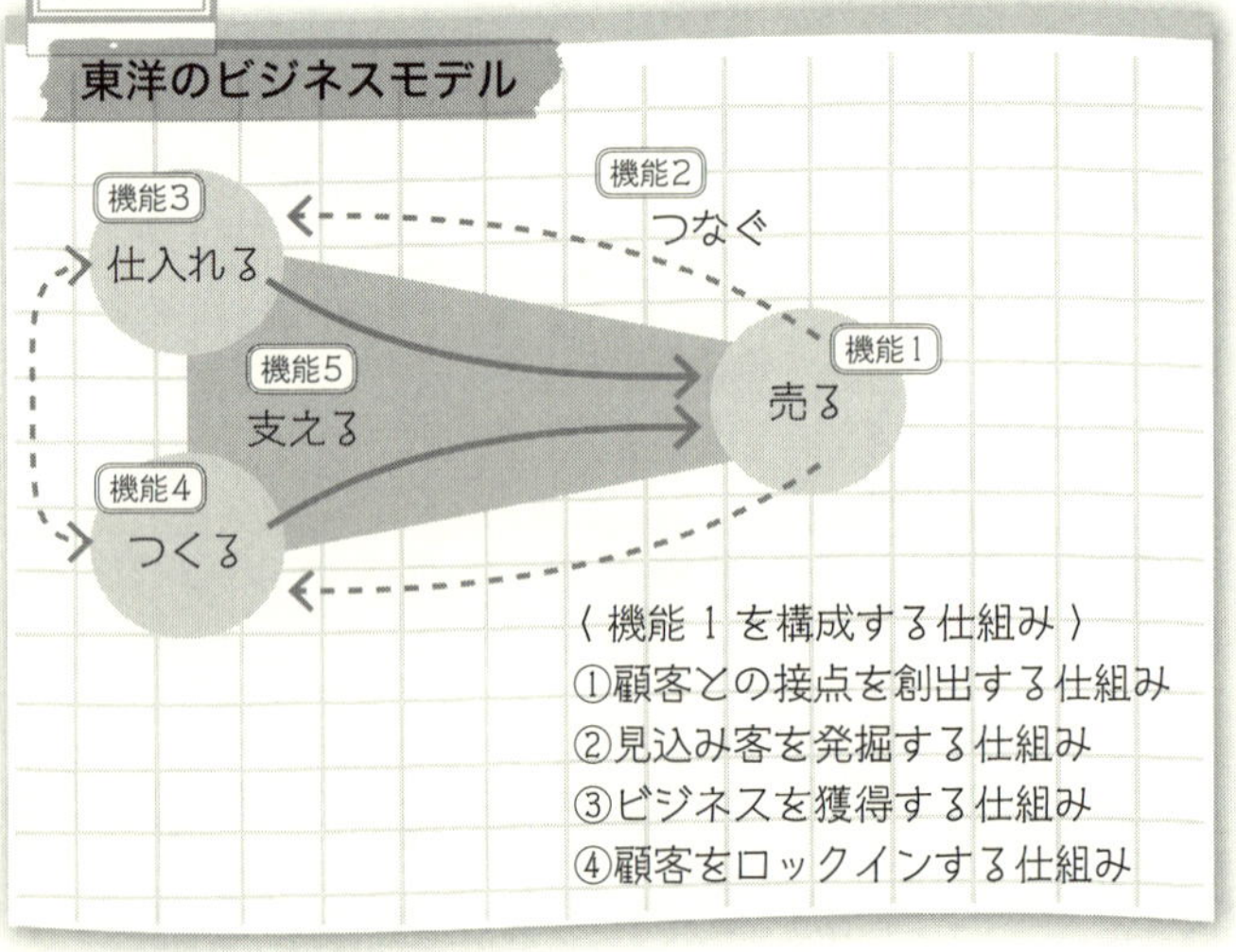

テンツ作成に加わり、より専門的な情報を提供するようになった。

磐田は、誰がどの情報を閲覧したのかといった情報を解析するツールを導入し、専門的にユーザーの視聴状況を分析する担当者を一人アサインした。

「Tテクノロジー」サイトの利用状況を踏まえ、ユーザーが抱える課題を分析しテーマの選定を行うなど、テクノロジートレンドセミナーの開催も回を重ねている。

当初、セミナーの開催を無視していた首都圏法人営業部の営業担当者らも、さすがに回を重ねる度に気になりだしたようだ。

特に2回目の開催以降藤堂が毎回参加するようになったことが何より大きい。藤堂はセミナー来場者をお迎えするホスト役として冒頭の挨拶を担当した。

5回目のセミナーでは、挨拶に留まらず冒頭の50分枠にプレゼンテーターとして登壇し、古い東洋の体質を知る顧客らを驚かせもした。

以前は配っても配ってもそのままゴミ箱に捨てられていたセミナーの案内状も、一部の営業担当者は自身のビジネスの拡大に利用し始めている。

第6回目のセミナーは、そんな協力者からの意見を反映し、セミナーのテーマを選定するに至った。ここでも、販売戦略プロジェクトの輪の拡大が感じられた。

テクノロジートレンドセミナーの標準化は随分進んだ。伊賀による振り返りと改善活動によって、今では、参加者の半数を超えるキーマンからセミナー会場で訪問のアポイントが取れる状況になってきている。ダイレクトメールが見込み客に届いてから、セミナーへの誘導、当日のアテンド、セミナーでの講演方法、そして15分間の休憩時間での営業担当者らの動きなど、全行程を通じての改善が進められた。

たとえば、前述の通り、藤堂は第5回目のセミナーに登壇したが、これは自身としては随分と不満の残る出来だったらしい。振り返りセッションに参画した藤堂は「もっとプレゼン中に情報がほしかった」と言い出した。

お客様がどこに興味を示されたのか、軌道修正の必要はないか、話すテンポや抑揚はどうか。こういった、講演者がより良いプレゼンテーションができるような情報提供があるといいと言う。

議論の結果、第6回目のセミナーから、メンバーらがプレゼンテーション中の聴き手の様子を詳しく観察することになった。手分けをして、聞き手がプレゼンテーションのどこでメモを取っているか、頷いてくれているか、退屈そうにしているとか、眠っている聞き手がいないかということもチェック対象となった。

そういう情報はリアルタイムに話し手に伝えたほうがいいということになり、頷きやメモを取る人が多い場合は、即座にディレクター役がスケッチブックに「いいぞ！」とその場で大書きして、会場後方からプレゼンテーターに伝えるようになった。

これは話し手にとっても、モチベーションの高揚に役立ったようだ。「残り○分！」「もっと大きな声で！」といったメッセージから、「たまには冗談言え」なんていうことまで、プレゼンテーターもサポートするメンバーも、一体となって来場者への訴求を考えた。

こうした取り組みがセミナーの固定客を生み始め、第7回目のセミナーの申込者数は第1回目の3倍にまで増えた。世良としては、いつ、どのような情報をプレゼンテーターに伝えるのかといった細かな要素さえ、東洋の大きなビジネスモデルを支える重要な構成要素に思えてならなかった。

”売る“機能を構成する「②見込み客を発掘する仕組み」

”売る“機能の次の仕組みは、「見込み客を発掘する仕組み」だ。セミナー会場で訪問のアポイントが取れた見込み客はそのまま営業担当者がフォローする。他方、アポイントに応じていただけなかった来場者は、「コンタクトセンター」がフォローすることになった。

藤堂は早くからコンタクトセンターの可能性に気づき彼女らの活動を強力にサポートして

いた。

コンタクトセンターは、販売戦略プロジェクト対策室に隣接する小会議室に設置された。なんと、驚いたことにあの山野がその会議室を販売戦略プロジェクトに提供し、コンタクトセンター室として使うことを許可したのだ。

細川を責任者として、安藤、相馬、技術支援の酒井が運営するコンタクトセンターは、今、ようやく立ち上がりつつある。目下、安藤と相馬は、コンタクトセンター室に詰めて伊賀の支援を受けつつ顧客アプローチの標準化を進めている。

アポイントをいただけなかったお客様に電話でアプローチしたからと言って、にわかにビジネスチャンスが生まれるわけではない。継続的にセミナーにご来場いただきながら電話やメールでフォローを進め、顧客のニーズを把握していくのだ。それ以外にもさまざまなタイミングを捉えて電話による定期的なアプローチを実施し、ヒアリングや問題提起を試みて提案の機会を生み出していく。顧客によっては、長期戦になる可能性だってありそうだ。提案の機会が得られた段階で、桐島や細川のチーム、更には担当する顧客をセミナーに招いてくれた営業に顧客対応をバトンタッチする流れとなっている。

コンタクトセンターの可能性に気づいた磐田から思わぬ提案があった。「Tテクノロジー」の視聴分析を任せている新谷を営業本部のコンタクトセンターに常駐させたいと言う。さらに、コンタクトセンターに顧客データベースを運用させようと言うのだ。

この顧客データベースには、見込み客だけでなく既存顧客の情報も統合し、営業担当者やコンタクトセンター、さらにはものづくり推進室によるカスタマーレビューセッションなどの接点も含め、あらゆる顧客接点の情報を集約していきたいと磐田は考えた。新谷は安藤や相馬、酒井と連携し、「Tテクノロジー」の視聴分析だけでなく、そういった「顧客データベース」を運営する。つまりコンタクトセンターは、まさに東洋テクノロジーオリジナルなＣＲＭ（Customer Relationship Management）の中心となるのだ。


活動の甲斐があり、新規の見込み客がはじめてセミナーに参加した際に会場で訪問アポイントが取れなくとも、その後の継続的なフォローアップによって3カ月以内に再びセミナーに参加してくれるケースが全体の80％を超えるようになった。セミナーへのリピート率が高まれば、営業担当者が会場でアポイントを取り直すことができるようになる。

しかも、安藤と相馬はケースごとの標準トークを徹底的に改善し、電話という制限のある手段でも、フォローした顧客の多くから、なんらかの形で悩み事ややりたいことを聞き出せるようになった。それを事前に営業担当者に引き継ぐことで、セミナー会場での訪問アポイントの取得確率を高めつつあった。世良は、２人の女性社員の熱意と行動力にただただ脱帽するばかりだった。

実際に顧客の元へ足を運ぶ営業担当者と、電話やメール、「Tテクノロジー」サイトなどを活用しキーマンを直接フォローするコンタクトセンター。今、このタッグが強力に噛み合い始めた。

”売る“機能を構成する「③ビジネスを獲得する仕組み」

東洋のビジネスモデルの軸となる”売る“機能は、「顧客との接点を創造する仕組み」、「見込み客を発掘する仕組み」を経て、具体的なビジネスにつなげるための「ビジネスを獲得する仕組み」につながる。

この仕組みは、まさに営業活動そのものである。ベースとなったのは、世良が開発営業部時代につくり上げた「顧客の課題を解決するための標準的な営業プロセス」だ。これを販売戦略プロジェクトがさらにブラッシュアップしていった。

はじめて新規の見込み客を訪問する「初回訪問」では、ベースとなる人間関係を築くだけでなく、後日「課題ヒアリング」セッションを実施するお約束をいただくことがゴールとなる。

これまで桐島チームでは、課題ヒアリングには白紙のA３用紙を使用していた。しかし販売戦略プロジェクトでは、すでに模造紙ヒアリングの教祖となった藤堂が「せっかくなら大きい模造紙を壁に貼ったほうがいい」と言い始めた。

メンバーが試してみると、確かにお客様と情報を共有しやすく、コミュニケーションも取りやすい。すぐさまプロジェクトの全メンバーが、藤堂と同じ黒い筒を持って客先に出向くようになった。

後に、藤堂がこの黒い筒を背に担いだ営業担当者の後ろ姿を見て、「まるで大砲だな」と言った。しばらくすると、プロジェクトでは模造紙、付箋紙、太めのサインペン、養生テープなどが入った筒が「バズーカ」という共通言語で呼ばれるようになった。

顧客からお聞きしたお悩み事ややりたいことは、営業担当者が作成するオリジナルの提案書に活かされるようになった。顧客から課題を「聴いて」、それを分析し解決策を「考え」、提案書に「描く」。この顧客のパートナーになるための取り組みは、かつて桐島らにより「パートナーの基本動作」と名づけられていた。

それを細川チームも受け継ぎ、以前は調達先の営業担当者らに書かせていた提案書を、今ではメンバーが自ら作成する習慣が身についている。基本行動を取り始めた当初はメンバーにとってかなりの負担となったのだが、それも習熟が進むと随分と効率化することができてきた。

標準プロセスでは提案書を2回作成し、提示することになっていて、それぞれ「初期提案」「詳細提案」と呼ばれている。これは、顧客と共に提案書を作り上げるという思想が根底にあり、いずれも受注率を向上するための改善の過程で獲得できたノウハウの塊だった。

しっかりと提案を実施した後は「意思決定支援」のプロセスに移行する。提案で良い感触を得られても、顧客がうまく社内で合意形成していただけないと失注する可能性もある。パートナーとして、顧客と一緒に導入の進め方を考えるというのが受注率を高める最後の工夫であった。販売戦略プロジェクトにおいて徹底的にブラッシュアップされたそれら標準的なプロセスは、徐々に受注率の向上を実現していった。

藤堂は、販売戦略プロジェクトを通じ、はじめて世良が首都圏開発部で実現した「顧客の課題を解決するための標準的な営業プロセス」に触れることができた。その結果、なかなか具体的なイメージが持てなかった東洋テクノロジーの新たなビジネスモデルにも随分と理解が進んだようだ。

”売る“機能を構成する「④顧客をロックインする仕組み」

顧客を戦略的に囲い込む仕組みは、細川らのチームにおいて「東洋のロックインモデル」として実現されてきた。

新規顧客の場合、仮にビジネス自体が大型であっても、利益幅では不十分なケースも多い。なにしろ顧客開拓にはかなりの営業コストを要するし、他社に競り勝つための戦略的な価格づけも求められる。だからこそ、せっかく開拓した顧客との取引を長期的なものにしつつ、その過程で営業活動を含めたオペレーションの効率化を進め、適正な利益の確保を図っていく必要がある。

「顧客をロックインする仕組み」は、いわば、東洋を支える収益基盤を強化、拡大していくための仕組みである。これまでの大口顧客向けの営業活動が、社員一人ひとりの個人技に任されていたことを考えると、東洋を支える屋台骨は他社の攻勢などによっていつガラガラと崩れ去ってもおかしくない状況にあったと言える。

実のところ、大口顧客を担当する首都圏法人営業部では、これまで既存顧客を受注規模や事業分野以外で分類したことがあまりなかった。

ところが細川チームは、企画本部が調達した軽量液晶モニターの拡販活動を通じ、そういった新商材の提案が進む顧客とそうでない顧客が存在することに気づいた。

提案が進まないケースの最も典型的な例が、受発注の窓口担当者に阻まれて提案すべき適切なキーマンに会えないというものだった。そういった実情を踏まえ、新商材をスムーズに提案していける顧客との関係性とは何かと考えたのが「東洋のロックインモデル」の検討につながった。

顧客との関係性を評価するものさしは、その後改善が加えられて現在5つに増えている。「営業接点」「組織接点」「製品・支援」「情報接点」「ビジョン」という観点がそれだ。それぞれを5段階で評価する。

「営業接点」の観点では、資材調達部門や企画設計、製造など、関連する部署のどの層まで会いたいときにお会いできるような人間関係が構築できているかを見る。

「組織接点」は、藤堂の発案で加えた観点だ。営業本部だけでなく、エンジニアリング本部やソリューション本部の技術者が顧客の製品開発を直接支援するような関わりができているかをチェックする。これは藤堂が「営業本部だけで顧客をご支援するのではなく、組織的なサポートが重要だ」と気づいたために導入された。

「製品・支援」の観点では、東洋の優位性がまだ比較的高い商材を絞り込み、その導入状況をチェックする。独自性が高い製品を導入していただけていると、他社へのスイッチングコストもまた高くなるからだ。

「情報接点」の観点では、「Tテクノロジー」サイトへの会員登録、セミナーへの参加状況、さらには東洋の幹部クラスが顧客幹部層に人脈形成できているか否かといった観点も視野に入れて評価する。

「ビジョン」では、顧客による次年度の製品開発プランの策定にどこまで東洋が参加できているか、入札ではなく特命でビジネスの相談をいただけているか、どこまで顧客からのビジョンが積極的に共有されているかなどを見る。

総合的なロックインレベル評価は、5つの観点の最も低い評価が適用される。つまり、5つの観点のうち、1つでも0という評価があればその顧客のロックインレベルは0となる。厳しいが、市場における熾烈な競争を考えれば致し方のないことだ。

もともと新商材の提案を進める上で必要な関係性を固めておくために生まれたモデルではあったが、この東洋のロックインモデルは、まさに現時点における顧客の囲い込み度合いを表すものである。

改めて第5担当の既存顧客97社をこの新しい評価モデルに当てはめてみると、予想通り100%近くがレベル0に近い状況であることがわかった。しかも、総合的なロックインレベルが0と評価された顧客企業のすべてが複数の観点で0と評価されていた。

つまり、いつ他社の攻勢でビジネスを失っても不思議ではないほどに関係性の希薄な顧客が多かったというわけだ。細川らは、営業本部内で販売戦略プロジェクトの活動に理解を示す一部のシンパ層に、各々が担当している顧客のロックインレベルを自己評価してもらうことにした。

すると、結果は細川チーム内での調査結果とほぼ同じであることが裏付けられた。しかも、協力者全員に指標に関するアンケート調査を実施したところ、誰一人として「指標が現実離れしている」とは感じていないという結果が得られた。

藤堂は、それらのデータの説明を受け、「まずは顧客との関係性を向上させよう」と言った。そして、調査に協力してくれた営業担当者を伴い、実に150社を超える企業のキーマンに自ら挨拶に出向いた。

「東洋のロックインモデル」の素晴らしさは他にもあった。このモデルを理解すれば、一度契約が取れた顧客から継続的にビジネスを得るために、次に自分が何をすべきかということが一目瞭然でわかる点だ。

簡単に言えば、ロックインレベルの評価を下げている項目にターゲットを絞り、状況を改善すれば良いのだ。そのシンプルさは、まだ営業経験の浅い若手や中堅層に至るまで、自分自身の顧客との関係性を棚卸しできさえすれば、次のアクションに移れるようにした。すでに藤堂と共にキーマンを訪問した営業担当者らの間では活用が始まっている。

東洋は、今後、藤堂のリーダーシップによってこれら5つの仕組みを常に改善しながら〝売る〟機能の生産性を徹底的に高めていく取り組みを進めていくことになる。

〝つなぐ〟機能

販売戦略プロジェクトに参加した若手社員、相馬の発案。自ら抱えていた問題意識にピタリと当てはまったその着想を理論的に膨らませ、そのコンセプトを明確化した課長の細川。そして、恐れを知らぬ行動力で藤堂にセンターの立ち上げを約束させた安藤。この3人の女性らが起動したコンタクトセンターが、〝つなぐ〟機能の中枢として、新たな東洋のビジネスモデルの一つの大きな柱になった。

コンタクトセンターは、新中期計画の構想には描かれていない。まさに、販売戦略プロジェクトの活動の中から生まれた仮説検証の賜物だった。

コンタクトセンターの主な業務は、セミナーでアポイントをいただけなかった見込み客のフォローアップから始まった。つまり、新規の顧客開拓の分野だ。

次に、細川の強い意向で、細川ら第5担当が抱える既存顧客のリテンションを含めたロックインレベルの向上においてもその役割を果たすようになった。

顧客をロックインしていく過程では、営業の効率性も問われる。従来の東洋では、既存顧客にべったり張りつき、御用聞きをすることが営業だと考えられてきた。

しかし、既存の大口顧客といえども常にビジネスが動いているわけではない。そういった場合は、顧客対応をコンタクトセンターにリレーし、同社のキーマンに対して直接定期的にお困り事ややりたいことなどをヒアリングしたり、時に問題提起を実施し、東洋の新商材のセールスのきっかけをつくるなどの効率的なフォローを続ける。

コンタクトセンターがセールスリードを生み出した段階で再び営業担当者に対応を引き継ぐという分業がより緊密に実施できれば、営業担当者のリソースを儲かるビジネスに集中して投入でき、営業本部の成果を最大化することが可能だ。

ビジネスアライアンス部の磐田は、このコンタクトセンターに大きく期待を寄せる一人だ。前述の通り磐田は、コンタクトセンターを東洋独自のＣＲＭの中枢にしたいと考えている。

販売戦略プロジェクトの活動が進展すると、営業フロントである桐島や細川は、模造紙による課題ヒアリングで膨大なニーズ情報を持ち帰るようになった。また、手嶋らものづくり推進室もカスタマーレビューセッションの実施によって、より深いニーズ把握を実践し始めている。さらにコンタクトセンターによる顧客からの情報収集も見逃せない。

こうした取り組みで集まった情報は、磐田らのビジネスアライアンス部や、将来的にはソリューション本部における新商材の調達に活かすことができるようになる。もちろん、手嶋らエンジニアリング本部の自社プロダクト開発においても同様だ。

まだ本格的にビジネスモデルが機能し始めているわけではない今、先んじてその情報の器となる顧客データベースを構築。情報の最前線であるコンタクトセンターに運用させたいと磐田は考えている。そして、実際に新谷という優秀な若手社員をコンタクトセンターに送り込みもした。

傍で、藤堂の構想もまた、どんどん膨らんでいった。思いついたアイデアを持参し、コンタクトセンター室を訪れるのが日課になった。

しかし、とりわけ幹部に厳しい安藤は藤堂の先走りが気に食わないらしく、「まだ歩き始めて間もないコンタクトセンターの足元を固めることが重要だ」としばしば藤堂と論争を起こしていた。それもまたコンタクトセンターの日常であった。

コンタクトセンターは、3人の女性によって小さなスタートを切った。

この取り組みが短期間にビジネスチャンスを量産できるものではないことを販売戦略プロジェクトのメンバーはみんな理解していた。しかし、中期的な顧客へのアプローチによって、コンタクトセンターがいつか必ず年間を通じて一定のビジネスを創出し続けられる重要な役割を果たすだろうという揺るぎない確信を持っている。

このセンターが実現する”つなぐ“機能が、いつか東洋のビジネスモデルを大きく特徴づける要素となるだろう。世良にもそう思えた。

”仕入れる“機能、”つくる“機能

東洋は、機械・半導体商社として発展した歴史から、多くの製品・サービスをパートナーからの調達に依存していた。本来はソリューション本部がその”仕入れる“機能を担ってきたのだが、長年の営みから業務はルーチン化し、藤堂が期待するような戦略的かつスピーディーな調達先の開拓など望むべくもなかった。

ソリューション本部のミッションは、あくまでも既存の調達先との良好な関係の維持とコストコントロールだと捉えている者も多かった。こう言うとソリューション本部が随分と怠けているように聞こえるかもしれないが、優位性をもつパートナーを自社に囲い込んでおくことや、他社よりも有利な条件で商材を調達することは東洋が提供する付加価値を維持するには極めて重要な役割である。

実は、ソリューション本部においても、新たに調達先を発掘する活動がないわけではなかった。しかしいかに戦略的な見地から新商材を調達しても、これまでは営業本部が積極的に扱おうとせず、企画倒れに終わることが多かったのだ。

新商材を調達する度に、営業本部の幹部や現場社員らは売れない理由を声高に叫んだ。そしてまさに磐田が苦しんだように、ソリューション本部はいつしか前向きな取り組みを半ば放棄していったのだった。

制御不能な営業現場は、まるでモンスターのように東洋が持っていた強みの数々を麻痺させ、弱体化させていったのだと言えなくもない。

そういった生々しい実情を理解していない藤堂によって、企画本部内に戦略的なパートナー発掘をミッションとしたビジネスアライアンス部が設置された。これにソリューション本部の幹部や社員らは「経験がモノを言う世界だ。素人に何ができる？」と冷ややかな視線を送った。そして、誰もが新中期計画を絵に書いた餅だと嘲笑った。

しかし今、紆余曲折があったものの、ビジネスアライアンス部が関わった販売戦略プロジェクトは、これまでソリューション本部が引っ掻き傷すら作れなかった営業本部の現場を変えることに成功しつつある。

ソリューション本部内でも、若手中堅の社員から「ビジネスアライアンス部や販売戦略プロジェクトと連携すべきではないか」といった会話が囁かれているらしい。

世良にはこの変化が、組織の垣根を超えてボーダーレスに動き回るようになった藤堂が、頑迷だったソリューション本部の現場に一つ、また一つと小さな火種を植えつけていったことと無関係だとは思えなかった。

ビジネスアライアンス部は、磐田のリーダーシップで蘇生した。すでに、第2第3の新商材の調達企画を藤堂や販売戦略プロジェクトにぶつけている。

だが、それ以上に世良が頼もしく思うのは、ビジネスアライアンス部の部長である磐田が、ソリューション本部の幹部と今後の東洋における〝仕入れる〟機能について議論を交わしていることだ。

藤堂も磐田の動きを積極的に支援している。磐田らは、中期的には、企画本部に立ち上げた戦略的な調達機能を、ソリューション本部に移行し、更なる強化を図っていく方向性を固めつつあった。

一方、"つくる"機能は、厳しい産みの苦しみがあったものの着実に立ち上がりつつある。その後、新葉電器の桜井氏からのヒントを重視し、小型省電力装置がより広範囲の製品に活用されることを目指し、その形状を見直した。藤堂からは、性能の改善も注文されており、手嶋や酒井らはまたしても修羅場へと逆戻りをした。

その甲斐あって、細川チームが既存顧客からついに待望の大型契約を獲得することができた。顧客から発注の知らせがあったとき、細川は随分と報われた気がしたものだ。だが、桐島チームの背中はまだ先だとチームメンバーに気合を入れ直すことも忘れなかった。

専務の菊池は、手嶋らと議論を重ね、新たな製造ラインへの投資を検討するとともに、ものづくり推進室を拡大するプランを検討し始めている。

その構想には、自社におけるものづくりに関するものだけではなく、「顧客のものづくり」を上流工程からサポートする、東洋オリジナルのサービスを実現する方針も盛り込まれている。

その構想は、世良や手嶋らが密かに「Tノート」と呼ぶノートから生まれたものらしい。藤堂が大切にしているその事務用ノートには、表紙に番号だけが書いてある。手嶋が最近社長室で目にしたものには「No.9」と書かれていた。藤堂の豊富なアイデアは、びっしりと文字や図が書き込まれ、手垢がついたそのノートから生まれているのだと手嶋はそのとき枝野から聞かされた。

ものづくり推進室もまた、藤堂による「もっと顧客サイドに踏み込めないか」という問題提起に端を発し、導入顧客を対象にした「カスタマーレビューセッション」という手法を手に入れた。

この手法は、磐田らのビジネスアライアンス部にも展開され、新たなパートナー発掘の分野においても活用されている。

東洋のビジネスモデルに欠かせない〝支える〟機能

新生東洋が実現を目指すビジネスモデルの目に見える部分には、〝仕入れる〟〝つくる〟〝売る〟そして、それらを〝つなぐ〟という4つの機能が存在する。しかし、世良や伊賀が当初から重視したのは、それらを〝支える〟5つめの機能である。

〝支える〟機能は、各々の機能をミッションとする組織を活性化させ、緊密な相互連携を実現するうえで極めて重要な要素となる。

もともと、東洋には縦割りの組織風土が根強く定着していた。

新しいビジネスモデルを継続的に機能させていくためには、組織間に横たわる垣根を取っ払い、風通しを良くしなければならない。むしろ、根本的に旧来の組織風土から脱し、新しい風土を醸成することが必要だ。新しいビジネスモデルをつくったにもかかわらず、時を経ず元に戻るようなことがあってはならない。

藤堂や世良の言う〝東洋の根っこ〟という部分こそ、まさにこの組織風土である。上辺の仕組みがいくら最適化されたとしても、根っこが変わらなければ元の木阿弥に戻る可能性だってあるのだ。

藤堂は社長就任時に、新中期ビジョンを含めた新中期計画を各拠点でプレゼンテーションして回った。にもかかわらず、社員の興味や関心は極めて希薄だった。

本来なら、藤堂が提示したビジョンに対し、さまざまな場所で活発な議論が交わされ、疑問があれば経営企画部に問い合わせがくるなどのリアクションがあってしかるべきだ。腹に落ちればビジョンを具体化するための主体的な行動も見られていいはずだ。だが実際は何も起こらなかった。

藤堂は、かねてより誰も彼もがこれまでと同じことを、これまでと変わらないペースで続けている日常に疑問を持たない管理者や社員に強い不満を持っていた。

組織風土の刷新は、新たなビジネスモデルを受け入れ、定着させて、改善を続けていくために避けては通れない経営課題である。世良や伊賀はそう考えていた。

そこで、一人ひとりの社員、管理者の育成に留まらず、東洋テクノロジー全体で新しい組織風土を醸成する過程を戦略的に牽引するために、企画本部を母体とした専門組織の設置を提案した。

藤堂としても、総務部に管理者教育の企画を指示したものの、なかなか実現しなかった経緯がある。それに、個々人のスキルアップのみにメスを入れるだけでは、東洋の"根っこを変える"という経営課題にインパクトが与えられるとも思えなかった。

藤堂に否やはなかった。こうして来期から新たに「コーポレートカルチャーデザイン部」が新設されることとなった。

コーポレートカルチャーデザイン部のミッションは、東洋が確立を目指すビジネスモデルを効果的に運用するための人材育成や組織風土の醸成を戦略的に進めていくことにある。

藤堂の肝いりで、コーポレートカルチャーデザイン部の最初の仕事は、販売戦略プロジェクトの活動結果を反映した「新中期計画2.0」の浸透活動になる予定だ。その後、新年度の第2四半期には、販売戦略プロジェクトへの参画をオープン化し、手を挙げればどの本部からでも自由に参加できる仕組みを実現していく。

また、下期からは、ビジネスモデルを継続的に磨き上げていくための小集団活動の立ち上げが検討されることになっている。いずれもが、藤堂が懸案事項として重視した"東洋の根っこを変える“ために効果が見込める打ち手であった。

しかし、現時点において「東洋の新たなビジネスモデル」は、まだ、藤堂をオーナーとした販売戦略プロジェクトが実践する業務の範囲で小規模に機能しているに過ぎない。

さまざまな兆しや実績が生まれているのは事実だが、経営に大きくインパクトを与えるほどの成果を上げているわけではない。世良は、将来に向けた手ごたえとは裏腹に、見えてきた年度末までの時間を思うと、ジリジリとした焦りを禁じ得なかった。

大木の焦燥

大木の日常は、これまでとなんら変わりはないように見えた。

今年度末は例年以上の大幅な減収が見えていることもあって、東洋最大の大口顧客を持つ首都圏法人営業部の第1営業担当はいつものように脚光を浴びていた。最近活発に動き出し、大木の目の上のたんこぶになりつつあった部長の山野も、最後に数字をつくるためには、大木の手腕に頼らざるを得なかったのだ。

だが一つだけ、気がかりなことがあった。例によって販売戦略プロジェクトの活動である。藤堂が自ら先頭に立って活動を始めたときには、正直、驚いた。これには何か手を打たねばならないと、大木は焦りを禁じ得なかった。

だが、あの社長室にこもりきりだった藤堂がフロアを徘徊し始めると、意外にも、悪評があちこちで一気に湧きあがった。「社員に親しく声をかけて人気取りとは情けない」「社長は社長の仕事をすべきだ」など、社長を揶揄する声が現場に溢れたのだ。ついには「なりふり構っていられない社長が可哀そうだ」といった同情論まで出てくる始末だった。大木としては、随分と溜飲が下がる思いがしたものだ。

ところが、そんな社長に対する悪評をヒソヒソと垂れ流していた周囲の社員が少しずつ静かになっていった。耳障りな噂も耳に入っているであろう当の藤堂の行動が、改まるどころか、さらに大胆になっていったからだ。

よせばいいのに、藤堂は声をかけてきた社員相手に模造紙を壁に貼りつけ、ヒアリングをしたり、図を描いて議論しだした。中堅とはいえ、東洋テクノロジーは市場では名の知れた伝統ある会社だ。大木は共感を覚えるどころか、ますます経営者としての藤堂に唾棄したいほどの嫌悪感を覚えた。

(東洋のトップが、模造紙はないだろう。そんなことは部下の管理者に任せるべきだ!)

だが、周囲の受け止め方は少し違ったらしい。一人、また一人と、藤堂のパフォーマンスに巻き込まれる者が出始めたのだ。彼らは一様に言う。「どうやら社長は本気のようだ」と。

（バカバカしい。経営トップになってまで、わざわざ現場で汗を流す必要などないんだ）

大木の心が極端に冷えていくのとは裏腹に、周囲のメンバーは販売戦略プロジェクトや藤堂に無関心ではいられなくなっていった。そんな周囲の心変わりを、大木は焦燥感を持って眺めていた。未来勉強会の参加者もジリジリ目減りしてきた。大木は、フラストレーションが溜まっていくのを抑えられなかった。

（やはり、このままではまずい……。せっかく居心地が良くなってきたのに、首都圏法人営業部が変わってしまっては始まらない）

東洋最大の顧客を相手に、自分だけがやりがいある仕事をバリバリこなし、そして、周囲からの尊敬を一身に集める。そんな理想的な環境が大木にとって最も重要なのであり、東洋の発展など、彼には何の価値もなかった。

暗い妄想

大木は、改めて元上司に連絡を取った。以前の契約打ち切り騒ぎは、大木が流した社外秘の情報によるところが大きい。

元上司の話によると、当時、企画本部が契約を結んだ調達先であるその海外ベンチャーは、期待していた東洋のビジネスが一向に前進しない状況に苛立っていたようだ。そこで大木が、元上司の求めに応じ、東洋の営業現場の実態を示すデータを無断で提供したのだった。

どうやら東洋側は、自社の顧客基盤や営業力を含めたポテンシャルをかなり楽観的に捉えて先方との交渉を進めていたらしい。それを聞いた大木は、むしろ社内にはびこる不正を正し、会社に貢献したのだという誇りすら抱いていた。

結局は、元上司が大木のリークした情報をもとに東洋を追い落とし、その海外ベンチャーとの契約をもぎとった。元同僚からの情報によると、元上司の社内での評価が随分と高まったと聞いた。

その後、東洋の不祥事が業界の新聞に取り上げられたのも、藤堂の行動に危機感を抱いた大木が、元上司にメディアへのリークを働きかけたからだった。それだって、元上司にとってはメリットのある示唆だったはずだ。

(今度は、こっちが協力してもらう番だ)

元上司は、大木を通じて東洋の内部情報を入手することの有用性に気づいたためか、突然の誘いにも快く応じてくれた。幾度かの密談を経て、大木は、東洋を支える主要な大口顧客の人脈や実際の取引に関する詳しい情報を元上司に提供すると約束した。もちろん、大木自身が担当する大口顧客の情報は提供しない。そのような内部情報があれば、顧客のニーズが手に取るようにわかるはずだし、誰にアプローチすべきかも一目瞭然だ。元上司の会社にとっても魅力的な東洋の大口顧客に対し極めて効果的な営業攻勢がかけられるはずだ。

他チームの主要顧客が他社に刈り取られれば、より一層大木が担当する大口顧客からのビジネスが際立ち、他社からの営業攻勢を防御した大木の手腕が称賛されるだろう。

（もう少しの辛抱だ。近々、未来勉強会を開催しよう。新しいテーマは、〝他社攻勢への対抗〟にしてみるか。きっとメンバーから先見性が評価されるに違いない）

大木は暗い妄想に、思わず笑みを浮かべた。

地下鉄の駅で

藤堂は黙って世良が報告する期末の収支予測を聞いていた。社長室には藤堂、世良の他に、寺井、菊池が同席している。

「全社的な効率化やコスト削減策が功を奏し、前年度に比べ増益に転じることができました。しかし、また今年度も減収です。それどころか、あの新聞記事で例の不祥事がクローズアップされ、既存の大口顧客とのビジネスにマイナスの影響を及ぼしました。減収幅は過去最悪となる見込みです」

自らの責任を感じ、世良は目を伏せた。

「私にとってはまさに本番となる2年目の挑戦でしたが、どうやらこれ以上ないほどの惨敗です。……これで、私に東洋の舵取りは無理だという世間の評価が固まるでしょう」

藤堂は忸怩たる思いを滲ませながら言った。寺井は何か言いたげに身じろいだが、言葉を飲み込んだ。

世良が沈痛な面持ちで続ける。

「東洋はじわじわと死の淵に向かっています。そのスピードは加速しているのかもしれない。不謹慎かもしれませんが、緩慢な衰退は社員から危機感を奪う。今回の増益は、長い目で見ると逆効果になるかもしれません……」

減収をに歯止めをかけるどころか、悪化させてしまった。その予測は世良によって随分前から知らされていたことだ。だが、改めてその事実を突きつけられると、藤堂はやりきれない思いにただ瞑目するほかなかった。

販売戦略プロジェクトは、東洋の新しいビジネスモデルを形づくりつつある。藤堂や寺井、菊池もこれには強い手応えを感じているが、未だ大幅な減収分を補えるほどの収益を実現できているわけではない。

意気消沈する藤堂と世良にかける言葉が見当たらないのか、寺井らが口を開くことはなかった。重苦しい雰囲気のまま、世良は報告を終えた。


その夜。藤堂は駅前にある居酒屋のカウンター席で、一人、酒を煽っていた。近頃、一人で考え事をするのに、藤堂はこういう賑やかな場所を選ぶことが多くなっている。金曜の夜ということもあって、店内はワイワイガヤガヤしていた。

（——年度末に急速に業績が回復するなんてことを期待していたわけではない。ただ、自らの無力さを痛切に感じるだけだ）

減収トレンドも過去最悪とはいえ、世良が言う通り今はまだ、社員にとって他人事でいられる範囲の勾配なのかもしれない。おそらく、これで再び販売戦略プロジェクトへの社内の風当たりが強まるだろう。そんなことをしても、東洋テクノロジーが確実に衰退している状況に歯止めがかけられるわけでもないのに。

昨年度は、年度途中から寺井会長に引き継がれた舵取りだった。だが、今年度は違う。自らが経営トップとしてビジョンを示し、その実現に向けた取り組みをあれこれと進めてきたのだ。にもかかわらず、またしてもトップラインの悪化を止めることはできなかった。

（全責任は私にある……）

久しぶりの痛飲にもかかわらず、藤堂はまるで酔えなかった。ジョッキを数杯空にしてみても、頭は妙に冴えている。

半ば諦めて店を後にした藤堂は、最寄りの地下鉄の駅に向かった。オフィス街の週末。終電も近い地下鉄の改札は、飲み会帰りのビジネスマンたちが何人かホームに向かう階段を下りているくらいで、人影もまばらだ。

（ありがたいことに誰にも顔を合わせず帰れそうだ）

安堵した藤堂がホームに向かう階段を下りると、前方に楽しげに会話をする女性3人組が見えた。仕事帰りらしい出で立ちで、電車を待っているようだ。女性たちの声は大きくないものの、がらんとしたホームに反響し、少し距離のある藤堂の耳にも届いた。3人は熱心に仕事の話をしているようだ。

（うちの社員ではなかろう）

楽しそうに仕事の話をするその様子から、藤堂は勝手に思い込んだ。そうしていつもの乗降場所へと無防備に歩みを進めた。ところがその途中で、どうやら彼女らが東洋の社員らしいと気づいた。

（間が悪いな。さすがに今から引き返すと不自然だし）

藤堂は、女性たちからなんとなく顔を逸らして、そのまま通り過ぎようとした。

（まあ、今さら社員に酔態を晒したからといって、これ以上評判を落とすこともあるまいがな）

「お疲れさまです。社長」

そのまま通り過ぎようとしたときのことだ。一人が藤堂に気づき、明るく声をかけてきた。

こうなれば仕方ない。藤堂は驚いたふうを装い3人に向き合った。

「お疲れさま。こんな時間まで仕事をしていたのかい？」

「はい。議論が止まらなくて。こんなに遅くなっているなんて、ちっとも気づきませんでした」

彼女らは営業本部の各営業部でそれぞれの部の企画担当をしているらしい。新中期ビジョンや新中期計画がもっと一人ひとりの社員に浸透するようにするにはどうすればいいか、こんな時間まで検討していたと言う。

楽しげな雰囲気はそのままに、3人は口々に言った。

「社長が現場を歩かれて、直接社員と議論をしてくださるようになったので、みんなが少しずつ問題意識を持ち始めているんです。業務の進め方ってこれでいいんだっけ、とか」

「個人ではできることに限りがあると思い、みんなで協力しようと話し合いまして、この活動が始まったんです」

「私たちは企画担当として、何とか社長の、いえ、私たちの会社のビジョンを、もっとみんなに大切にしてもらうべきではないかと考えて、とにかくやってみようということになりました」

「実際にやってみたら、新しい気づきやお互い協力しあえることがたくさんあって。どうして今までこういう活動をしなかったんだろうと反省しています」

3人は屈託のない表情で藤堂にそう話してくれた。

「それは、すごいね。本当にすごいなあ……」

藤堂には、今もって誰も彼もが同じことを、これまでと変わらないペースでやっているようにしか見えなかった。だが、そうではなかったのかもしれない。藤堂は頭を殴られたような衝撃を受けた。賑やかな酒場が恋しくなるほどの孤独を感じていたのは、藤堂の目に現場で起こっている本当の変化が見えていなかっただけだったのだ。

「あなたが変わらなければ、東洋も変わらない」

藤堂の脳裏に再び寺井の言葉が浮かんだ。社長が本気になれば、現場にもまた本気になってくれる同志が生まれる。

藤堂は、彼女らの言葉に思わず心を動かされた。目頭が熱くなり、うっすら涙が浮かんだ。素面だったら絶対に隠せなかったと、藤堂は思った。

（この歳になっても、こんなに素直に感動できることがあるんだな）

そのとき、見慣れた車両がホームに滑り込んできた。だが、そのやかましく響くブレーキの音は藤堂の耳には届いていなかった。

（まだ時間はかかるかもしれない。だが、トップである私が現場を信じ、彼らと共にこのまま愚直に活動を続けていけば、きっとこの状況を変えられる）

藤堂がこの活動を開始して以来、はじめて感じた確信だった。

「社長、早く乗ってください」

立ち尽くす藤堂に、先に車両に乗り込んだ女性社員らが、急かすように声をかける。

「ありがとう、本当に」

藤堂の胸中には、溢れるほどさまざまな思いが渦巻いていた。しかし、これ以上にふさわしい言葉を、藤堂は知らなかった。

思わぬ一報

新年度が見えてきたこの日、磐田は、ビジネスアライアンス部の業務を2人のリーダーに引き継いでいた。先日、藤堂から直々に新年度から新設されるコーポレートカルチャーデザイン部の部長を現職と兼務で対応するよう打診があったからだ。新しい部のミッションは難しいものになる。しばらくは手探りの状態が続くことが予測され、ビジネスアライアンス部の2人のリーダーにはさらに主体的に動いてもらわねばならない。

もともと磐田は、藤堂に直談判してでも新設されるコーポレートカルチャーデザイン部の部長を志願するつもりだった。そんな矢先、図らずも藤堂から呼び出しがあったのだ。藤堂に対し磐田はその場で「お受けします」と即答したものだ。

磐田には、調達した新商材の販売を首都圏法人営業部に働きかけた際、組織の壁というものをまざまざと見せつけられ、挫折した経験がある。それに、磐田は藤堂その人から梯子を外され、一度は変革活動に背を向けてしまった。だからこそ、藤堂はこの部の指揮を自分に取らせたかったのだろうと磐田は感じた。

磐田がコーポレートカルチャーデザイン部を志した理由、それは紛れもなく世良の存在だった。世良は、どんなに苦しい状況であろうと藤堂を信じて支え続けた。その姿勢は、随分以前、はじめて藤堂に課題ヒアリングを実施した時からただの一度たりともぶれたことはなかった。確か、あのとき世良は、寺井社長が藤堂さんを次期社長に指名した理由がわかったような気がすると磐田に言った。遅ればせながら、磐田にもようやく藤堂が持つ圧倒的な情熱が、東洋を素晴らしい会社にしたいという前向きな野心が、理解できるようになった。自分を含め、人は成長する。それは社長であっても埒外ではない。いち早く藤堂が持つ経営トップとしての可能性に気づき、それを信じ抜いた世良という素晴らしいリーダーに近づきたい、そして超えていきたい……。そんな小さな野心が磐田の中に芽生えていた。だから、どのような困難があっても、磐田は新設される部の仕事を投げ出すつもりはなかった。

そんな引き継ぎのための打ち合わせの最中、情報システム本部の業務改革部にいる友人からの電話を取り次がれた。磐田は、随分以前、その友人にある頼み事をしていたこと思い出した。

「まさかな。そんなことはありえないさ」

そう自分に言い聞かせながら磐田は受話器を取り上げた。

受話器から聞こえる友人の声を聞きながら、磐田は自分の表情がこわばるのを感じた。

藤堂が辿り着いた覚悟

年度末収支予測を報告した翌週の月曜日。世良は朝一番で社長室に呼び出された。世良が社長室のドアを開くと、すでに藤堂、寺井、菊池が先日と同じように顔を揃えていた。どうやら待たせてしまったようだ。世良が慌てて着席すると、藤堂はそれまでの和やかな世間話から一転、改まった口調で切り出した。

「販売戦略プロジェクトを、手を挙げた社員が自由に参画できる、オープンなものにしていきたいと思います」

「それはいいですね。そろそろ多くの社員の準備ができた頃だと思っていました」寺井がにこやかに受けた。

「ここはひとつ、前祝いに盛大なパーティーでもやりますか？」菊池も頷いて、賛成の姿勢だ。

2人の意見に、藤堂は嬉しそうな表情を浮かべて言う。

「いいですね。だが、盛大なお祝いは今年度末までとっておきましょう。きっと、東洋始まって以来の盛大な祝勝会になるはずですから」

世良は驚いて藤堂の顔を見た。藤堂にとって、その勝利は確実に手ごたえがあるもののようだ。先日とは打って変わって今後への明るい見通しを口にした藤堂に、世良は戸惑った。

「まだ小さなビジネスモデルの型ができあがった段階です。果たして……」

「世良くん、君には現場が見えていないのか？　だったら、君も改めて社内をうろついてみるべきだ。もう東洋の突然変異は君だけではない。いたるところに同類がいるのがわかるだろう」

「技術者ばかりで静かだったエンジニアリング本部のフロアもな、ものづくり推進室を中心に突然変異どもが増殖して騒がしいんだ」

寺井と菊池が口々に言い、顔を見合わせて豪快に笑った。

「そして、最後にして最大の動かない山だった首都圏法人営業部にもまた、突然変異が随分と増えている。最初は、相馬さんという若手一人だったのにな」

藤堂が世良に向かって言った。

「〝東洋をあたりまえのことができる会社にしなければ、じわじわと死んでいくほかなくなる〟病室にいた君がそう言ったとき、私の脳裏には拭えないほど陰惨なイメージがこびりついた。だが、最近はそのイメージがすっかり消えたよ。このまま進んでいけば、東洋はきっと蘇る」

菊池は穏やかな目でそう付け加えた。

「私もそう思います。私に残された役割は、彼らを信じ彼らが東洋の勢いを取り戻し蘇らせてくれるのを支援して待つことだけです」藤堂が菊池の言葉を受けた。

「世良、お前はわかっていない。この東洋の経営を成長軌道に乗せるのは、彼らなんだ」

それが藤堂の辿り着いた経営者としての覚悟なのだと気づき、世良は思わず瞠目した。


誰ともなく腹が減ったと言い出して、会は閉じられることとなった。

「それでは、そろそろちらほら咲き始めていると聞く桜でも見ながら食事にいきますか」

藤堂は寺井らと共に社長室を後にした。上着を脱ぎ、腕まくりをしながら遠ざかる白いシャツ姿の藤堂の背中を世良は見送った。

何気なく振り返った世良の目に、模造紙で埋め尽くされた壁や、机の上の「No.16」と書かれたノートが映った。

そのとき。ふいに、世良はひどく大切なことに気がついた。

東洋に入社を決めたときに抱えていた漠然とした夢が、20年以上の時を経て叶ったのだ。

(面接で夢を語ってくれたあの社長、東洋に入社して一緒に仕事をしてみたかったあの社長が、ここにいる)

その日の朝

ある休日。早朝にもかかわらず、世良は一人市民体育館にいた。一番乗りで、まだ誰も来ていない。

これから、東洋の本社ビルから2駅離れた場所にあるこの市民体育館で、販売戦略プロジェクト拡大版のキックオフが開催されることになっていた。事務局は経営企画部だが、藤堂が中心となって進めてきたイベントである。

このキックオフを、藤堂は社員が自らの意思で参加できるオープンな形で開くことにこだわった。

開催日に休日を選んだのは、参加してくれる社員と集中して議論をしたかったからだ。急に参加を思い立つ社員がいるかもしれないからと、事前の申し込みも不要とした。休日なら社員だけでなく社員の家族も参加できたほうがいいだろうとも藤堂は言った。小さな子どもがいても安心して参加できるように、体育館の一区画にマットを敷き詰めて遊び場にし、組み立て式の遊具をいくつか運び込むこととなった。昼食は、家族や同僚が集まって過ごせるように、弁当も相当数用意している。

事務局のメンバーからは、弁当の発注数を確定させたいので参加者をあらかじめ取りまとめさせてほしいという相談もあった。しかし世良はこれを認めなかった。参加人数を増やすために各本部に動員をかけようという意見もだ。

これには事務局以外のメンバーからもさまざまな意見や問題提起があった。

「せっかくの休日に、わざわざ社員が集まってくれるだろうか？」

「あまりに人数が少ないと、キックオフにならないのでは？」

「なにもだだっ広い体育館を選ばなくても……。今から会議室に変更しませんか？」

昨年度の業績は年来の減収トレンドに加え、不祥事の悪影響が重なって過去最大幅の減収となった。しかし、一方で、新中期計画で目指した効率化への打ち手が功を奏し、わずかながらの増益となった。その結果、会社にとって最も重要な利益は出ているんだという安堵感からか、世良の予測通り全社で危機感が共有できているという状況にはない。

確かにトップラインが減収し続けても、利益を出す力がまだ東洋に残されているうちはいいだろう。だが、同じビジネスやビジネスモデルを続けていれば、いつかは利益確保にも限界がくる。そして、東洋の経営は破綻してしまうだろう。

変革の牽引役を担う経営企画部やビジネスアライアンス部のメンバーですら、このタイミングでのキックオフの開催に危惧の念を抱いていた。

「今はまだ体育館をいっぱいにするような人数は集まらん。それでも、藤堂さんがだだっ広い市民体育館を選んだのはにには理由がある。いつの日か、全社員が自ら進んで体育館に集まり、協力しながらＰＤＣＡを回していける聖地にしたいと考えているからだ」

世良は、多少の無理や無駄を承知の上で、藤堂が望んだ通りに準備を進めたいと譲らなかった。

今日のキックオフには、あきほと2人の娘も参加することになっている。キックオフの開催が決まった夜、その企画内容をあきほに話したのがきっかけだった。

以前、契約打ち切りの件を話したときに上の娘が言った「会社って、困ったことが起きないと誰も協力してくれないの？」という問いかけを、世良は忘れられないでいた。娘が抱いた素朴な疑問に、自分なりに何か答えを返せたら……。そういう思いが、仕事を家庭に持ち込まない主義の世良にそんな話をさせたのかもしれない。

その翌朝、あきほが食卓でこんな提案をした。

「昨夜、子どもたちにもキックオフの話をしたの。そしたらね、あの子たちも行ってみたいって」

「えっ？」

「それでね、小さな子ども連れの社員さんも参加するかもしれないってあなた言っていたし、その子たちの面倒をみる人も必要でしょ？　私も手伝いに行こうかと思うの」

「ええっ？」

あきほの申し出に、当初世良はひるんだ。しかしその後、娘たちに直接「パパの会社のイベントに参加してみたい」とせがまれ、ようやく踏ん切りがついたのだ。


桜が散る季節とはいえ、早朝の体育館はシンと冷え切っている。

「この体育館、暖房は使えるんですか？」

背後から声をかけられ、世良は振り返った。

「小さいお子さんが来られるかもしれない。先に館内をあたためておいたほうがいいかもしれませんね」

伊賀だった。さすがに今日はキックオフに参加する社員らと同様、カジュアルな出で立ちだ。

「世良さんがお一人で首都圏開発営業部を変える取り組みに着手してから、ここまで辿り着くまで。実に3年かかりましたね」

思い返せば伊賀と知り合ったとき、世良は営業の素人ながら首都圏開発営業部の部長として悪戦苦闘の日々を送っていた。

「あっと言う間の3年でした……」

伊賀の言葉に、いろいろなことが思い出された。世良も感慨深い気持ちだ。

「果たして今日、何人集まってくれるんでしょう？」

伊賀は興味深げに、世良に投げかけた。

「さあ……、見当もつきません。ただ、一人でも自らの意思でここに来てくれた社員がいれば、藤堂さんはその人を相手に本気でキックオフを始めるでしょう」

伊賀はにこりと笑った。そして、「さて、体育館をあたためますか」と、空調のスイッチを探しに歩きだした。世良は足早に遠ざかるその背中を眺めながら呟いた。

「一人でもフォロワーがいれば、変革をスタートすることができる。そうでしたよね、伊賀さん」

未来へのキックオフ

子どもたちが即席の遊び場で声を上げながら元気に走り回っている。キックオフの開始まで、あと三十数分。すでに会場にはぱらぱらと社員が集まってきていた。「家族の参加も大歓迎」と案内していたこともあって、家族連れも数組来ているようだ。

世良は伊賀と共に会場を歩いた。藤堂も早々に到着し、枝野を連れて足を運んでくれた社員やその家族に声をかけて回っていた。今、入り口付近で営業本部の企画担当をしている3人の女性社員たちとにこやかに話している。藤堂から親しく声をかけられた社員が家族に社長を紹介する際、どこか誇らしい顔をしているのを、世良は嬉しい気持ちで見ていた。寺井や菊池も早くから会場入りしている。先ほど、桐島や細川をつかまえて熱心に話し込んでいる姿を見かけた。

心地いいざわめきの中に、世良は山野の姿を見つけた。近寄ると山野も世良に気づき、わずかに身構えた。

「山野さん、ありがとう」

「私は販売戦略プロジェクトの副リーダーだ。プロジェクトのキックオフに参加したからといって、あなたに礼を言われる筋合いはない」

「確かにその通りだ。しかし、この礼はそのことではない」

「……」

「山野さんが細川さんやコンタクトセンターの活動を積極的に支援してくれていることに対する礼だ」

「私は細川の上司だからな。それも当然のことだ」

「ああ、だが礼は言いたいんだ。細川さんからは、随分動きやすくなったと聞いている」

「それはいい。だが、まだまだ活動量が足りない。それに、コンタクトセンターの業務も、もう一段の標準化が必要だ。あの進め方では人員の増強が難しい」

「増員を検討してくれているのか？」

「もちろんだ。あのコンタクトセンターは、必ず大化けする」

山野もコンタクトセンターの有用性に気づき、さらに機能強化を検討しているらしい。安藤からも聞いていたが、どうやら本気のようだ。

世良は、首都圏法人営業部の営業プロセスを、営業担当者とコンタクトセンターの分業体制にすると、より効果的になると考えていた。

首都圏法人営業部の営業担当者は、顕在化したニーズを刈り取るなど活発に動いているビジネスに集中する。他方で、情報発信サイトやセミナー、コンタクトセンター、さらには今後プロジェクトで検討が予定されている展示会やお客様向けの常設展示会場など、さまざまな仕組みが有機的に連携し、来期、再来期に向けた種まきを進め、ビジネスにつながるニーズの発掘を進めていく。それは、さながら個人商店の営業に対する組織型営業とも言える分業体制だ。

世良や伊賀がその構想を山野に語ったわけではない。だが、おそらく、山野も自らこれからの東洋のあり方や首都圏法人営業部の役割をとことん考えたのだろう。近頃は社長室を訪れて藤堂ともよく話し合っているようだ。

そんな山野の変化を、世良は本気で喜んでいた。絵に描くのは簡単だが、実際にその具現化を図るにはさまざまな工夫が求められる。山野がそのリーダーシップを発揮するというのなら、それが現場にとって一番現動きやすいのではないか。

「山野さん。あんたもまぎれもなく突然変異だ」

「……バカバカしい」

刺々しい言葉だが、伊賀には山野の表情がいつもとはどことなく違うように感じられた。山野はその一言を残して離れていった。世良が背後で話を聞いていた伊賀を振り返ると、伊賀も嬉しそうな顔をしていた。

「業績はまだ追いついてきてはいませんが、ようやく暗いトンネルから出られたような気がしますね。これからは、世良さんと山野さんの衝突が東洋の名物になるかもしれない」

「ありえますが、ちょっと疲れそうです。とはいえ、こうやってさまざまな立場の人たちが、個人的な利害や価値観を超えて同じ方向を目指せるようになってきたことには、心強いものがあります」

再び少し歩き回り、2人は手嶋や磐田、販売戦略プロジェクトのメンバーらと合流した。

進行のスケジュールなどを簡単に確認し、それぞれの持ち場へ移動した。

この日、キックオフに集まった社員は、わずかに100名には及ばず96名となった。もともと販売戦略プロジェクトに参画していた経営企画部、ビジネスアライアンス部、そしてものづくり推進室からの参加メンバー34名を除いた62名が新たに、そして自ら手を挙げて参加してくれたことになる。この規模は、東洋テクノロジーが抱える全社員の約20％に相当する。新しく参画してくれた社員らの所属は、全本部に渡る。各所に隠れていた同志たちがこれからは手を取り合って、東洋の目指すビジネスモデルの実現を図っていくことになるのだ。

販売戦略プロジェクトに新たなメンバーを加え、引き続き一体感を持って東洋の企業ぐるみの変革を進めていくためには、お互い考え方や価値観などを共有しておく必要がある。その第一歩として、はじめてプロジェクトに合流したメンバーに、東洋のありたい姿や経営課題について一緒に考えてもらわなければならない。このキックオフはそのための集まりだった。

開始予定時間になり、世良は社員らに集合を呼びかけた。それぞれに自分の座るパイプ椅子を運んでもらい、スクリーンが見える場所に自由に座ってもらう。子どもたちは遊び場で、数名のボランティアとあきほらが面倒を見てくれている。

開会に際し簡単な挨拶をして、まずは経営企画部長である世良が、じわじわと衰退しつつある東洋の状況を共有する。このトレンドが続いた場合どのような危機が東洋に訪れるのか、という解説はあえてしなかった。あくまで東洋の現状をありのまま伝えるに留めた。もし世良がここで「会社が困っている」というメッセージをことさら強く伝えれば、「会社って、困ったことがなければ誰も協力してくれないんだね」と、また娘に言われてしまうかもしれない。それはある意味では事実なのかもしれないが、世良は、それだけではないということを信じている。

世良がここで共有した数字は、藤堂が社長就任後のキャラバンでも言及していたものだ。しかし、藤堂のそれは「今後ビジョンの実現によって大きく改善されるだろう」という比較対象として、簡単に言及されたに過ぎないものだった。

世良は、ともすれば「こんなに緩やかな減収なら、来年頑張ればなんとかなる」と、楽観的に捉える社員もいるかもしれないと少し危惧していた。しかし、社員らはみんな真剣な面持ちで、説明する世良を見つめていた。盛んに頷いたり、メモをとったりしており、居眠りなどをしている者は一人も見当たらない。その姿に、世良は東洋も捨てたもんじゃないんだと再び心の中でつぶやいた。

世良が話す間も、断続的に子どもたちの無邪気な声が体育館に響いていた。その声がこの場にいるすべての大人たちに強い責任感を抱かせ、真摯な姿勢をとらせているのかもしれない。もし、この舞台を藤堂が計算して生み出したのだとしたら……。ふとそう気づき、世良は改めて経営者としての藤堂のしたたかさを思い知った。

全体に対する一通りの説明が終わった後、この緩慢だがなかなか歯止めがきかない衰退をどのように食い止めるべきか、経営課題のいくつかを議論することになった。

全体を7つのグループに分け、椅子ごと壁際に移動してもらう。例によって壁に模造紙を貼り出し、その横に進行役が立つ。そして、メンバーはそれを囲むように座った。ただし、ほとんどの参加者が顔見知り程度でしかないため、最初に自己紹介とアイスブレイクの時間をとることにした。ここで議論を交わした社員に新しいつながりが生まれ、これからの活動にも良い変化をもたらすに違いない。

議論では、伊賀と桐島、細川ら販売戦略プロジェクトのリーダーらがファシリテーターを担当した。あるグループでは付箋紙を活用しながら、あるグループでは模造紙に大きく図を描きながら、それぞれのグループが活発に話し合いを進めていく。藤堂もグループを順に回り、メンバーの思いを受け止め、自らのビジョンを語っている。なんと、寺井や菊池も議論にまじっているようだ。もちろん、山野もオブザーバーではなく、自ら議論に参加していた。

この変革活動に懐疑的な社員であれば、「社長が呼びかけたにもかかわらず100名も集まらなかったのか」と鼻で笑うかもしれない。しかし、今日、この体育館に集まった社員らは、きっとこんな感想を抱いただろう。「東洋は、これから、大きく変わっていくのではないか」と。

プログラムが進むにつれ、社員らの表情が変わっていくのを、世良は感じた。そして、彼らがこの変革を共に進めていく心強い仲間になってくれたことを誇りに思った。


議論は盛り上がったが、昼時に差し掛かり一旦休憩することになった。家族や知人が三々五々寄り集まって弁当を食べた。走ったり泣いたりする子どもたちや、床にシートを敷いて食事をする様子はどこか運動会やピクニックのようで、穏やかだった。

食後は、相馬や新谷ら若手社員が中心となって、簡単なレクリエーションを催した。これには子どもたちも参加して、楽しく過ごしてくれたようだ。

午後はまず、それぞれのグループでのディスカッション結果を共有し合った。部署や年齢の違いが影響しているのか、それぞれのグループに面白い視点や鋭い指摘があった。その後、全体で今日明確化した課題解決の方向性を確認した。この内容は経営企画部が整理し、冊子化して後日参加者全員に配布することになっている。

そして、最後のプログラム。藤堂によるキックオフの締め括りの時間となった。椅子は端に寄せられ、子どもたちも今は親の近くに静かに座り、藤堂が話し始めるのを待っている。世良は家族と一緒に藤堂の表情がよく見える位置に座った。

藤堂は、社員とその家族を前に立ち、しばし黙って、その場の全員の顔を見回す。そして、一度大きく頷いて、口を開いた。

「皆さん、今日は休日にもかかわらず、販売戦略プロジェクトのキックオフに参加してくださってありがとうございました」

その第一声に、参加メンバーからの拍手が巻き起こった。世良には、それは、藤堂の社長就任キャラバンの際に浴びた拍手とは異なり、あたたかく、一体感のある拍手のように感じられた。

拍手はなかなか鳴り止まなかった。藤堂は拍手が鳴り止むまで待ち、そして静かに話し始めた。

藤堂の話の途中、最近反抗期に差し掛かりつつある上の娘が、世良に耳打ちをした。

「パパ、みんなが協力してくれるのは、困ったときだけじゃないんだね」

「どういうことだい？」

世良は2人の娘を挟んで座る妻のあきほと目を合わせた。

「パパはやっぱり鈍いね。みんな、本当はお互いに協力しあいたかったんだよ。きっと、あの社長さんがそんなみんなを結びつけたんだよ」

世良は驚いた。娘は普段の東洋の様子を知らない。だからこそ、今日この場で、世良には見えていなかったものを感じられたのかもしれなかった。

「ああ、そうなんだ。本当に毎日毎日、一人ひとりをしっかりとね……。きっと、それが社長の仕事なんだ」

娘はニコリと笑った。世良も微笑み返した。


藤堂の話は、湧き上がる拍手に何度も遮られた。しかし藤堂は、静かに言葉を紡いだ。

「……私は、今日この場に来るまで、社長という責任ある立場にありながらも、東洋の将来に自信を持てずにいました。しかし……、今はそうではありません。私はこの市民体育館での皆さんとの議論を生涯忘れません。ここから、東洋は新たな第一歩を踏み出すのです。そして今年度末、みなさんと一緒に再びこの体育館に集まり、東洋が危機を脱したことを喜び合いたいと思います。祝杯は、そのときまで取っておきましょう」
ワッと拍手と歓声が沸き起こった。藤堂は深々と一礼した。
その光景を見ながら、世良はふとあの日の、藤堂と共に変革の旅に出ようと腹を括った
あの早朝の、娘たちの寝顔を思い出していた。

よくあるケースとアドバイス

01

ケース Case

人材育成に積極的に投資してきたが未だ目立った成果にはつながっていない。

アドバイス Advice

企業ぐるみの変革は人材育成面でも戦略的な投資となる

当社はこれまで「自律型人材」の育成を重視し、人材育成の支援サービスや仕組みづくりのコンサルティングに取り組んできた。この自律型人材は、会社・組織のビジョンを当事者として捉え、自ら職場の課題を設定し、解決に向けて周囲を巻き込み、取り組みを進めることができるといった行動特性を持っている。まさに、企業が求めてやまない経営資源といえるだろう。

しかし、日常業務の中でこういった人材を育てるのは容易ではない。研修などの機会を通じ、気づきを与えるとともに、職場における上長からの粘り強い支援のもと行動変容を図りながら自律性を伸ばしていく。育成者たる管理者のリーダーシップ開発を含めた職場環境の整備も不可欠だ。マインド、知識、スキルいずれをとっても、十分な成長を遂げるまでには相当の時間やエネルギーが必要とされる。

物語のように、業務変革活動や企業変革活動を本気で進めると、変革活動そのものに膨大なエネルギーを要するものの、この活動を通じて変革型リーダーや自律型人材というにふさわしい優秀なフォロワーが育っていくという副産物が生まれる。

相馬の日記を改めて確認いただければわかるように、彼女は当初、主体性が感じられない、少し物足りない若手社員だった。だが、世良や細川、安藤、そして経営者である藤堂など

図表13　自律型人材とは

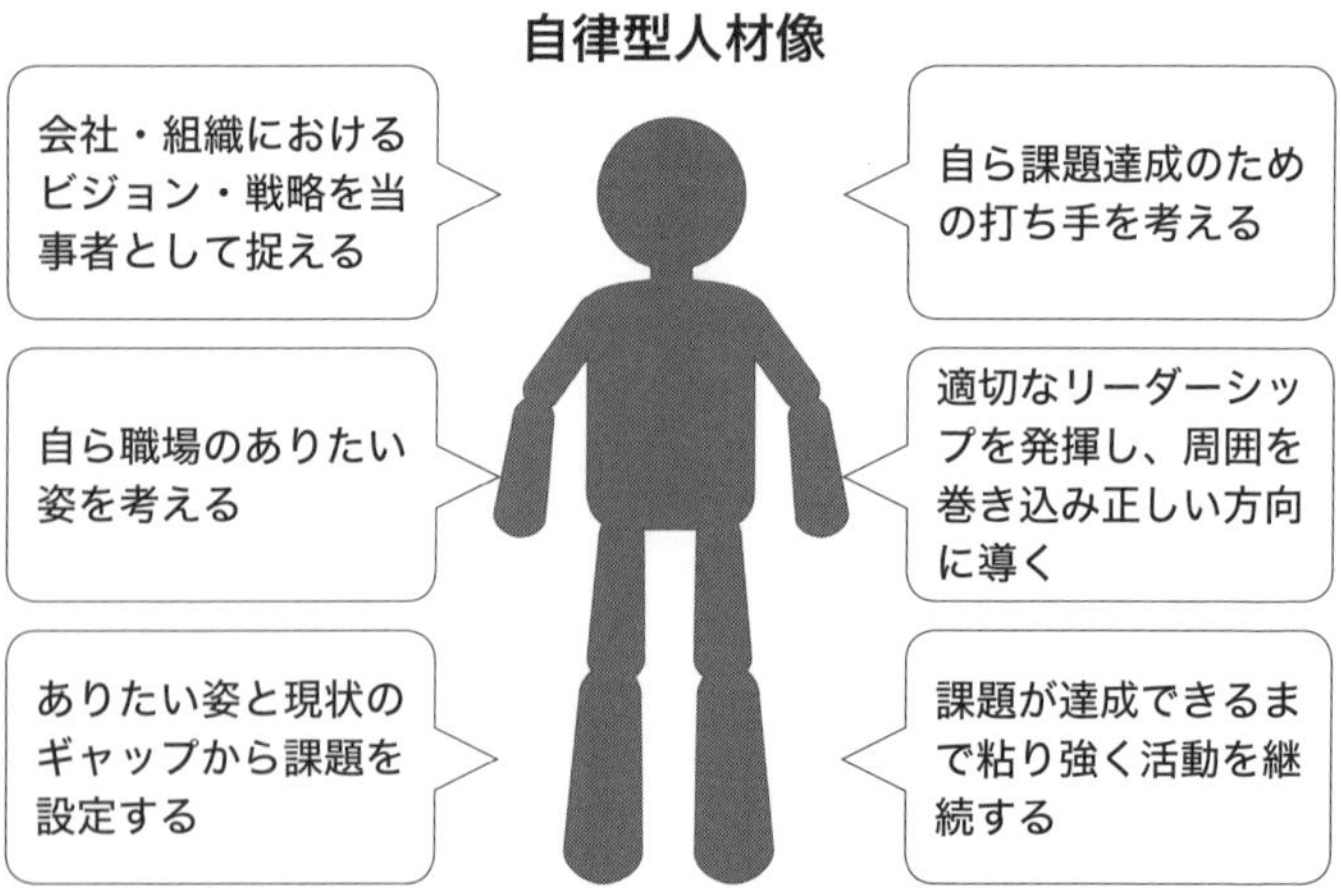
自律型人材像
会社・組織におけるビジョン・戦略を当事者として捉える
自ら職場のありたい姿を考える
ありたい姿と現状のギャップから課題を設定する
自ら課題達成のための打ち手を考える
適切なリーダーシップを発揮し、周囲を巻き込み正しい方向に導く
課題が達成できるまで粘り強く活動を継続する

と接し、東洋の変革に身を投じる中で、ビジネスモデルのハブ的な役割を果たすコンタクトセンターの立ち上げに関わるようになる。この後お読みいただく最後の日記では、将来素晴らしいリーダーになり、再び物語に元気な姿を現してくれそうな予感すら感じさせる。著しい成長を見せた彼女にも複数のモデルとなった人物がいることを付け加えておきたい。

この後も東洋で活動が継続されるのなら、第2、第3の相馬が自然発生的に生まれてくることも期待できるだろう。

なお、大木には多くのモデルが存在する。大木は高い業績を誇る人材で、自ら理想を掲げ周囲を巻き込んでいった。しかし、彼にとってトップの示す東洋のビジョンに価値はなく、独善や部分最適ともとれる考え方がその行動の前提となっている。その点が自律型人材の姿とは大きく異なる。高い業績を残しているからといって、会社や組織として必須となる協働性を有しているとは限らない点が難しいところだ。

変革リーダーを含め、自律型人材は、変化の激しい市場の動きを捉え、常に自社の機能や仕組みを最適化することに力を注ぐことができる。また、彼らの強みは、組織として協働することの大切さを理解し、団体戦に長けているところにある。

このように、**企業ぐるみの変革は、伝統的な人材育成手法の範疇に閉じた打ち手だけではなかなか実現できない成果を生み出すことができる**のである。まさに、**企業変革は一定**

のリスクを伴うものの、自社が喪失した市場への適応能力を回復するための極めて戦略的な投資でもあると言える。

02

ケース Case

苦労して新たな組織風土を醸成する意味とは何か?

アドバイス Advice

取り組みの定着・自走化と模倣困難な「強み」の創出

東洋テクノロジーのビジネスモデルの一部である"支える"機能をご記憶だろうか? 藤堂や世良が企業ぐるみの変革に着手するまで、東洋には伝統的に強烈な縦割りの風土が定着していた。

ビジネスモデルの第5の柱となる"支える"機能は、組織間に横たわる垣根を取り払い、風通しを良くするためだけのものではない。旧来の風土から脱し、新しいビジネスモデルに相応しい組織風土の醸成を進めていくための機能でもある。物語において終始藤堂を悩ませ続けた「誰も彼もが、これまでと同じことを、これまでと変わらないペースで続けることに違和感を持たない」という〝東洋の根っこ〟こそ、この旧来の組織風土そのものである。そうである以上、ビジネスモデルが変わっても根っこが変わらなければ、せっかく事業のハード面の変革を実現しても、遅かれ早かれ元の状態に戻ってしまうに違いない。

物語ではこの〝支える〟機能を実現するために、「コーポレートカルチャーデザイン部」を企画本部内に新設することになった。コーポレートカルチャーデザイン部のミッションは大きく2つある。一つめは東洋テクノロジーが確立を目指すビジネスモデルを効果的に運用し、継続的にビジネスモデルを改善していくことができる人材を育てること。二つめはその活動が現場組織に定着し、自走を開始するために必要な新たな組織風土の醸成を戦略的に進めていくことである。

コーポレートカルチャーデザイン部の最初の仕事は、販売戦略プロジェクトの活動結果を反映した「新中期計画2.0」の浸透活動だ。また、ビジネスモデルを継続的に磨き上げていくための「小集団活動」の立ち上げも予定されている。いずれも組織風土の最適化を図るうえで極めて重要な打ち手であると言えよう。

ひとたび企業ぐるみの変革を成し遂げれば、それまでの伝統的な風土を全社的に変えて

いくための素地ができ上がる。その素地の上で、よりふさわしい組織風土を醸成する取り組みを進めていくことが可能となるだろう。

藤堂や世良は、この〝支える〟機能が、付加価値の創出に貢献するだけでなく、市場における東洋の「強み」になるだろうと期待している。**事業のソフト面に強みがあると、同じ取り組みを進めるにしても他社に対して高い生産性や効率性を発揮し優位に立つことができる。また何より、その強みは競合他社からは可視化しづらく、事業のハード面のように真似ることができない模倣困難な側面を持つ。**それが東洋テクノロジーの持続的な成長に必ず寄与するだろうと期待しているのだ。

東洋テクノロジーのように専門の組織を立ち上げ、風土をマネジメントする企業が少しずつ増加している。本書を読まれた読者の方ならそういった組織を立ち上げる企業の狙いや、その組織が持つ役割の重要性をご理解いただけるものと期待する。

エピローグ
12月28日　朝から雪　仕事納め

今年最後の営業日だった。一区切りだから、今までのことをまとめて振り返ろうと思う。

この1年半の取り組みは、私の意識を大きく変えた、と思う。正直大変だった。なかなか目立った成果につながらなかったし、周囲の人たちからあれこれ言われた。そんな意味のないことに時間を割くのは無駄だとか。

大木課長にもうんざりした。チクチクと口撃して、私をプロジェクトから離そうとしてきたり。

どうしてあんなにも販売戦略プロジェクトの活動を邪魔したがったんだろう？

彼が望んでいたのは、自分だけが成功している状態なのだと思う。

自分の一人勝ちなんてことになったら会社自体が消滅してしまうのに。それが理解できないはずないのに。

だけど、大木課長のおかげで学んだこともある。必ずしもみんながみんな、会社を良くしたいと考えているわけじゃないってこと。不思議だけど、それが会社なんだろう。

大木課長は、社外秘の情報を外部に漏洩していたことが明らかになって、会社を離れることになったらしい。

情報システム本部の業務改革部が実施したメールに関するセキュリティー調査で意図的な情報漏洩が公になったとき。高笑いした大木課長の目は据わってた。

気持ち悪かった。化け物に見えた。会社の方針を無視して、自分のやりたいことを優先しつづける人。自分以外はどうだっていい人。世良部長が以前言ってたように、きっと、仕事がデキたってそんな人が増えると現場がモンスター化するんだろうなあと妙に納得した。

もちろんやりたいことがあったほうがいいと思うけれど、個人の都合やわがままだけで会社は成り立たないし、発展なんか絶対にしない。

大木課長だけでなく、現場をモンスター化させてしまう人は、きっとどこにでもいる。

えらい人だってそうだ。誰でもそんな存在になりうるんだろう。私もいつの間にかそうなってしまわないか、怖くなる。

役職階層、部署や組織の壁を越えて、社員みんながビジョンを大切にし、協力しながら会社を良くする活動を続ける。そんなことができたら、素晴らしいと思う。でも、それが一番難しいことなんだって課長が言ってた。本当にそうなのかもしれない。

今日は、終業後に首都圏法人営業部の仕事納めの集会があった。

まだ第4四半期を残しているけれど、今年度末は全社で2年連続の増益、そしてついに待望の増収に転じることができそうだ。

そんな山野部長の話に、あちこちから大きな歓声があがり、ハイタッチをする人たちもいた。嬉しかった。みんな本当に興奮していた。

「昨年度末は不祥事もあって業績が大幅に落ち込んだんだ。それを少し挽回したからと言って、まだまだまだ気を抜けないんだぞ！」

そんなことを言いながら山野部長が一番嬉しそうだった。

そのとき、誰からともなく拍手が起こり、フロア全体にその輪が広がった。

私は、その光景を忘れない。この一年半で、いくつもいくつも忘れられない記憶ができた。変革って事業の形が変わるだけじゃないんだって心から思う。山野部長が言うように、東洋テクノロジーの変革はまだまだ道半ばだ。でも、このまま一体感を持って取り組みを進めていけば、いつか絶対、すごいことが起こる。

もう、この先、何があっても転職を考えることはないと思う。

夢もできた。細川課長や安藤先輩とコンタクトセンターをさらに強化し、東洋のビジネスモデルをより良くユニークなものにする夢。できるようになったことも、できなかったこともたくさんあるけど、来年はもっと積極的に学び、働き、そして会社をより良くしていきたい。この先も、藤堂社長や世良部長、課長や仲間たちと、この会社を成長させていきたい。来年も頑張ろう。頑張らなきゃ。

大切なことを書くのを忘れてた。

東洋の企業変革への取り組みが、小さな記事になった。あの東洋の不祥事を記事にしたにっくき新聞でだ。新葉電器という首都圏開発営業部のお得意様が、業界の新聞社に私たちの取り組みを紹介してくれたとか。名誉挽回だ。しかも、来年の春に実施する市民体育館でのPDCAミーティングにも取材に来ると聞いた。そういえば、周囲の友人達から第1回目のキックオフに参加したかったってよく言われる。最近は「次回参加すればいいよ」って答えることにしているが、もはや社内では「あの市民体育館でのキックオフ」はレジェンドになっている。

まだ成果につながっていないということで社長は取材には乗り気でなかったみたいだけど、世良部長からの説得でしぶしぶ応じたらしい。

小さな記事だったけど、私たちには本当に誇らしいものだ。

切り抜きもあるけれど、イカした最後の部分を、ここにも書いておこう。

「私は、社内ではTさんとあだ名で呼ばれています。減収を自分一人では止められなかったTさんです。だが、そんな私を社員が助けてくれました。わが社の変革は、そんな突然変異たちの物語なのです」

まとめ

首都圏開発営業部における営業業務の変革に端を発し、東洋テクノロジー全社における企業ぐるみの変革に発展したこの物語はここで一区切りとなる。

世良が道筋をつけ、藤堂がまとめ上げた東洋テクノロジーの企業ぐるみの変革は、決して平坦な道のりではなかった。

東洋テクノロジーは、世良が企画本部に戻り藤堂が新社長として采配を振るい始めてから実に約3年後、2期連続の増益に加え、念願であった対前年での増収に転じることができた。

事業のハード面では、悪戦苦闘の末に構築した新たな”仕入れる“機能や、手嶋による”つくる“機能を確実に立ち上げることができた。

伝統的な営業方法になんの疑問も感じない、まさに動かない山の象徴だった首都圏法人営業部を中心とした”売る“機能は、さまざまな仕組みによる高度な分業体制に移行した。それらが噛み合うことで、営業面での生産性は目を見張るものとなっている。今、その中心でリーダーシップを発揮するのは、かつては変革に反発する層の代表格であった山野だ。

また、コンタクトセンターによる”つなぐ“機能や、”支える“機能が東洋のビジネスモデルの大きな特徴であり、強みともなりつつある。

とりわけ、”支える“機能は、今後、磐田が牽引するコーポレートカルチャーデザイン部が、藤堂が極めて重視する”東洋の根っこ“を変える新たな組織風土の醸成を進めていくことになる。こういった事業のソフト面での強みが東洋のビジネスモデルを更に発展させるとともに、模倣しにくいものとするだろう。それは、東洋の将来にとって重要な意味合いを持つはずだ。

山野が言うように、増収に転じたと言っても不祥事によって大幅に業績を落とした前年度と比較した結果であり、まだまだ東洋テクノロジーが完全に成長軌道に乗ったとは言えない状況なのかもしれない。

しかし、東洋テクノロジーの社員、とりわけ桐島、細川や安藤、相馬らを代表とする販売戦略プロジェクトに関わった者たちにとって今後の東洋の発展は、実にリアリティーを感じられるものになっていた。彼らが東洋の現場でリーダーシップを発揮し愚直に活動を継続する限り、東洋が再び危機的状況に陥ることはないだろう。

あるいは、「わが社には世良のような推進役がいない」「藤堂のようなトップがいない」と、自社の変革に期待が持てない方が多いかもしれない。そんなときは、この本を手に取られた皆様に第一歩を踏み出していただく必要がある。

またいつか、その後の世良らの活躍をお伝えできる機会もあるかもしれない。そのときまで、今度は、皆様自身が変革を推進するリーダーとしてご活躍されることを期待したい。

【著者】
NTTラーニングシステムズ 株式会社
マネジメントコンサルティングチーム

「変革スモールスターター」として、事業や業務、組織風土の変革を支援。これまでにお聞きした顧客の課題は3万件を超える。
本書では、弊社が変革活動をご支援した複数の企業の取り組み事例を基に、実際の出来事や顧客のコメントを大切にしながら、わかりやすく変革の流れを紹介した。

《連絡先》
〒106-8566
東京都港区南麻布1-6-15 アーバンネット麻布ビル2F
E-mail e-cube@nttls.co.jp
URL http://www.nttls.co.jp/

じわじわ死ぬ会社 蘇る会社（下）
企業変革物語 変革活動編

2017年10月17日 第1刷発行

◉著 者 NTTラーニングシステムズ 株式会社
マネジメントコンサルティングチーム
◉発行者 上坂 伸一
◉発行所 株式会社ファーストプレス
〒105-0003 東京都港区西新橋1-2-9 日比谷セントラルビル14F
電話 03-5532-5605（代表）
http://www.firstpress.co.jp

装丁 遠藤陽一（デザインワークショップジン）
表紙・挿絵イラスト 南部早紀
DTP・デザイン 株式会社オーウィン
印刷・製本 シナノ印刷株式会社

ISBN 978-4-86648-003-9

Printed in Japan